# Lotta
## Schultüte

Mit dem Rollstuhl
ins Klassenzimmer

# Inhalt

# Prolog

Was steckt man einem Kind in die Schultüte, das nicht kauen, greifen oder sehen kann? Lottas erstes Gummibärchen wäre auch ihr letztes. Selbst etwas so Kleines könnte zu viel sein, denn Lotta schluckt alles einfach runter. Als ihr großer Bruder Ben vor drei Jahren in die Schule kam, war er der einzige Erstklässler, der von seinen Eltern ständig ermahnt wurde, seiner kleinen Schwester ja nichts von seinen Süßigkeiten abzugeben.

In Bens Schultüte waren damals auch Stifte, ein Spitzer und eine Armbanduhr. Alles nichts für Lotta. Und so stehe ich an diesem Mittwochmorgen in der Küche und starre in eine weiße Plastikschüssel. Darin dreht sich eine kleine Metallschale um sich selbst und beginnt, rotgelb zu glühen.

Die Terrassentür habe ich geöffnet, um kühle Luft reinzulassen, draußen zwitschern die Vögel. Ihr Gesang hallt wie in einem riesigen Innenhof. Die Reihe von kleinen Häusern, von denen wir eines bewohnen, steht einer geschlossenen Front von Mietshäusern gegenüber, getrennt durch Gärten und riesige alte Bäume, die einen glauben machen können, man wäre im Grünen. Von ferne höre ich das Brummen der erwachenden Stadt.

Es ist viel zu früh. Jahrelang habe ich darauf gewartet, dass die Kinder länger schlafen – jetzt, wo sie es endlich tun, kann ich es nicht mehr. Doch es gibt Schlimmeres. Jahrelang hat Harry darauf gewartet, dass die Kinder länger schlafen, jetzt, wo sie es tun, steht seine Frau unerklärlich früh auf und lässt die Treppenstufen knarren. Ich blicke zur Tür zum Flur, sie ist geschlossen, hoffentlich war ich leise genug. Wenigstens habe ich heute eine gute Ausrede.

Unter meinen Füßen sind die Holzdielen angenehm kühl. Mit dem rechten großen Zeh kratze ich an einem Mückenstich an meinem linken Knöchel, ich sollte aufhören, sonst blute ich noch aufs Parkett, aber ich kratze weiter, auf einem Bein balancierend, starre in die Plastikschüssel und warte. Heute sollen es 34 Grad werden.

»Was ist das?«

Ich zucke zusammen. Ben steht auf einmal hinter mir, im Schlafanzug, die Ohren noch rot vom Schlaf, seine blonden Haare stehen hinten am Kopf zu Berge, als wollten sie von alleine wieder zurück in sein Bett im ersten Stock.

»Nicht reinfassen, Ben, das ist heiß!«

Ich nehme einen langen hölzernen Schaschlikspieß und halte ihn in die Schale, in der nun weiße Fäden wirbeln.

»Was machst du da?«

»Zuckerwatte.«

Bens Jubel hallt durch die morgendliche Stille.

»Psst! Nicht Lotta verraten.«

Lottas Behinderungen haben eine Menge Geräte ins Haus gebracht, von denen ich als Schwangere nie gedacht hätte, dass wir sie mal brauchen würden. Einen Kinder-Rollstuhl, einen Stehtrainer, der im Grunde ein großes Brett ist, auf dem man sein Kind fixiert und es dann gerade hinstellt – es erinnert mich immer an die Drehscheiben, auf die Messerwerfer im Zirkus ihre Opfer schnallen –, Lagerungselemente, die Lottas Knie auseinanderhalten, während sie schläft, um ihre Hüfte zu schonen. Orthesen, so ähnlich wie die Schienen von Forrest Gump, nur mit pink-grün-lila Herzen darauf, die Lottas abgeknickte Füße gerade rücken sollen. Viele Dinge, die ich mir früher noch nicht mal hätte vorstellen können. Und nun eine Zuckerwattemaschine, bestellt im Internet. Denn Zuckerwatte kann auch genießen, wer nicht kauen kann, sie schmilzt im Mund.

»Das ist unser Geheimnis, Ben, ja?«

Ben grinst verschwörerisch. »Wenn ich was abhaben darf?«

»Vor dem Frühstück?« Ich drehe den Schaschlikspieß und die weißen Fäden wickeln sich auf.

Ben tanzt von einem Bein aufs andere. »Ich teste nur für Lotta. Nicht, dass der Zucker schlecht geworden ist.«

In Lottas große pinke Schultüte packe ich neben der Zuckerwatte, die ich in durchsichtige Folie hülle, noch Haarspangen, Glöckchen, eine Hörspiel auf CD und Wachsmalkreiden, die in dicken Knubbeln enden, sodass man sie auch in einer Faust halten kann. Ab sechs Monate steht auf der Packung, Lotta ist sechs Jahre alt. Am Ende hat sie dasselbe in der Schultüte wie alle Kinder: zu viel.

Als ich die blaue Schleife um das weiße Krepp-Papier binde, frage ich mich, ob Lotta die Tüte lang genug alleine halten kann, um ein Foto von ihr damit zu machen. Neulich hat eine Mutter auf Facebook ein Bild von etwas gezeigt, das ich jetzt auch gerne hätte: einen Schultütenhalter aus Metall, befestigt am Rollstuhl ihres Kindes. Ihr Mann hat ihn selbst zusammengeschweißt. Mein Mann Harry ist Redakteur beim Fernsehen und kann ein Püree machen, so fluffig, dass selbst Lotta sich nicht daran verschluckt, und die Spülmaschine, auf die – laut ihm – einzig richtige Art einräumen. Schweißen, Dübeln oder Sägen gehören nicht zu Harrys Talenten und leider sind wir uns in dem Punkt zu ähnlich.

»Na, du Schulkind!«, ruft Ben mit dem Mund voller Zuckerwatte die Treppe hoch. »Bist du schon wach?«

Ein quiekendes Lachen aus dem ersten Stock antwortet ihm.

»Freust du dich etwa auf die Schule? Das wird sich ändern, glaub mir!«

Ben ist neun Jahre alt und kommt morgen in die vierte Klasse. Bald geht er mir bis zur Schulter, er ist so viel gewachsen in letzter Zeit, dass seine Arme und Beine wirken, als hätte jemand zu stark daran gezogen. Ständig stößt er irgendwo an, er ist wie ein junger Welpe, der noch nicht weiß, wie groß und stark er ist, und der aus Versehen das Wohnzimmer verwüstet, ohne dass ihm jemand lange böse sein kann.

»Wisst ihr schon, auf welches Gymnasium er geht?«, hat meine Freundin Melanie mich schon vor einem Jahr gefragt, als Ben und ihr Sohn Luca noch nicht mal in der dritten Klasse waren.

»Habt ihr schon eine Empfehlung der Lehrerin, dass Luca aufs Gymnasium soll?«, habe ich geantwortet. »Ich dachte, diese Gespräche gibt es erst im Herbst der vierten Klasse und die Infoveranstaltungen sind danach.«

»Das entscheidet doch nicht die Lehrerin, ich gehe jetzt schon zu allen Tagen der offenen Tür. Ich tendiere zum Katholischen.«

Was ist eine gute Schule? Und wie entscheidet man das für ein Kind wie Lotta? »Sie ist so richtig behindert«, hat Ben sie mal jemandem vorgestellt. »Nicht nur ein bisschen.« Es klang fast stolz. »Schwer mehrfachbehindert« ist ein anderer Ausdruck dafür, falls man nicht »so richtig behindert« sagen möchte. 7,5 Millionen Menschen in Deutschland sind schwerbehindert, das heißt fast jeder Zehnte, doch nur etwa zwei Prozent davon sind Kinder. Das Leben mit ihnen erscheint vielen Menschen unvorstellbar. »Das könnte ich nicht«, sagen mir manchmal Leute, und bevor ich Lotta bekam, hätte ich wahrscheinlich dasselbe gesagt.

Lotta ist blind, was aber nicht heißt, dass sie im Dunkeln lebt. Sie sieht wie andere bei undurchdringlichem Nebel, nur harte Kontraste dringen durch, Schwarz-Weiß, Glitzerndes, Neon. Sie ist körperlich so stark eingeschränkt, dass sie im Rollstuhl sitzt und wir ihn schieben müssen. Sie kann nicht kauen, daher stecke ich alles in den Mixer: Pizza, Käsebrote, Geburtstagskuchen. Nur Pommes schmecken püriert nicht, genauso wenig wie Salat. Lotta kann nicht sprechen, frei sitzen, sich an der Nase kratzen oder ihren Kopf über lange Zeit selbst halten. Sie kann sehr gut hören und riechen. Welche Schule ist die richtige für so ein Kind?

In unserer Küche hängt an einer Kreidetafel noch die Einladung von Lottas Kindergartenfreundin Nelly zu ihrem sechsten Geburtstag, daneben ein Zettel mit einem kleinen Herz, den Lottas Freund Jakob ihr in den Rucksack gesteckt hat. Die beiden kommen ebenfalls heute in die Schule.

Seit 2009, dem Jahr, in dem Lotta geboren wurde, gilt in Deutschland die UN-Behindertenrechtkonvention. Seitdem soll hierzulande ein »integratives Bildungssystem auf allen Ebenen« gewährleistet werden, sodass »Menschen mit Behinderung nicht aufgrund von einer Behinderung vom allgemeinen Bildungssystem ausgeschlossen werden«. Die 2006 beschlossene Konvention konkretisiert die universellen Menschenrechte, wie sie 1948 von den Vereinten Nationen beschlossen wurden, für Menschen mit Behinderung und folgt dem Leitbild der inklusiven Gesellschaft: Nicht der Einzelne soll sich *integrieren*, die Gesellschaft als Ganzes soll ihn *inkludieren*, nicht der Einzelne muss sich ändern, sondern die Gesellschaft. 158 von 193 Mitgliedern der UN haben dieses Übereinkommen unterzeichnet, nur die UN-Kinderrechtskonvention haben mehr Staaten unterzeichnet. Alle vier Jahre müssen sie über die Umsetzung des Vertrags berichten, beim letzten Mal, 2015, wurde Deutschland gerügt, weil es in fast allen Bereichen zu wenige Fortschritte gab. Im März 2019 muss Deutschland zum nächsten Mal einen Bericht einreichen.

Schule ist nur eines der vielen Themen der Behindertenrechtskonvention, nicht nur dort sollen Menschen mit Behinderung teilhaben können: auch auf dem Arbeitsmarkt oder im Internet, politisch, gesellschaftlich oder kulturell. Und doch bestimmt der Aspekt Schule die Debatte. Wie hierzulande schulische Inklusion konkret umgesetzt wird, ist weitgehend den Ländern überlassen. Inklusion in Hamburg ist nicht gleich Inklusion in Bayern, auch von Stadt zu Stadt oder Landkreis zu Landkreis können sich die konkreten Umsetzungen stark unterscheiden. Bundesweit geht etwa ein Drittel der Kinder mit Förderbedarf gemeinsam mit Kindern ohne Behinderung zur Schule, in Bremen sind es laut der Kultusministerkonferenz über 77 Prozent, in Hessen etwa 23 Prozent. In Nordrhein-Westfalen, wo wir leben, hat jedes Kind mit Förderbedarf seit dem Schuljahr 2014/15 einen Rechtsanspruch auf einen Platz an einer inklusiven Schule.

In Lottas Zimmer ziehe ich das weiße Rollo hoch. Der kleinen Discokugel am Fenster gebe ich einen Schubs, sie beginnt sich zu drehen, helle Lichtpunkte tanzen im Zimmer herum, über die weißen Wände, die Fingertupfen-Bilder in ihren bunten Rahmen, über Lotta in ihrem Bett, über ihre langen blonden Haare, ihren geblümten Schlafanzug, ihre Wangen mit den tiefen Grübchen. Sie liegt auf der rechten Seite und drückt grinsend ihre Nase ins Kissen.

»Guten Morgen, meine Süße!«

Ich trete an ihr Pflegebett, das so hoch eingestellt ist, dass ich mich nicht weit bücken muss, und küsse sie in den Nacken, der verschwitzt ist. Sie riecht nach Kinderschlaf und roten Ohren, Wärme und Geborgenheit. Ich gebe ihr noch einen kleinen Kuss unter ihr Ohr und sie schnauft glücklich.

»Bist du bereit für deinen großen Tag?«, flüstere ich.

»Ähh«, sagt sie und ihre Grübchen werden noch tiefer. Ich schlage die Decke zurück und vergrabe mein Gesicht an ihrem Hals. Ich nehme ihren linken Arm und lege ihn um mich, sodass sie meinen Kopf umschlingt. Sie drückt fest zu und pustet ihren Atem gegen meine Stirn.

»Hallo, hallo, hallo!«, wirbelt Ben ins Zimmer. »Du wirst staunen Lotta! Es gibt …«

»Pssssst!«, mache ich, vergraben unter Lottas Arm.

»… schon wieder schönes Wetter!«

»Hast du meine dünnen Strümpfe gesehen?«, ruft Harry im Stockwerk über uns. Ich schlüpfe aus Lottas fester Umarmung und richte mich auf.

»Welche?«, brülle ich zurück.

»Die blauen!«

»Ich will sie«, fordert Ben und schiebt mich beiseite.

»Du musst sie …« Aber ich sehe schon an ihren Grübchen, dass sie will, was Ben vorhat. Er schiebt seine flache Hand zwischen Lottas Wange und das Kopfkissen und hebt schnell und gekonnt ihren Kopf an. Ich befreie Lottas Beine aus dem Lagerungsblock, der ihre Hüfte schont, indem er ihre Beine so auseinanderhält, als sei sie ein Cowboy, den man vom Pferd gehoben hat.

»Gewaschen!«, schreie ich Richtung oberes Stockwerk.

Ben richtet Lotta auf und zieht an ihr, bis sie mit baumelnden Beinen auf der Bettkante sitzt, ihr Oberkörper fällt nach vorne gegen seinen. Er umarmt sie.

»Na, hallo, du Schulkind!«

Sie dreht ihren Kopf und vergräbt ihr Gesicht in der Kuhle seines Halses.

»Im Waschkeller?«, ruft Harry von oben,

»Auf dem Stuhl in Bens Zimmer!«

Lotta dreht ihren Kopf hin und her und reibt ihre Nase an Bens Nacken.

»Oh, krieg ich ein Küsschen?«, fragt Ben und lacht. »Das ist aber nett von dir.«

Ein paar polternde Schritte auf der Treppe, dann ein Schrei und ein zersplitterndes Geräusch.

»War das mein AT-AT?«, schreit Ben.

»Warum ist hier Lego direkt hinter …«

»Papa, war das mein AT-AT?«

Ben lässt Lotta schwungvoll zurück aufs Bett plumpsen und rennt aus dem Zimmer. Lotta liegt völlig schief und lässt ein Glucksen hören.

»Sei nicht so schadenfroh«, flüstere ich. »Oder lachst du, weil du gerne so runterplumpst?«

Wir hören Ben schimpfen. Lotta grinst, ich nehme sie hoch, lehne ihren Oberkörper an meinen, sodass sie wieder sitzen kann. Seufzend vergrabe ich meine Nase wieder in ihren Haaren und schließe die Augen. Ich werde gleich mein schickstes Kleid anziehen, das nur mit hohen Hacken gut aussieht. Ich sollte meine kurzen Haare in eine weniger verstrubbelte Form föhnen; seit zwei Tagen wasche ich mir die Haare mit Duschgel, weil keiner Zeit hatte, neues Shampoo zu kaufen. Ich muss noch Frühstück machen und ich sollte wohl rübergehen und herausfinden, ob es Bens AT-AT war, der Panzer aus dem »Star Wars«-Universum, der aussieht wie ein Elefant, verkleidet als Kriegsmaschine. Gleich werde ich Lotta ihr hübschestes Sommerkleid anziehen, ihre Haare hochstecken und unzählige Fotos machen. Wir werden sie feiern und hochleben lassen. Doch für einen Moment stehe ich nur hier, atme den Duft von Lottas Haaren ein, spüre ihren Körper an meinem und versuche, die Zeit anzuhalten. Bleib noch ein bisschen mein Baby, Lotta.

»Was meinst du, Schulkind, sollen wir noch im Bett bleiben?«

»Äh.«

»Du willst in die Schule, nicht wahr?«

Ich weiß, du bist bereit für die Welt, Lotta. Ich weiß nur nicht, ob die Welt auch bereit ist für dich.

Hinter uns liegt mehr als ein Jahr der Suche. Ich habe in Klassenzimmern gesessen, von katholischen, städtischen, inklusiven, Privat- und Förderschulen, habe abendfüllende Infoveranstaltungen besucht und mich in die bürokratischen Details der Inklusion vertieft, habe mit Lehrern, Eltern und Schülern diskutiert. Wer ein Kind mit Behinderung hat, hat die Wahl, zumindest auf dem Papier. »Ich mag deine Tochter«, hat mir meine Freundin Merle gesagt, sie unterrichtet an einer Grundschule, die seit Kurzem inklusiv arbeitet. »Und dennoch hätte ich Angst, wenn sie bei mir im Klassenzimmer säße. Um ihr und allen anderen gerecht zu werden, kriege ich einfach nicht genug Unterstützung.«

Sie steht mit dieser Kritik nicht alleine da. In einer bundesweiten Forsa-Studie des Verbands Bildung und Erziehung von 2017 sollten die Lehrer bewerten, wie gut der gemeinsame Unterricht gelingt. Sie erteilen insgesamt die Schulnote Vier minus. Zwei Drittel der Lehrer, die wie Merle inklusiv arbeiten, geben an, dass sie alleine den gemeinsamen Unterricht stemmen müssen. Mehr als ein Drittel der Lehrer wurde ihren Angaben zufolge noch nicht einmal mit einem längeren Gespräch darauf vorbereitet. Missbrauchen wir den Umbau unseres Schulsystems zum Sparen? Wie sehen erfolgreiche inklusive Schulen aus? Wie ist das in den USA, wo in den 1970er-Jahren der Begriff Inklusion geprägt wurde? Oder in Italien, wo es eine der höchsten Inklusionsquoten gibt – angeblich 99 Prozent? Ich denke an unseren Urlaub: an die Kinder, die auf Lotta auf Italienisch einplapperten, ohne einmal zu zögern, die lächelnden Mütter am Strand, den Kellner, der Lotta ungefragt einen Schmatzer auf die Backe gab. Ist das eine inklusivere Gesellschaft als Deutschland? Sie fühlte sich zumindest so an.

Über Lottas Bett hängt eine Fotocollage mit ihren Kindergartenfreunden. Auf fast allen Bildern ist Nelly zu sehen.

»Weißt du was?«, hat sie vor Kurzem beim Abholen zu mir gesagt. »Die Lotta ist behindert.«

Ich zögerte. »Ich weiß.«

»Ist doch komisch, oder?«

»Findest du?«

»Ja, die ist so auf die Welt gekommen, dass sie einen Rollstuhl braucht. Und ich so, dass ich laufen kann. Komisch.«

»Tja, so ist das Leben.«

»Kommt Lotta zu meinem Geburtstag?«

Nelly und Lotta kennen sich seit vier Jahren. So lange schon spielen, singen, schmusen sie miteinander, doch erst jetzt bemerkt Nelly die Schublade, in die viele Menschen Lotta gleich auf den ersten Blick stecken. Welche Bedingungen müssen erfüllt sein, damit das an Schulen so gut funktioniert wie in Lottas Kita? Was brauchen Lehrer wie Merle, um so erfolgreich inklusiv zu arbeiten wie Lottas Erzieher? Oder liegt das einfach daran, dass Nelly noch fast ein Baby war, als sie Lotta kennenlernte?

Harry kommt herein und beugt sich zu Lotta hinunter. Er summt eine Tonleiter und Lotta kreischt vor Freude auf.

»Und? War's der AT-AT?«, frage ich.

Er summt weiter. Ich schließe die Augen, auf einmal ist es wieder 2009 und Lotta noch ein kleines rotes Bündel, das schreit und schreit und schreit, verzweifelt, untröstlich, stundenlang, nächtelang. So lange, bis ihr Papa Tonleitern summt, ihr großer Papa, der einen Kopf größer ist als ich, der seine wenigen dunklen Haare kurz geschoren trägt und nach gebügelten Hemden riecht und frisch rasierten Wangen. Er nimmt das kleine Bündel hoch in seine Arme, sie ist kürzer als sein Unterarm, ihr Kopf liegt in seiner Hand. Er wiegt sie und summt, Lotta öffnet die Augen und schweigt.

»Weißt du noch?«

Harry lächelt und ich lehne mich an ihn. Seit damals sind seine kurzen Haare grauer geworden, doch sein Summen ist dasselbe.

»Warum steht Lego direkt hinter …?«

»Psssst!«, sage ich. »Jetzt nicht.«

Gemeinsam umarmen wir Lotta, sie ist so groß, dass wir sie beide gleichzeitig halten können.

»Früher«, sage ich leise, »hätte ich nie gedacht, dass einmal der Tag kommt, an dem sie eingeschult wird. Ich hätte gedacht, sie würde vorher …« Ich schaue zu Lotta und spreche es nicht aus: sterben.

»Ich auch«, sagt er. »Und jetzt bist du ein Schulkind, Lotta!«

»Und was für eins!«

Sie lacht.

»Wer hätte gedacht, dass wir mal auf dieser Schule enden, oder?«

»Stimmt«, sagt er. »Das war ein wildes Jahr.«

Von der Frage, was eine gute Schule ist, waren wir sehr schnell bei der Frage angelangt: Welche Schule kriegen wir überhaupt – und wie? Kurz denke ich an Melanie und ihren Schlachtplan fürs katholische Gymnasium für Luca.

»Über die Hälfte wird abgelehnt. Also alle Hauptfächer auf eins, der katholische Chor – und zwei Hobbys: Klavier und Tennis.«

»Mochte Luca nicht Hockey?«

»Der Tennistrainer ist gleichzeitig Sportlehrer am Katholischen.«

»Und die Jungs, die er kennt, haben größere Chancen?« »Na ja«, sagt sie und hüstelt. »Nicht die Jungs, die er kennt. Du verstehst schon.«

Wie weit gehen wir für unsere Kinder? Manche Eltern ziehen um, damit ihr Kind näher an der Wunschschule wohnt und so bessere Chancen hat – oder sie melden es einfach nur um, falls die Oma zufällig näher dran wohnt. Meine Freundin Silke hat ihrem neugeborenen Baby seinen heiß geliebten Plastikschnulli weggenommen und durch einen Öko-Kautschukschnuller ersetzt, der aussieht wie ein großer brauner Badewannenstöpsel: »Ihr großer Bruder soll doch auf die Waldorfschule und wie sieht das denn sonst aus, wenn wir uns vorstellen gehen.« Dem Förderverein beitreten, am Info-Abend ganz vorne sitzen und danach Dankesmails schreiben sind noch die harmlosesten Spielarten dieses Kampfes. Natürlich muss das alles nicht helfen. Das Gerede über den Tennislehrer ist nur leeres Gewäsch, der Schnulli des

Geschwisterkindes entscheidet wahrscheinlich nicht, wer einen Platz an der Waldorfschule kriegt – doch sicher ist sicher.

Die Knappheit der Plätze ist vor allem ein Problem der Städte, in Berlin beispielsweise haben 2017 rund 300 Eltern geklagt, weil ihr Kind keinen Platz an der Wunschgrundschule erhalten hat. Aber auch meine Facebook-Freundinnen, die auf dem Land leben, schreiben im Frühling glücklich: »Platz an der Wunschschule gekriegt!!!!«, dahinter Emojis von Champagner-Flaschen, darunter unzählige Kommentare von anderen zwischen Glückwunsch und Neid.

Nicht nur Waldorf- oder Privatschulen, auch begehrte städtische Grundschulen, Gymnasien, Gesamtschulen, Realschulen, die als gut gelten, Kitas haben so einen großen Andrang, dass sie losen – »Und wir wissen ja alle, was losen heißt«, sagt Melanie und zieht mit dem Zeigefinger die Haut unter ihrem rechten Auge runter. In der Zeitung lese ich, Schulrektoren könnten »Gesichtskontrolle« betreiben und sich die Eltern aussuchen. »Ich weiß, dass die Sache mit dem Schnulli seltsam wirkt«, sagt Silke. »Aber das macht die Angst mit einem.«

Die Angst, nicht die richtige Schule oder keine Kita für das Kind zu kriegen. Wer bin ich, darüber die Nase zu rümpfen? Auch ich habe im vergangenen Jahr Dinge für Lotta getan, auf die ich nicht stolz bin. Scham steigt in mir auf, schnell dränge ich den Gedanken daran beiseite. Ich werde es wohl wieder tun, Ben soll nächstes Jahr auf die weiterführende Schule und die Suche wird von vorne losgehen. Jeder will für sein Kind nur das Beste – und die Nische, in die es am besten passt. Unser Schulsystem unterstützt das: gleich mit gleich, Gymnasium oder Realschule. Doch wie lässt sich das mit Inklusion vereinbaren?

»Meinst du, das ist die richtige Schule für Lotta?«

Harry zuckt mit den Schultern. »Wenn nicht, dann wechseln wir.«

Ben kommt wieder herein. »Kann ich noch …?«

»Psssst!«, mache ich.

»… Frühstück?«

»Wie geht's dem AT-AT?«

»Der war es nicht.«

Er schiebt uns beide weg und lässt Lotta in seine Arme sinken. Er schlingt seine Arme um sie und hebt sie vom Bett. Flach hängt sie vor ihm mit baumelnden Beinen, ihre Füße reichen bis zu seinen Knien, ihre Arme liegen über seinen Schultern, ihre Köpfe aneinander.

»Weißt du, wo meine blauen Socken …?«

»Ich habe keine Ahnung.«

Lotta eng umschlingend macht Ben ein paar kleine Schritte Richtung Flur.

»Stopp, wo willst du hin?«

»Los«, sagt er, »einer muss dieses Kind ja mal in die Schule bringen.«

Lotta grinst in seinen Nacken.

# 1

## *»Darf ich fragen?«*

### Von der Neugier der anderen und dem Wunsch dazuzugehören

Ein Jahr vorher.

»Ist die ansteckend?«

Das kleine Mädchen zeigt auf Lotta. Wir sind auf dem Weg zu den Schaukeln, Ben schwingt schon auf einer bis ganz nach oben. Lotta und ich wollen zu der Reifenschaukel, in der man auch liegen kann. Gerade ist sie besetzt, zwei Babys werden sanft von ihrem Vater hin- und hergeschwungen. Ich lächele das Mädchen an.

»Wie heißt du?«

»Penelope.«

»Hi, Penelope, das ist Lotta. Hör mal, Lotta, da will sich jemand mit dir unterhalten.«

»Ist die ansteckend?«

Das kleine Mädchen legt den Kopf schief. Wie alt mag sie sein? Vier, vielleicht fünf. Ich seufze.

»Nein, Lotta ist nicht ansteckend. Behinderungen sind so wenig ansteckend wie deine roten Haare oder deine Sommersprossen.«

Das Mädchen nickt befriedigt und geht rüber zur Rutsche. Ich schiebe Lotta quer über den Spielplatz bis zur Reifenschaukel. Der Vater davor lächelt mir zu.

»Möchte sie mit rein?«

»Wir warten lieber«, sage ich. »Sie will richtig wild, dafür sind die zwei noch zu klein.«

Lotta liebt es, so weit nach oben zu schaukeln, dass Umstehende fürchten, sie könnte rausfallen. Es muss im Bauch hüpfen, wie Ben einmal gesagt hat, erst dann kreischt sie vor Freude, dass es über den Spielplatz hallt.

»Darf ich fragen, was Ihre Tochter hat?«, fragt der Vater und gibt der Schaukel noch einen Schubs.

»Die wäre beinahe gestorben«, ruft Ben von seiner Schaukel neben uns herunter. »Dann haben die Ärzte ihr Leben gerettet und jetzt ist sie behindert. Soll ich springen?«

Der Vater sucht nach dem richtigen Gesichtsausdruck, um auf diese Erklärung zu reagieren. Sollte ich noch mehr sagen?

»Du musst gucken, Mama!«

»Ich gucke ja.«

Ben springt und landet mit beiden Füßen im Sand.

Es ist nicht genetisch und es war nicht mein Alter. Ich war 32 Jahre alt, als ich Lotta zur Welt brachte, Harry war 43. Es war nicht der Rohmilchkäse, den ich nicht aß, nicht das Koffein, das ich mied, es waren nicht das Sushi oder das Carpaccio, das ich verschmähte. Ich machte alles richtig. Es waren nicht die Vorsorgeuntersuchungen, die ich absolvierte, ohne zu wissen, warum. Es fühlte sich so gut an, zu hören, dass alles in Ordnung ist. Ich ließ das Risiko fürs Down-Syndrom ausrechnen und war froh, als es unter dem Durchschnitt für mein Alter lag. Warum? Was wäre gewesen, wenn? Harry und ich haben das nie ausdiskutiert, wir haben das Thema noch nicht mal angeschnitten, als würde es Unglück bringen.

Es ist Zufall, dass Lotta noch lebt. Hätte meine Frauenärztin damals bei einer Routineuntersuchung im neunten Monat nicht ein komisches Gefühl gehabt und den Doppler angeschaltet – die Einstellung des Ultraschallgeräts, das die Blutströme anzeigt –, hätte sie nie entdeckt, was sie so formulierte: »Da ist sehr viel Blut im Gehirn. Sie fahren jetzt in die Uniklinik.« Sie war die Erste von vielen Menschen, die Lottas Leben gerettet haben.

Vena Galeni Malformation, eine Laune der Natur. Auch ein Zufall. Eine Ader in Lottas Kopf hatte sich während der Schwangerschaft nicht richtig ausgebildet. Das sauerstoffreiche Blut floss von einer Ader direkt in eine Vene, es nahm eine Abkürzung – am Gehirn vorbei. Da das Gehirn ein autoregulatives Organ ist, reagierte es auf den Blutmangel mit der Anforderung nach noch mehr Blut. Lottas Herz pumpte schneller, mehr Blut schoss am Gehirn vorbei, die Ader weitete sich, Lottas Gehirn forderte vergeblich Nachschub, ihr Herz pumpte schneller, schneller und schneller. Hätte man Lottas Fehlbildung nicht schon vor ihrer Geburt erkannt, wäre sie wahrscheinlich kurze Zeit danach gestorben.

1:25 000. So viel soll das Risiko für Vena Galeni betragen, schätzen Experten, gar nicht so unwahrscheinlich, wie ich heute weiß. Einer ist immer die Eins in 1:25 000. Manche dieser Kinder sterben, bevor man weiß, woran, andere fallen erst auf, wenn sie nach dem Krabbeln nicht laufen lernen, sondern plötzlich Rückschritte machen. Nicht immer sind die Fehlbildungen so stark ausgeprägt wie bei Lotta.

»Wenn Sie jetzt sagen, dass Sie sonst vom Dach springen, finden Sie vielleicht noch einen …«, sagt ein Arzt und meint eine Spätabtreibung. Eine Kaliumchlorid-Spritze ins Herz meines Babys, das in meinem Bauch strampelt, wenn es die Stimme seines Bruders hört. »Das können wir nicht«, sage ich zu Harry, »oder?«

Wir erzählen Ben, dass das Baby krank ist, er pustet auf meinen Bauch und fragt: »Wieder heile?«

In Paris, London oder Duisburg-Wedau lassen sich Fehlbildungen wie Lottas operieren. Wir gehen nach Duisburg, die Klinik liegt nicht weit vom Stadion, Professor Brassel und Doktor Feldkamp sind die Ärzte, an die wir uns klammern. Versprechen können sie uns nichts, doch wir halten uns an den Geschichten fest, die sie erzählen. Von ehemaligen Patienten, die heute Basketball spielen, von Kindern, die überlebt haben. Alles wird gut. Bestimmt.

Als Lotta zur Welt kommt, ist ihr Gesicht ein kleiner Mond, die Augen zugeschwollen. Im OP nebenan warten schon die Ärzte, um sie direkt nach der Geburt zu operieren. Doch Lotta macht sich gut. Sie bekommt einen Aufschub, 24 Stunden, in denen wir sie taufen, im Licht einer Kerze auf der Kinder-Intensivstation. Lotta öffnet zum ersten Mal ihre Augen und ist wunderschön. »Ich habe die Kerze gesehen und gedacht, da stirbt schon wieder eins«, wird uns die Krankenschwester später sagen. »Nein«, werde ich sagen. »Mein Kind stirbt nicht.« Nach nur einem Tag müssen wir uns von ihr verabschieden, um sie in den OP zu schicken.

Professor Brassel führt winzige Katheder in Lottas Hüften ein, langsam schleust er sie durch ihre Adern, bis hinauf in ihren Kopf, zu der Fehlbildung. Vorsichtig setzt er Coil um Coil ein, kleine Platinspiralen, die sich an die Wand der geweiteten Ader setzen und sie verkleinern. Sieben Mal wird Lotta in den ersten drei Jahren operiert werden, über zehn Stunden liegt sie in Vollnarkose, während wir Eltern in die Stadt fahren. Wir kaufen ihr ein Kleid, jedes Mal ein neues, und glauben, dass es Glück bringt.

Nur zehn Tage nach Lottas Geburt dürfen wir das Krankenhaus verlassen. Die Einstichstellen an ihrem Hals, an ihren Handgelenken und ihren kleinen Füßen verheilen, ihre blaulila Blutergüsse verblassen. Sie trinkt an meiner Brust, sie gähnt, sie strampelt – sie ist perfekt. Ich küsse ihren kleinen kahlen Kopf und glaube an ein Wunder. Zu ihrem ersten Weihnachten kriegt Lotta einen Plüschlöwen, weil sie so stark wie ein Löwe ist – und einen weißen Kinderholzstuhl, wie Ben einen hat. Er kommt erst mal in den Keller, »bis zum Sommer«, erklären wir Ben. »Dann kann sie sitzen.«

Lotta wird nie darauf Platz nehmen.

Als unsere Kinderärztin bei der routinemäßigen Vorsorgeuntersuchung Lotta nackt kopfüber hängen lässt, stockt sie und wird still. »Sie entwickelt sich nicht ganz so, wie wir das möchten«, sagt sie später. »Verdacht auf cerebrale Bewegungsstörung« steht in ihrem Bericht, mit dem sie uns zum Neurologen schickt. Als ich das im Internet nachschlage, steht da »körperliche Behinderung«.

»Wenn Sie Glück haben, ist es halbseitig«, sagt der Neurologe. Er verdreht sein Knie, seinen Arm und die Hand nach innen, lässt den Kopf zur Seite fallen und humpelt auf uns zu. »So.«

So könnte Lotta aussehen, wenn sie älter wird? »Sie ist doch so hübsch«, sage ich später zu Harry. Als wäre Schönheit ein Schutz.

Im ersten Jahr filme ich, wie Lotta strampelt, Großaufnahmen als Belege für den Neurologen, dass er sich irrt. »Mit zwei Jahren wissen wir mehr«, sagt er. Wir beginnen mit Physiotherapie.

Lottas Blick wandert ständig umher, »sie ist so neugierig«, sagen wir. »Blind«, sagt der Augenarzt, »eine Folge der pränatalen Hirnschädigung.« Wir beginnen mit Sehfrühförderung, kaufen schwarz-weiße Stofftiere, um mit den starken Kontrasten ihre Sehreste hervorzukitzeln.

»Vorhersagen sind einfach nicht möglich«, sagt uns Dr. Feldkamp, unser Kinderarzt in der Duisburger Klinik. Fördern und warten. Fördern und warten. Warten und nicht zweifeln, nicht nachdenken, nicht im Internet nachlesen, nicht weinen, nicht fragen: »Was wäre, wenn?«, nicht schreien: »Warum wir?«. Auch nicht hoffen, denn hoffen ist das Schlimmste. Hoffen heißt, ein kleines Mädchen vor mir zu sehen, das läuft und lacht und »Mama« ruft. Hoffen schmerzt mehr als verzweifeln. Fördern und warten.

Jeden Abend um 17 Uhr sitzen Lotta und ich in der Badewanne, ich lasse ihren Körper durchs Wasser gleiten und schaue in ihre Augen, die nach oben starren. Blind.

*»Alle meine Entchen schwimmen auf dem See, schwimmen auf dem See …«*

Plötzlich zieht Lotta ihre Mundwinkel nach oben.

»Oh, Lotta, du kannst ja lächeln!«

Sie lächelt, ich weine.

An diesem Abend bleiben wir beide in der Badewanne, bis wir beide ganz schrumpelig sind. Sechs Monate ist Lotta bei ihrem ersten bewussten Lächeln alt, Ben war damals sechs Wochen. Kann cerebrale Bewegungsstörung auch bedeuten, dass ein Kind nie lächelt? Ich habe mich nie getraut, einen Arzt das zu fragen.

»Lotta lächelt!«, ruft Ben vom Sitzsack aus, wo er in einem Bilderbuch blättert, Lotta an seine Seite gedrückt, und wir Eltern rennen herbei.

»Die schönsten Lächeln kriege immer ich«, sagt Ben, »für mich macht sie die dicksten Grübchen.«

»Klar«, sagen wir. »Du bist ihr Liebling.«

Lotta öffnet ihre Hand, Lotta hält den Kopf gerade, Lotta lächelt. Meilensteine. »Du machst das so toll!«, lobe ich sie und küsse ihre offene Hand, ihren geraden Kopf und schaue in ihre Augen, die sie staunend aufreißt über das, was sie kann. Die Fortschritte mögen winzig sein, doch unsere Freude ist riesig.

Wir fallen aus der Zeit. Die Kinder auf der Pampers-Packung entwickeln sich schneller als Lotta, die Windelpakete, die ihr dem Gewicht nach passen, haben längst vornedrauf ein Bild von einem strahlenden Kind, das frei und selbstständig sitzt. Ein paar Monate später ist da auf der Abbildung eins, das krabbelt, noch später steht eins und winkt. Doch wir sehen nicht hin. Wir nehmen die Windeln gleich zu Anfang raus und schmeißen die Packung weg. Ich schaue nicht mehr in Kinderwagen, ich gehe anderen Müttern aus dem Weg und wechsele heimlich die Straßenseite, bevor uns jemand entdeckt. Solange wir Lotta nicht mit anderen vergleichen, so lange entwickelt sie sich fantastisch.

Eines Tages verdreht Lotta ihre Augen. Ihre Atmung rasselt, Schaum bildet sich vor ihrem Mund. Zum ersten Mal in unserem Leben rufen wir den Notarzt und rasen mit Blaulicht ins Krankenhaus. Erst die Vollnarkose bricht den Krampf. »Epilepsie«, sagt der Arzt. »Das ist nicht ungewöhnlich bei Hirnschädigungen.« Wir beginnen, ihr täglich Medikamente zu geben. Das eine macht sie matt und dumpf, das andere reizt ihr Zahnfleisch. »Potenziell lebensbedrohlich«, nennen die Ärzte die schlimmsten der Anfälle, die immer wiederkommen können. »Aber lassen Sie Ihr Leben nicht davon bestimmen.«

»Du musst das annehmen«, sagt mir meine Freundin Clara, die gleich um die Ecke wohnt. »Das ist wie eine Welle. Wenn du dagegen ankämpfst, schmeißt sie dich um. Du musst drunter durch.«

Es ist viel, das wir annehmen müssen in diesen ersten Jahren. An manchen Tagen klappt es besser als an anderen.

Irgendwann sagen wir das »B-Wort«. Lotta ist süß, blond, viel zu dünn, ein Dickkopf, der alle um den Finger wickelt, ein Wirbelwind, der zwar nicht laufen kann, aber trotzdem auf meinen Knien reiten will und vor Freude so laut und unvermittelt juchzt, dass die Menschen um uns herum zusammenzucken. Lotta ist ebenfalls behindert. Wir nehmen uns Ben zum Vorbild, für den behindert nur ein Wort ist wie klein oder hübsch. Er macht keine Pause davor, er senkt nicht die Stimme. Hübsch, klein, behindert.

Wird sie jemals sitzen und ein Glas umschmeißen können? Wird sie ihr Leben genießen, auch wenn sie vielleicht nie richtig sehen oder laufen kann?

»Deinen Job als freie Journalistin kannst du jetzt vergessen«, sagt eine Kollegin. Der Plan war, dass ich erst mal kürzertrete, bis die Kinder in der Kita sind. Habe ich mich, als ich mich für Lotta entschied, auch gegen mein altes Leben entschieden? Gegen Reisen, Interviews, Arbeit, die sich mit Kindern vereinbaren lässt, und für Windelnwechseln und Füttern, jahrzehntelang?

Als Lotta zwei Jahre alt ist, wissen wir mehr. Es ist nicht halbseitig geworden, wie der Neurologe damals gesagt hat, sondern beidseitig. Als uns das jemand sagt, ist es keine Überraschung mehr. Es ist nicht so wichtig, wie wir am Anfang dachten, nicht für uns. Wir sind verliebt. Lotta ist perfekt, mit oder ohne schwere Mehrfachbehinderung. Welche Diagnosen sie hat, sagt nichts darüber aus, wer sie ist, sie muss nicht anders sein, um unsere Tochter zu sein. Einer ist immer die Eins in 1:25 000. Wer schwanger wird, spielt Lotto – und wir haben gewonnen.

*Darf ich fragen, was Ihre Tochter hat?* Hätte ich all das dem Vater neben mir auf dem Spielplatz erzählen wollen, hätte er seine Babys so lange auf der Schaukel anschubsen müssen, bis ihnen schlecht geworden wäre. Und so lächele ich nur zurück und frage: »Na, ihr zwei, wie lange schaukelt ihr denn noch?«

Fragen wie seine höre ich oft. »Was hat sie denn?« ist ein Klassiker. Auch beliebt in der Variante: »Wieso sitzt Ihre Tochter denn im Rollstuhl?«

Ein Mann in der Schlange hinter uns an der Supermarktkasse fragt: »Wie heißt denn das, was Ihre Tochter hat?«

»Infantile spastische Cerebralparese der Stufe fünf, blind, Schluckstörung, keine Lautsprache. Und Epilepsie aufgrund einer angeborenen Vena Galeni Malformation, die mittlerweile nach sieben Embolisationen glücklicherweise verschlossen ist«, antworte ich.

»Konnte man da nichts mehr machen?«

»32,95 Euro«, sagt die Kassiererin und wir können gehen.

Ich weiß, warum die Menschen fragen. Wenn sie wissen, wie es passiert ist, wissen sie, ob es ihnen auch passieren könnte. »Wusste man das vorher?« »War der Arzt schuld?« Die Menschen wollen eine Erklärung, sie wünschen sich die Gewissheit, dass sie selbst in Sicherheit sind. Dass ihre Kinder nicht wie Lotta werden. Oder dass man »notfalls noch was hätte machen können«, was ja nichts anderes heißt als Spätabtreibung.

»Mich hat das noch nie jemand gefragt«, sagt Harry abends, als ich ihm davon erzähle.

»Du bist ja auch seltener mit ihr alleine unterwegs«, sage ich.

Aber vielleicht liegt es auch an mir. Wenn ich alleine unterwegs bin, fragen mich Leute nach dem Weg oder reden mit mir über das Wetter, als hätte ich »Sprich mich an« auf die Stirn tätowiert. Wenn ich mit Lotta unterwegs bin, fragen sie eben nicht, ob die Post wohl noch aufhat, sondern nach Lottas Behinderung. »Du musst nicht allen Menschen ins Gesicht schauen«, hat meine Mutter einmal gesagt, als ich in die Pubertät kam. »Die könnten das falsch verstehen.« Vor der Frage nach der Diagnose nehmen die meisten erst mal Blickkontakt mit mir auf, oft tauschen wir ein Lächeln oder einen Satz über das Wetter aus, bevor Fremde mich nach den körperlichen Details meiner Tochter fragen. Es ist wahrscheinlich meine Schuld. Ich sollte einfach nicht zurücklächeln.

Als Ben etwa vier Jahre alt war, hat er gesagt: »Ich weiß, warum die Leute Lotta so viel angucken.« Er schien Fremde gerne darüber aufzuklären, was genau mit Lotta los ist, er hatte Mitleid mit ihnen. »Die haben keine Lotta und sind bestimmt neidisch.«

Mich nervt es manchmal. Warum? Weil die Erinnerungen an

Lottas Diagnose zu schmerzhaft sind? Nein, das ist es nicht. Dass Lotta blind und körperbehindert ist, dass sie nicht kauen oder sprechen kann so wie Ben, das sind Tatsachen, die ich so wenig hinterfrage wie die Tatsache, dass Ben keinen dunklen Lockenkopf hat.

Im Zoo auf der Bank vor den Giraffen starren die Kinder uns an, als wären *wir* diejenigen, für die ihre Eltern Eintritt gezahlt haben. Im Einkaufszentrum, an der Fußgängerampel, während wir auf Grün warten. »Darf ich fragen …?«

»Dann sag eben Nein, Sie dürfen nicht fragen«, sagt Harry.

»Aber … die Leute meinen es doch nur nett. Vielleicht interessiert es sie einfach.«

»Na und?«

Unhöflichkeit kostet Kraft. Es ist leichter, schnell etwas zu sagen. »Was hat sie denn?« »Uns. Sie hat uns«, habe ich mir mal vorgenommen zu sagen, doch ich habe es nie ausgesprochen.

»Gute Laune«, habe ich einmal gesagt. »Jede Menge Spaß hat sie.«

Am liebsten gebe ich die Frage weiter: »Darf ich das erzählen, Lotta?« Es gibt Menschen, die reden mit ihrem Hund, aber wenn sie vor einem Rollstuhl stehen, reden sie nur mit dem, der schiebt, und nie mit dem, der drinsitzt. Manchmal grinst sie, wenn ich sie frage. Aufmerksamkeit ist toll, egal, ob man sie für eine schöne Mütze oder für eine Behinderung bekommt.

Mit der Zeit haben wir Standardantworten entwickelt, je nachdem, wer fragt. Für Ärzte haben wir ein Kurzreferat voller medizinischer Fachbegriffe, die mir längst flüssig von der Zunge rollen. Für Erwachsene haben wir einen kurzen, der keine medizinische Vorbildung erfordert, bei Kindern staffeln wir es nach dem Alter und beantworten immer nur die Frage, die auch gestellt wird – so wie man das machen soll, wenn man Kinder über Sex aufklärt.

Bei einem unserer letzten Spielplatzbesuche stürmte ein kleiner Junge auf uns zu, höchstens eineinhalb Jahre alt, im Gesicht einen Ausdruck höchster Glückseligkeit.

»Bagger!«

»Kein Bagger«, erklärte ich, als er schon die Reifen anfasste und versuchte, sie zu drehen, »das ist ein Rollstuhl.«

Lotta wendete dem Jungen interessiert den Kopf zu.

»Carlo!«, rief seine Mutter und eilte zu uns, ein entschuldigendes Lächeln im Gesicht. »Lass das, bitte!«

»Ist schon okay«, sagte ich. »Schau, Carlo, wenn du die gelben Knöpfe runterschiebst, ist die Bremse an – und wenn du sie wieder hochschiebst ...«

Grinsend schob er die Bremsen wieder runter.

»Haben?«

»Das ist nichts für dich, Carlo«, sagte seine Mutter.

»Haben!«, schrie Carlo, schmiss die Arme hoch und warf sich mit dramatischer Geste vor uns in den Matsch.

Egal, wen wir aufklären, wir versuchen immer, schnell von der Diagnose zu den schönen Seiten zu kommen: »Aber sie hat viel Freude am Leben. Und so eine Hübsche ist sie, nicht wahr?«

So ein Klischee. Als müsste sich ein behindertes Kind sein Brot erst verdienen, indem es möglichst ein Sonnenschein ist, eine Bereicherung, welche die Belastung austariert. Als hätte ein stinkiges, hässliches behindertes Kind kein Recht auf Leben. »Du darfst ruhig mal schlecht gelaunt sein«, flüstere ich Lotta zu, nachdem ich wieder mal einem Fremden erzählt habe, wie oft sie lacht. »Ich hab dich immer lieb, egal, was du machst.«

Lotta ist erklärungsbedürftig, anscheinend. Vielleicht ist es das. Für uns ist Lotta normal, unser Leben ist eigentlich nichts, was sich zu beschreiben lohnt. Wir haben ein normales Leben mit verregneten Nachmittagen voller »Conny«-Hörspiele in Endlosschleife und sonnigen Stunden auf dem Spielplatz, mit Ausflügen in die Eisdiele und Abenden, an denen ich mich frage, warum ich eigentlich als Einzige müde bin. Ben hasst Sonnencreme, Lotta mag keinen Joghurt. Beide Kinder lieben Spaghetti bolognese. Sicher, Lotta bekommt ihre püriert, weil sie nicht kauen kann, sie geht zur Physio statt zum Ballett – doch sonst? Dass unsere Normalität etwas anders ist als die anderer Menschen, bemerke ich meist erst, wenn ich darüber nachdenke: Worin unterscheidet sich unser Leben von dem Leben, das wir führen würden, wenn Lotta keine Behinderung hätte?

Ich könnte ihr eine Brezel in die Hand drücken, wenn sie Hunger hat, statt sie mit dem Löffel zu füttern, manchmal stundenlang. Es wäre mir egal, ob die U-Bahn-Station einen Aufzug hat, und wir hätten keinen persönlichen Parkplatz direkt vor der Tür. Hätte Lotta keine Behinderung, würden wir an Silvester nicht darauf anstoßen, dass es wieder ein Jahr ohne Notarzt war. Wir würden nicht die Wochen ohne epileptische Anfälle zählen. Auf Facebook würde ich mich nicht über die schönsten Kinderpflegebetten austauschen, wir hätten keine Aktenordner voller Korrespondenz mit der Krankenkasse und keine Anwältin, die Lottas Anspruch auf eine Integrationshelferin durchgesetzt hat.

Einen Anspruch auf eine Begleitung haben alle Kinder, die so schwer eingeschränkt sind wie Lotta. Die zwei Erzieher in ihrer Kita-Gruppe können nicht gleichzeitig 14 nicht behinderte Kinder ab einem Jahr betreuen und ein schwer mehrfachbehindertes Kind fördern. Doch wer bezahlt die Begleitung? Je nach Behinderung sind verschiedene Ämter zuständig, doch Lotta hat gleich mehrere. Ein Amt verwies uns ans nächste, wir reichten Antrag nach Antrag ein. Elf Monate lang rannten wir im Kreis. Erst als wir mit Klage drohten, wurde Lottas Begleitung bewilligt. Hinter den Kulissen stritten sich die Ämter weiter, wer welchen Anteil übernimmt. Lottas Kita-Begleitung zahlt schließlich zum größten Teil das Sozialamt.

Viele Kinder haben so wie Lotta nicht nur eine einzige Behinderung, körperliche mischen sich mit emotionalen oder geistigen Behinderungen, Wahrnehmungsstörungen und Entwicklungsverzögerungen. Warum gibt es kein Amt für Inklusion, das für alle zuständig ist, ausgestattet mit den Mitteln, die es braucht? So wie es jetzt ist, ist es ein Dschungel von Behörden und Vorschriften, in dem man leicht verloren gehen kann. Nicht Lottas Behinderungen rauben mir am meisten Kraft, sondern Kämpfe wie der um ihre Integrationshelferin. Wie viele Eltern geben auf, bevor sie einen Anspruch durchgesetzt haben? Wenn es für mich schon anstrengend ist, mit den Ämtern zu kämpfen, wie geht es dann

Alleinerziehenden, die keinen haben, der mal eben die Kinder übernimmt? Wie geht es Müttern, deren Muttersprache nicht zufällig Deutsch ist, die nicht Journalistinnen sind und die kein Geld übrig haben, um eine Anwältin zu engagieren, wenn sie an ihre Grenzen stoßen?

Wir haben Glück.

Wenn die Krankenkasse ein Hilfsmittel nicht vollständig bewilligt, können wir selbst etwas zuzahlen. Harry hat eine Festanstellung als Redakteur, Lotta kriegt von Opa und Oma an Weihnachten auch mal einen Zuschuss zum neuen Rolli, es geht uns gut. Ich schreibe Artikel, Bücher, ich kann auf einem Podium sitzen und über Inklusion diskutieren, während Lotta zu Hause versorgt wird. Verglichen mit anderen müssen wir auf wenig verzichten, wir sind kein typischer Fall. Das Armutsrisiko steigt, wenn man ein Kind mit Behinderung bekommt. Genau wie das Scheidungsrisiko und das Risiko für Geschwisterkinder, an Depressionen zu leiden. Die Wahrscheinlichkeit steht gegen uns.

Meine Freundin Nina, die ihren Sohn Leon zur selben Zeit im selben Krankenhaus zur Welt brachte, sieht müde aus, als wir uns abends endlich einmal treffen. Fünfmal haben wir unsere Verabredung verschoben, »jetzt aber« lautete ihre letzte SMS an mich. Durch Ninas hennarote Locken zieht sich oben ein dunkler Ansatz, unter ihren Augen Ringe. Ihr Sohn hat das Down-Syndrom, sein angeborener Herzfehler ist längst behoben. Sie bestellt Gin Tonic.

»Wenn Leon noch mal seine Schuhe verweigert, schmeiße ich sie weg und lasse ihn ab sofort barfuß gehen. Sollte es nicht leichter werden, wenn die Kinder älter werden? Ich finde, es wird schwerer. Ich möchte nicht tauschen, aber …«

Nina schüttelt den Kopf, an ihren Unterarmen hat sie blaue Flecken. Leon hat Schwierigkeiten, seine Kraft zu kontrollieren, und packt oft zu hart zu.

»Und dann sagen immer alle: Oh, diese Down-Syndrom-Kinder sind ja solche Sonnenscheine. Leon ist ja auch einer – solange es nach seiner Nase geht.«

»Dich fragt bestimmt keiner: Was hat er denn, oder?«

»Nee, dafür ist Trisomie 21 zu leicht zu erkennen. Der kann ja Regisseur werden, hat neulich jemand gesagt. Da kann man ja heute so viel machen! Du hast es gut: Dir wirft wenigstens keiner vor, dass du Lotta zu wenig förderst, wenn sie nicht Schauspielerin wird. Oder wenn sie keine Schuhe trägt.«

»Wir sind neulich einem kleinen Jungen begegnet, höchstens drei Jahre, der hat gefragt, warum Lotta das hat, und auf den Rolli gezeigt.«

»Was hast du gesagt?«

»Ist so auf die Welt gekommen. Ich dachte, das reicht, der war ja noch klein. Der Junge hat völlig fassungslos auf den Rolli gestarrt und gesagt: *So* ist die auf die Welt gekommen?«

Lachend stoßen wir an.

Fast jeder zehnte Mensch in Deutschland ist schwerbehindert und doch haben wir anscheinend keine gemeinsame Normalität. Solange sich Menschen entschuldigen, wenn ich ihnen versehentlich mit Lottas Rollstuhl in die Haken fahre, so lange haben wir keine inklusive Gesellschaft. Der Vater mit seinen Babys in der Schaukel und ich – wir hatten so viel gemeinsam: Wir sind Eltern, wir standen in der Sonne, wir würden beide an diesem Tag noch viele Male eine Schaukel anschubsen und dabei »Hui« sagen. Sobald er sagte: »Darf ich fragen …«, war es mit der Gemeinsamkeit vorbei. Lotta ist nicht wie seine Kinder, ich bin nicht wie er. »Was hat sie denn?« heißt unausgesprochen auch immer: »Das ist nicht normal« und »Ihr gehört nicht dazu«.

»Das ist das wichtigste Argument für Inklusion von Anfang an, vom Kindergarten bis ins Büro«, sage ich Harry später, als ich von meiner Verabredung mit Nina zurück bin.

»Dass du dann keine Fragen mehr beantworten musst?«

»Dass es normal wird, anders zu sein. Lotta wird immer nur auf diese Eigenschaft reduziert: behindert. Sie ist doch so viel mehr als nur das.«

»Dann müsstest du dich über Fragen aber freuen«, sagt Harry. »Solange die Leute fragen, so lange kannst du ihnen helfen, Lotta zu verstehen.«

»Ich habe nicht den Eindruck, dass ich wirklich erklären kann, wie Lotta ist. So zwischen Spielplatz und Supermarkttheke. Dass die Leute sie nach unserem Gespräch als mehr sehen als nur behindert – das glaube ich irgendwie nicht. Entweder sie bemitleiden sie wegen ihrer Behinderung oder bewundern sie, weil sie trotz ihrer Behinderung so fröhlich ist.«

»Dann musst du nicht weniger erklären, sondern mehr«, sagt Harry und hat recht. Besser, die Menschen fragen, als dass sie nur denken, besser, sie starren, als dass sie weggucken. Mit Neugier lässt sich einiges machen.

»Hoffentlich finden wir eine Schule, an der sie schon länger Erfahrung mit behinderten Kindern haben. Wo man nicht so viel erklären muss.«

»Bestimmt«, sagt Harry. »Schau, wie gut das mit der Kita klappt. Das wird schon werden mit der Schule.«

»Wenn ich daran denke, wie lange es gedauert hat, eine Kita zu finden, die uns will … Du bist immer so optimistisch.«

»Einer muss es ja sein.«

Über uns hören wir Schritte im Kinderzimmer.

»Gehst du noch mal?«, fragt Harry.

Ich schüttele die Bettdecke aus und lasse sie auf Ben hinunterschweben.

»Jetzt musst du aber wirklich schlafen! Morgen ist Schule.«

Ich setze mich auf die Bettkante, in der Ecke leuchtet der Globus, tief unten in den Weltmeeren ziehen Wale ihre Kreise. Ich lege mich auf den Rücken neben Ben, über uns schimmern die Klebesterne an der Decke. Ben dreht sich zur Wand, weg von mir.

»Warum gibt es eigentlich nicht mehr Kinder wie Lotta?«

Ich schaue zu ihm rüber und sehe nur seinen Hinterkopf im Halbdunkel. Wann ist der richtige Zeitpunkt, um Ben zu erklären, was Pränataldiagnostik ist? Dass auch ich einmal Angst gehabt habe vor einem Kind, wie ich es heute nicht mehr hergeben will? Der medizinische Fortschritt schafft immer neue Möglichkeiten, sein Kind schon vor der Geburt zu »überprüfen«. Die Bluttests, die Schwangeren schon in der zwölften Woche Gewissheit über das Down-Syndrom geben sollen, werden wohl bald zur Kassenleistung werden. Schon jetzt werden schätzungsweise 90 Prozent der Kinder mit der Diagnose Down-Syndrom abgetrieben, genaue Zahlen darüber, wie viele von diesen Kindern noch geboren werden, gibt es für Deutschland seit der NS-Zeit nicht mehr. In Dänemark, wo die Zahlen erfasst werden, haben sich die Geburten von Kindern mit Trisonomie 21 seit der Einführung der Bluttests halbiert. Humangenetiker schätzen, dass das Down-Syndrom die erste Behinderung sein könnte, die aus der Gesellschaft verschwinden könnte, per Abtreibung. Einfach, weil es so leicht und früh festgestellt werden kann. Doch Lottas Behinderung hätte man nicht einfach per Bluttest so früh feststellen können, außerdem ist der überwältigende Teil der Behinderungen nicht angeboren, sondern wird später im Leben erworben.

»Mama? Warum gibt es …«

»Das ist eben so«, sage ich im Dunkeln. »Das gibt es einfach sehr selten.«

»Ach so«, sagt Ben. »So wie Gold.«

# 2

## *»Wer hat ihr das angetan?«*

### Von Vorschul- und Schattenkindern

»Lotta muss mit übernachten!«

Nachmittags in der Kita, beim Abholen. Lottas Freundin Nelly stürzt auf dem Flur auf mich zu, kaum dass sich die Eingangstür hinter mir schließt.

»Übernachten?«

Nelly streicht ihre schulterlangen braunen Haare mit beiden Händen hinter ihre Ohren und baut sich vor mir auf, die Hände in die Hüfte gestemmt. »Alle machen mit. Sag Ja!«

»Lass mich erst mal Lotta begrüßen, ja?«

Hinter Nelly öffnet sich die Tür zum Gruppenraum der »Finken« und Claudi, Lottas Integrationshelferin, schiebt sie in ihrem Rollstuhl auf den Flur. Lotta grinst.

»Hier hat dich schon jemand gehört«, sagt Claudi. »Wenn sie um die Uhrzeit plötzlich lächelt, dann weiß ich schon, dass du im Flur stehst.«

Lotta hört mich, wenn andere mich noch nicht sehen können. Das Hören ist neben dem Riechen ihr einziger Sinn, der ohne Einschränkungen funktioniert. Lotta ist blind, sie schmeckt nur, was ich ihr füttere, mit den Händen ertastet sie bloß dann etwas, wenn ich ihr helfe, die Hände zu öffnen, und sie über etwas streichen lasse. Doch sie hört mit ihrem ganzen Körper, von den Zehen bis zu den Haarspitzen ist sie ganz gespannte Aufmerksamkeit, wenn sie etwas Interessantem horcht, als wäre ihr Körper eine Antenne, die sie ausrichten kann. Lotta kann hören, wie sehende Menschen starren – mit einer Intensität, die alles andere ausblendet. Auch in einem Gruppenraum voller Kinder kann sie sich so auf das Geschehen im Flur konzentrieren und meine Schritte wahrnehmen. Ich beuge mich zu Lotta runter und gebe ihr einen Kuss auf die Wange.

»Hallo, meine Hübsche, wie war dein Tag?« – »Gut«, sagt Claudi. »Lotta ist wieder den ganzen Vormittag gekrabbelt – und hat einen Mittagsschlaf gemacht.«

Sie zeigt mir ein Foto: Lotta im Tiefschlaf, bäuchlings auf ihrem Krabbelbrett liegend, den Kopf in die Arme gelegt. Lottas Krabbelbrett ist einfach ein kleines Brett mit Rollen drunter, wie es andere Menschen benutzen, um Blumenkübel zu verschieben. Wenn Lotta bäuchlings darauf liegt, ein hartes Kissen unter dem Oberkörper, die Ellenbogen fest ins Brett gestützt, die Knie auf dem Boden, kann sie sich mit Strampeln ganz langsam voranbewegen. Claudi robbt dann hinterher, hilft ihr, sich abzustoßen, wenn sie hängen bleibt, und achtet darauf, dass sie nicht gegen die Wand fährt. Sich so fortzubewegen, ist anstrengend für Lotta – und anscheinend so schön, dass sie oft erst aufhört, wenn sie fast ohnmächtig wird vor Erschöpfung. Das Brett war die Erfindung der Kita. Eines Tages haben mich die Erzieher beim Abholen damit überrascht.

»Üben heimlich mit dem Kind«, habe ich Harry an dem Abend gesagt, als wir auf unsere krabbelnde Tochter angestoßen haben. »Da sage noch einer, dass schwer mehrfachbehinderte Kinder in inklusiven Einrichtungen nicht ausreichend gefördert werden können.«

»Na, das ist ja nicht irgendeine Kita.«

Lottas Kita ist eine private Einrichtung, gegründet von der Leiterin Zora Müller, gemeinsam mit ein paar Müttern. Zora ist Heilpädagogin, eine ihrer Erzieherinnen Sonderpädagogin, eine andere hat einen Abschluss in Rehabilitationswissenschaften. Ein Teil des Erzieherteams hat schon früher mit behinderten Kindern gearbeitet. Lottas Kita hat ideale Voraussetzungen für die Inklusion: Sie ist klein, nur 30 Kinder insgesamt, die sich auf zwei Gruppen verteilen, das Gebäude ist barrierefrei, denn es hat früher einmal den heilpädagogischen Kindergarten beherbergt, den nur Kinder mit Behinderung besuchten. Viele von Lottas Kita-Freunden können nicht laufen oder sprechen, doch nur, weil sie zu jung dafür sind. Das Jüngste kam mit neun Monaten. Lotta war das erste behinderte Kind, nach ihr wurden noch zwei andere aufgenommen. Die Inklusionsquote liegt also bei zehn Prozent. In einer durchschnittlich großen Grundschule mit etwa 250 Schülern entspräche das 25 Schülern mit Förderbedarf.

»Du musst *Ja* sagen!«, sagt Nelly und stampft mit dem Fuß auf.

»Was ist das für eine Geschichte mit dem Übernachten?«, frage ich Claudi.

»Für die Vorschulkinder«, sagt sie. »In der Turnhalle, nächste Woche. Wir machen eine Nachtwanderung, erzählen Geschichten …«

»Lotta braucht ihren Schlaf. Schlafmangel erhöht die Anfallsbereitschaft, sie hat doch so viele Anfälle in letzter Zeit.«

Nelly schüttelt den Kopf, dass ihre Haare fliegen.

»Wir überlegen uns das noch, ja?«, sage ich zu Lotta. »Nicht traurig sein.«

»Karl macht auch nicht mit «, sagt hinter uns eine Mutter, die gerade die Wechselkleidung ihres Sohnes an der Garderobe neu faltet. »Er kuschelt sich immer mit uns beiden in den Schlaf, der ist noch nicht so weit.«

»Hörst du, Lotta? Karl geht auch nicht.«

Wütend stapft Nelly den Flur hinunter und verschwindet in den Garten.

»Sag mal *Tschüss, Nelly*!«, sage ich zu Lotta, doch sie macht keinen Laut und verzieht keine Miene. Was sie wohl gerade denkt? Ob sie traurig ist, weil ich nicht will, dass sie bei der Übernachtungsparty mitmacht?

»Wie weit ist denn eure Schulsuche?«, fragt Claudi mich.

»Nimm doch unsere Schule!«, ruft Karls Mutter. »Unser Großer ist da sehr glücklich.«

Während ich Lotta die Pantoffeln ausziehe und ihre Schuhe an, unterhalten wir uns. Sie sind auf einer sogenannten freien Schule, ohne Noten, ohne Druck, dafür mit Schulgeld, »aber das ist es wert«, meint sie. Freie Schulen sind einfach alle nicht staatlichen Schulen, die dennoch staatlich anerkannt sind, seien sie nun kirchlich, alternativ oder elitäre Privatschulen. Das Konzept der Schule, auf die Karls älterer Bruder geht, mischt Ideen von Maria Montessori, Jean Piaget und Peter Petersen, die Kinder sollen in ihrer Autonomie gestärkt werden. Sie entscheiden selbst, was sie interessiert, und werden von den Lehrern nur begleitet. Jedes Kind soll in seinem eigenen Tempo lernen.

»Das klingt für Lotta perfekt, sie kann sowieso nur in ihrem eigenen Tempo lernen.«

»Genau, daher sind da auch schon einige Kinder mit Behinderung. Und es gibt keine Hausaufgaben.«

»Das würde Ben aber neidisch machen.«

Wir lachen und ich nehme mir vor, in der Schule anzurufen. Als ich Nina davon erzähle, sagt sie: »Klingt gut, wir wollen auch auf die Montessori-Schule. In einer ganz normalen Schule würde Leon untergehen oder nur auf den Flur gesetzt werden. Oder denk doch mal an eine Förderschule.«

»Ich wünsche mir aber eine inklusive Schule für Lotta – so wie die Kita.«

Damals, als Lotta zwei Jahre alt war und ich begann, einen Kindergarten für Lotta zu suchen, galt mein erster Anruf dem heilpädagogischen Kindergarten, den nur Kinder mit Behinderung besuchten. Lottas Förderung Experten überlassen – das erschien mir eine logische Idee. Doch der Kindergarten wurde geschlossen, so wie jetzt viele Förderschulen. Lottas Kita hat mir schließlich gezeigt, wie gut Inklusion funktionieren kann – und mich nichts vermissen lassen. Warum sollten wir jetzt das System wechseln?

»Ich überlege, ob wir für Leon eine Förderschule nehmen, wenn es bei der Montessori nichts wird. Da sind die Kinder einfach unter ihresgleichen, das wäre wie ein Schutzraum.«

Braucht Lotta Schutz? Vor was? Vor Nelly sicherlich nicht,

auch nicht vor Karl. Oder wird sich das ändern, wenn sie größer wird? Wenn Lottas Klassenkameraden sie nicht kennen, seit sie selbst noch nicht laufen oder sprechen konnten?

Waldorf, Montessori, alles, was von der Regelschule abweicht, ist bei Eltern behinderter Kinder schon lange beliebt. Auch als Inklusion noch Integration hieß, waren diese Schulen ein erster Anlaufspunkt für alle Kinder, die mit Frontalunterricht und einem klassischen Klassenzimmer nicht viel anfangen konnten. In einem Umfeld, das dem Einzelnen mehr Raum zur Entfaltung einräumen soll, hat man bessere Chancen, auch ein behindertes Kind gut zu fördern.

Auch Silke, die ich bei einem Kongress zum Thema Inklusion kennenlerne, hat sich für die Waldorf-Schule entschieden, weil ihr Sohn eine Autismus-Spektrum-Störung hat. »Sonst wären wir wohl auf die Grundschule um die Ecke gegangen. Doch dort wäre Liam auf jeden Fall gemobbt worden.« Liam kann die sozialen Signale von anderen nicht gut lesen, es kommt oft zu Missverständnissen. Ihn stressen Dinge, die für uns selbstverständlich sind: runde Formen, Bälle, Kinder, die durcheinanderschreien und rennen. Wenn Liam gestresst ist, tanzt er herum, die Hände wedelnd in der Luft, wenn es nicht besser wird, zieht er auch mal andere an den Haaren oder schlägt um sich. Wenn er endgültig in eine Krise gerät, schmeißt er sich auf den Boden und schreit. »An unserer Waldorf-Schule klappt es trotzdem gut – dort sind die Kinder so sozial, dass sie ihn nicht ausgrenzen, sondern auf ihn eingehen.«

Ein Schutzraum – Liam braucht ihn. Aber Lotta? Bin ich naiv, wenn ich denke, dass keiner sie mobben wird? Zu verliebt, um zu sehen, wie abschreckend Lottas Behinderungen auf Gleichaltrige wirken können? Lotta schlägt niemanden, sie schmeißt sich nicht auf den Boden – sie kann das gar nicht.

Als ich Lotta am nächsten Tag von der Kita abhole, weiß ich, wovor sie Schutz brauchen könnte: vor Finja. Sie ist ein Jahr alt und kann seit Kurzem krabbeln.

»Ich war nicht schnell genug«, bedauert Claudi. »Zuerst hat

sie Kerim erwischt, im Spielhaus. Als der aufgeschrien hat, sind alle zu ihm, um ihn zu trösten. Nur Lotta hat gelacht.«

»Das ist aber auch nicht nett«, sage ich zu Lotta, die auf meinem Schoß sitzt.

»Finja hat das Lachen wohl als Aufforderung begriffen. Sie ist dann zu Lotta gekrabbelt, die ja auf ihrer Spielmatte lag. Die haben sich nur beschnuppert, das machen die zwei ja öfter«, sagt Claudi. »Und dann ... So schnell konnte ich gar nicht hingucken, schon war es passiert.«

Ich sitze auf der kleinen Garderobenbank, mit Lotta auf dem Schoß und streiche vorsichtig über ihre verletzte Wange. Finja hat zwar erst vier Zähne, doch die sind deutlich zu erkennen.

Zu Hause empfängt uns Ben. Als ich auf der Treppe sitze und ihr die Jacke ausziehe, entdeckt er es.

»Wer war das? Wer hat ihr das angetan?«

»Finja.«

»Welche ist noch mal Finja?«

»Warum?«

»Kann ich morgen noch mal mit abholen kommen, Mama?«

Ich schaue Ben an, der die Augenbrauen zusammengezogen hat, die Fäuste geballt.

»Du wirst dich doch nicht an einem Baby rächen, Finja kann doch nichts dafür.«

»Aber Lotta kann sich nicht wehren.«

An diesem Abend werden Ben und ich noch lange diskutieren.

»Ich mache nur das, was Lotta sonst machen würde!«

»Claudi ist Lottas Assistenz, sie hilft ihr in der Kita, nicht du.«

»Dann sollte Claudi zurückbeißen.«

Ich werde es ihr vorschlagen, aber ich glaube, da endet die Assistenz. Inklusion heißt eben nicht nur gemeinsam spielen und kuscheln, es heißt auch gebissen werden.

Eine Woche später, am Tag der großen Übernachtungsparty, hole ich Lotta schon nach dem Mittagessen ab.

»Ruh dich noch mal aus«, sage ich und sie grinst.

Harry hat mich überzeugt. »Natürlich macht sie mit«, sagt er. »Das nehmen wir ihr nicht weg, das gehört zur Kindheit dazu.«

Zu Lottas Kindheit gehören Krankenhausaufenthalte, OPs, epileptische Anfälle und Therapeuten. Wenn schon gebissen werden dazugehört, dann sollten es auch Übernachtungspartys tun. Als ich Lotta nach dem Abendessen nicht wie sonst in den ersten Stock hochtrage, sondern ihr im Flur die Schuhe wieder anziehe, fängt sie an, glucksend zu lachen. Die ganze Fahrt zur Kita lächelt sie. Dort angekommen, empfängt uns Nelly an der Tür. Sie dirigiert mich.

»Ihre Sachen sollen hierhin. Neben mich.«

»Lotta übergibt sich manchmal nachts«, warne ich sie. »Rutsch lieber ein Stück nach hinten, nicht, dass du getroffen wirst.«

Lottas Schluckstörung sorgt dafür, dass sie sich manchmal an ihrem Speichel verschluckt, vielen Kindern mit spastischer Cerebralparese geht es so. Nelly schüttelt den Kopf.

»Lotta vor mich und links Karl«, sagt sie und zeigt nach rechts.

Ich demonstriere Claudi noch mal, wie Lotta auf der Seite schläft, falls sie sich verschluckt oder übergeben muss. Sie wird zu Lottas Füßen schlafen, eine Nachtwache wird im Kita-Büro nebenan sitzen und am Video-Babyphone überwachen, ob Lotta einen Anfall hat.

»So eine Rundum-Überwachung hat Lotta zu Hause aber nicht«, sage ich. »Die ganze Nacht aufbleiben – das kann ich nicht. Ich muss darauf vertrauen, dass ich aufwache.«

»Ich hoffe, ich kann überhaupt schlafen«, sagt Claudi. »Für uns ist das so sicherer, so werden wir das später auch auf Klassenfahrten machen.«

Abends gehen Harry und ich mit Ben alleine Pizza essen. Wir spielen UNO und bestellen Fanta für Ben und Weißwein für uns.

»Na, ist das nicht toll?«, sagt Harry zu Ben. »Ist doch auch mal schön – nur wir drei.«

»Also ich vermisse sie«, sagt der und sieht auf einmal beunruhigt aus. »Aber es dürfen nur die Vorschulkinder, oder?«

»Ja, wieso?«

»Nicht Finja?«

Als ich ins Bett gehe, denke ich an Lotta und hoffe, dass sie keinen Anfall hat. Dass sie sich nicht übergibt. Dass es Nelly im Schlaf nicht mitten ins Gesicht erwischt. Ob ihre Freundschaft das aushielte? Zweimal schrecke ich nachts hoch, weil ich denke, ich höre Lotta weinen.

Um Mitternacht schlafen alle Kinder in der Turnhalle, nur Lotta nicht, wird Claudi später erzählen und mir Bilder vom Video-Babyphone zeigen. Lottas Gesicht leuchtet im Dunkeln, die Augen weit aufgerissen. Sie grinst wie ein Honigkuchenpferd.

Am nächsten Morgen stehe ich um neun Uhr in der Turnhalle. Lotta zittert wie ein Junkie auf Entzug. Blass, mit Augenringen, den Mund alle zwei Minuten aufgerissen zu einem großen Gähnen, bei dem ich mir Sorgen mache, dass sie eine Kieferklemme kriegt. An diesem Tag hat sie zwei Anfälle, je zwei Minuten lang, sie hören auf, ohne dass ich ihr ein Notfallmedikament geben müsste. Nach dem Mittagessen schläft sie bis zum nächsten Morgen durch.

»Das war es wert«, sage ich zu Nina am Telefon. »Hast du ihr Grinsen auf diesem Nachtbild gesehen, das ich dir geschickt habe?«

»Wie toll, dass Lottas Kita das mitmacht. Was glaubst du, wie oft ich Leon schon abholen musste, weil es nicht mehr ging? Die sehen in ihm immer nur ein Problem.«

»Die haben das nicht nur mitgemacht, die haben das vorgeschlagen.«

»Das ist etwas sehr Besonderes, weißt du.«

Wird das, was bei Lottas Kita funktioniert, auch in der Schule gehen? Als wir eine Kita gesucht haben, haben uns sieben Kindergärten abgelehnt. »Wir haben nur sehr wenige Plätze« oder »Die Mischung muss stimmen«, habe ich gehört, oder »Sie ist noch sehr jung. Wir müssen die älteren Kinder bevorzugen«. Die, die wir jetzt haben, war die Einzige, die uns wollte.

»Vielleicht solltet ihr noch eine Schule gründen«, habe ich Zora, der Leiterin von Lottas Kita, schon vor einiger Zeit vorgeschlagen. Sie hat gelacht, dabei habe ich es nur halb im Scherz gesagt. Ich hätte sogar mitgemacht.

»Ich brauche einfach wieder eine Zora«, sage ich zu Nina. »Jemand, der darauf brennt, Lotta zu unterrichten. Das kann doch nicht so schwer zu finden sein. Vielleicht ja in dieser freien Schule, die Karls Mutter aus der Kita vorgeschlagen hat.«

Noch weiß ich nicht, wie hoch das Schulgeld ist, doch ein beträchtlicher Teil muss in das Gebäude geflossen sein. Es steht inmitten eines neuen Industriegebiets am Rande der Stadt. Viel Glas, Holz, fröhliche Farben. In der Lobby, die ich in Bens städtischer Grundschule wahrscheinlich Eingangshalle genannt hätte, begrüßt mich ein Flipchart mit dem Programm von heute. Die Kinder um mich herum tragen sich ein für den »Mathe-Kreisel« oder die »ABC-Schlange« – Club Med als Schule.

Ich darf in einer der sogenannten Stammgruppen dabei sein, Klassen gibt es hier nicht. Um niemand zu stören, halte ich mich im Hintergrund und lasse mich vor der Wand auf den Boden gleiten. Schulbänke und Stühle, wie sie in Bens Klasse stehen und auch in der meiner Kindheit standen, gibt es hier ebenfalls nicht, stattdessen stehen Bücherregale voller Spiele, Bücher und Mikroskope die Wand entlang, ab und zu ein langer Tisch. Die Kinder beachten mich nicht, sie scheinen Hospitationen zu kennen. Sie nehmen sich je einen der kleinen Teppiche, die aufgerollt in der Mitte des Raumes liegen, und setzen sich im Kreis. Nach einer kurzen Begrüßungsrunde verteilen sich alle im Raum. Dort, wo eben noch Kinder saßen, legt eine Lehrerin ein großes Quadrat von Zahlenplättchen aus, jede Reihe eine neue Zehnergruppe, hoch bis 100, ab und zu ist ein Plättchen falsch herumgedreht, sodass man die Zahl nicht erkennen kann.

»Weißt du schon, was hier fehlt?«, fragt sie eins der drei Mädchen, die sich um das Quadrat versammelt haben. Gemeinsam drehen sie die Plättchen um und vervollständigen das Zahlenquadrat. Ich denke an Bens volles Klassenzimmer, 24 Schüler auf eine Lehrerin, und damit haben wir noch Glück. Luca, Melanies Sohn, hat auf seiner katholischen Grundschule 33 Klassenkameraden.

So viele Erwachsene! Einer kommt auf etwa vier Kinder. Später werde ich erfahren, dass die Schule zum größten Teil durch die Stadt finanziert wird, zum restlichen Teil von einem Förderverein. Da sie in privater Trägerschaft ist, kann die Schule selbst bestimmen, wofür sie ihr Geld ausgibt, und muss keine Anträge für bodentiefe Fenster oder hübsche Teppiche schreiben. Nicht alle Erwachsenen im Raum sind Lehrer, viele auch Integrationshelfer. Ein Junge, der offensichtlich blind ist, ertastet sich eine Landkarte mit Relief.

»Muss ich das jetzt machen?«, höre ich eine Jungenstimme.

»Du musst nicht, du willst«, hält eine geduldige Frauenstimme dagegen. Um die Ecke in der Lobby unterhalten sich die zwei, sie sehen mich nicht.

»Also muss ich.«

»Du willst. Du hast dich selbst dafür entschieden, dich für dieses Fach anzumelden.«

Etwa 20 Prozent der Fächer, erfahre ich später, sind anmeldepflichtig. Wer sich nach einem Schnuppertermin bereit erklärt, mitzumachen, soll dann auch dabei bleiben.

»Also muss ich doch.«

Ich schließe mich einem Englischkurs an, der im ersten Stock stattfindet. Zehn Kinder verteilen sich vor einem bodentiefen Fenster mit Blick in den großen Garten.

Die Lehrerin runzelt die Stirn.

»Ihr wollt alle Englisch lernen?« Sie seufzt. »Den Kurs müssen wir auf jeden Fall teilen.« Unwillkürlich lache ich laut auf und kaschiere das schnell mit einem Husten, als alle zu mir rüberschauen.

Langsam öffne ich die Tür hinter mir und verlasse den Englisch-Kurs. Ein Werkraum, ein Mal-Atelier, ich gehe auf Entdeckungstour durchs Gebäude. Vor einer Tür steht ein Schild: »Eintritt nur für Kinder«. Dahinter ein Kletterlabyrinth, das in die oberen Stockwerke und auch nach unten weitergeht. Es zieht sich durch das ganze Gebäude, bis unters Dach, mit Leitern, Rutschen, Tauen, gemütlichen Höhlen und Leseecken. Die Kinder tragen sich auf einer Liste an der Tür ein, wenn sie reingehen, und können darin bleiben, solange sie wollen. Wie gut, dass Ben nicht dabei ist, er würde nie wieder in seine alte Schule gehen. Draußen im Garten spielt eine Gruppe Jungs Fußball.

»Das muss man aushalten können, als Eltern«, sagt mir später der Leiter. »Kann sein, dass Ihr Kind erst mal nur ankommt und nicht direkt Fortschritte im herkömmlichen Sinne macht.«

»Und alles ohne Noten?«

»Das sind die falschen Anreize, die Kinder lernen aus Interesse, nicht, weil sie eine Eins wollen.«

Kurz denke ich an Ben, wie stolz er auf sein gutes Zeugnis war. Und wie er leise erzählte, dass Luis geweint hat, weil er eine Vier hatte. Sind Noten die falschen Anreize? Ich denke an das Fußballturnier, das Bens Verein beinahe gewonnen hätte, als die Mutter eines Gegnerkindes quer über den Platz schrie: »Denk an die Playstation!« Daraufhin gab ein kleiner Junge ganz vorne im Sturm noch mal richtig Gas und zehn Minuten später hatte Bens Mannschaft verloren. Ich dachte immer, *das* wären die falschen Anreize – Bestechung.

Ben beizubringen, wie man Schnürsenkel bindet, habe ich lange Zeit vergeblich versucht. Richtig gelernt hat er es erst, als er es selbst wollte – wegen der Fußballschuhe, die es nicht mit Klettverschluss gab, und weil er den Trainer nicht um Hilfe bitten wollte. Am meisten weiß Ben über Dinosaurier, ein Thema, das er noch nicht in der Schule behandelt hat. Schon mit fünf Jahren konnte er einen Brontosaurier von einem Stegosaurus unterscheiden, heute weiß er, warum die Kreidezeit Kreidezeit heißt und warum die Dinosaurier ausgestorben sind. Mit demselben Feuereifer stürzt er sich gerade auf das Thema »Star Wars«, die Menge an obskuren Details, die er sich über Jedi, Sith und den Planeten Hooth merken kann, erstaunt mich immer wieder. Wenn man diesen Enthusiasmus nun auf Mathe oder Rechtschreibung übertragen könnte? Kann man das? Kurz versuche ich, mir Ben vorzustellen, wie er ruft: »Ich will noch mehr rechnen. Wir brauchen noch ein neues Mathebuch!« Im selben Tonfall, in dem er jahrelang neue Dinosaurier-Bücher eingefordert hat.

»Und wenn ein Kind sich so gar nicht interessiert, für Rechtschreibung zum Beispiel – wie locken Sie das?«

»Hier wird kein Kind gelockt, das stellt wieder eine Hierarchie her, wir begleiten nur. Irgendwann kommt das Interesse.«

Und wenn nicht? Egal, es geht um Lotta und nicht um Ben. Noten und Rechtschreibung sind nicht ihre Probleme. Jetzt ist nicht die Zeit für kritische Nachfragen, jetzt ist es Zeit, sich einen Platz zu sichern. Das Schulkonzept hinterfragen kann ich später immer noch.

»Ich finde das alles wirklich ganz wunderbar hier. So eine schöne Atmosphäre. Und das Gebäude, da möchte man ja direkt einziehen.«

Anscheinend habe ich zu dick aufgetragen, er zieht die Stirn kraus.

»Ich erwarte von Ihnen eigentlich noch mehr Fragen zu unserer Pädagogik hier.«

»Entschuldigung?«

»Sie wissen, dass wir hier nur sehr wenige Plätze haben. Wenn Sie sich entschließen, sich zu bewerben, werden Sie sich einem Ausschuss stellen und Fragen zu Ihren Erziehungsgrundsätzen beantworten müssen.«

Ich dachte, das Problem wäre das Schulgeld, doch bevor man es ausgeben darf, muss man anscheinend ein Casting bestehen. Habe ich überhaupt Erziehungsgrundsätze? Das klingt, als sollte ich ein Konzept dazu auf dem Computer gespeichert haben. Geschlagen wird nicht, angeschrien auch nicht, wenn es an schlechten Tagen doch mal laut wird, wird sich danach vertragen und Entschuldigung gesagt, auch von mir. Ist das schon ein Konzept? Meistens entscheide ich aus dem Bauch heraus, ab und zu reden Harry und ich abends darüber, dass wir konsequenter sein sollten. Wenn ich nicht weiterweiß, frage ich Nina oder Clara. Zählt das?

»Die pädagogischen Fragen sind für uns sowieso etwas speziell, ich bin ja wegen meiner Tochter Lotta hier. Wie ich schon erwähnt habe, ist sie schwer mehrfachbehindert. Sie würde natürlich einen Integrationshelfer mitbringen, wir sind bereits jetzt in einer Regelkita und …«

»Ich würde mich gerne erst mal über Ihren Sohn unterhalten.«

»Meinen Sohn?«

»Ja, Lottas Bruder.«

»Aber der ist schon eingeschult, er kommt jetzt in die dritte Klasse. Als er in die Schule kam, wusste ich ja noch nichts von Ihrer.«

»Wir nehmen nur ganze Familien.«

»Sie meinen, ich soll meinen Sohn abmelden und hierherschicken?«

Er nickt. »Er könnte natürlich noch das Jahr warten, bis Lotta auch hier anfängt.«

»Aber er ... kommt im konventionellen Schulsystem sehr gut zurecht.«

Auch wenn er diese Schule lieben würde, bin ich mir sicher, dass Ben erst mal nur Fußball spielen würde. Ob sich das mit der Zeit wirklich von alleine ändern würde?

»Wir wollen Familien, die unsere Grundsätze von ganzem Herzen mittragen. Die an unser Konzept glauben und daran, dass es das Beste für alle Kinder ist.«

Glaube ich, dass dieses Konzept für alle Kinder das Beste ist? Für manche sicherlich, auch für Lotta hört es sich gut an. Doch für Ben?

Als ich mich verabschiede, sage ich: »Bis bald!« Ich werde den Kampf aufnehmen, ein Auswahlverfahren hat mich noch nie geschreckt, und wo es eine Regel gibt – »nur ganze Familien« –, gibt es eine Ausnahme. Wie hat Melanie einmal gesagt, als es um die Aufnahme an der Grundschule für Luca ging: »Ich nehme mir die Kinder zum Vorbild: Ein Nein ist keine Antwort.« Selbst ein Erziehungskonzept kann doch nicht so schwer zu entwerfen sein.

Doch schon als ich aus der Tür bin, fange ich an zu zweifeln. Was, wenn Lotta keine Physiotherapie »machen möchte«? Würde die dann auch ausfallen? Das hieße Schmerzen – wenn Lotta nicht regelmäßig durchbewegt wird und ihre verkrampften Muskeln gedehnt werden, verschlimmert sich ihre Spastik. Natürlich gibt Lotta den Takt vor, Physiotherapie ist unmöglich, wenn sie sich sperrt. Aber manchmal muss man sie überzeugen. Überzeugen stellt wahrscheinlich auch Hierarchie her – und wäre demnach verboten.

»Lass uns weitersuchen«, sagt Harry.

»Klar«, sage ich. »Ich reiße doch Ben nicht aus einer Klasse, wo er wunderbar zurechtkommt.«

»Bei ihm käme nur an: Ich muss meine Freunde verlassen, weil meine Schwester behindert ist.«

Ben musste schon im Alter von zwei Jahren viel auf mich verzichten, weil ich so oft mit Lotta im Krankenhaus war. Er muss damit leben, dass seine Schwester beim Star-Wars-Spielen nie Obi-Wan Kenobi mit dem Laserschwert sein kann, sondern immer nur Meister Yoda, der alles durch Gedankenkraft bewegt. Er muss aushalten, dass ich manchmal sehr müde bin und öfter gereizt, dass ich nicht spontan mit ihm ins Schwimmbad fahren kann, weil es regnet und er Lust darauf hat, sondern erst jemanden finden will, der in der Zeit auf Lotta aufpasst. Selbst in unserer warmen Badewanne kriegt Lotta nach zehn Minuten blaue Lippen, sie kann ihre Temperatur nicht gut halten, sie hätte wahrscheinlich nicht viel Freude im Schwimmbad – und wenn ich mich schon den Blicken anderer Menschen aussetze, die Lotta anstarren, trage ich dabei lieber mehr als einen Badeanzug. Ben hält so viel aus. Er wird nicht damit leben, dass er wegen seiner Schwester auf eine andere Schule muss.

»Hast du den Flyer gesehen?«

Ich deute auf die magnetische Tafel in der Küche hinter uns, daran hängt ein Blatt, auf dem in bunten Buchstaben »Geschwister-Kreis« steht. Spieltreffs für Geschwister behinderter Kinder, sie basteln, machen Ausflüge und sie reden über das, was sie schultern müssen, weil ihr Bruder oder ihre Schwester eine Behinderung hat. Circa zehn bis 20 Prozent dieser Kinder haben Schwierigkeiten, schätzt man, sie leiden eher an Depressionen oder Angstzuständen, sie bekommen zu wenig Aufmerksamkeit, sie übernehmen zu früh zu viel Verantwortung oder nehmen sich selbst zurück, weil sie für ihre Eltern keine zusätzliche Belastung sein wollen. Schattenkinder werden sie genannt. Ich konnte diesen Begriff noch nie leiden. Er klingt so unausweichlich: Lotta in der Sonne, Ben im Schatten. Es wäre ja auch so logisch: sie klein, er groß, sie schreiend, er still, sie Angelegenheiten von Leben und Tod, er »Star Wars«. Wir haben uns vorgenommen, dass diese Logik für uns nicht gilt. Bens Fußballtraining soll so wichtig sein wie Lottas Krankenhaustermine, seine Sorgen wollen wir so ernst nehmen wie ihre Schmerzen. Schon als Lotta klein war, habe ich einen Babysitter für sie engagiert, um mit ihm in Ruhe zu puzzeln oder auf den Spielplatz zu gehen. Ben sollte nie auf Lotta aufpassen müssen, nie der »Große« sein müssen, der vernünftig sein soll, er sollte kein Helfer sein, sondern er selbst. Ich habe versucht, ihn abzuschirmen vor Lottas Alltag. Verabredungen bei seinem Freund, wenn Lotta zur Physio muss, eine DVD außer der Reihe, wenn mal wieder ein Rehatechniker bei uns zu Hause ist, der Lottas Stehständer ihrem Wachstum anpasst, ein paar Tage mit Papa, wenn ich mit Lotta ins Krankenhaus muss. Wir wollten, dass er eine normale Kindheit hat, kein Dasein im Schatten.

»Sollten wir ihn mal fragen, ob er dahin möchte, Harry?«

Ich zeige auf den Flyer des Geschwistertreffs.

»Meinst du nicht, damit schaffst du erst ein Problem, das gar keines ist? Hast du den Eindruck, dass er irgendwie leidet?«

Ich denke an Ben und wie er heute nach der Schule seinen Ranzen im Flur fallen ließ.

»Hi, Ben, wie war die Schule?«

Er ließ sich nur kurz von mir drücken, dann marschierte er weiter zu Lottas Sitzsack, ruckartig bewegte er ihre Arme rauf und runter, als würde er den Schlegel einer Wasserpumpe bedienen, so lange, bis Lotta ihre Grübchen zeigte.

»Was macht ihr denn da?«, habe ich gerufen. »Reiß Lotta nicht die Arme aus!«

»Ich lade mich auf«, hat er gesagt. »Ich muss meinen Lächel-Akku wieder aufladen.«

Das kenne ich auch, ich mache dasselbe, wenn ich einen schlechten Tag hatte, nur dass ich Lotta sanft küsse und nicht an ihren Armen reiße. Ben pumpte, Lotta kreischte vor Freude.

»Willst du nicht mal erzählen, wie die Schule war?«

Den Zettel behalte ich trotzdem.

»Bei uns war es ähnlich«, erzählt Nina am Telefon von ihren Erfahrungen an der Montessori-Schule. »Es hat keiner gesagt, aber gespürt habe ich es trotzdem. Wir passen da nicht rein. Ich wollte doch nur eine gute Schule – und die verhalten sich, als ginge es um eine Religion.«

Aber ich kann die Schule verstehen. Wenn man sich die Eltern aussuchen kann – und der Ansturm ist groß genug dafür –, warum sollte man dann nicht die nehmen, die das Konzept von ganzem Herzen mittragen? Die Schule will eben alle, auch die Kinder, die im konventionellen System zurechtkämen, die Überflieger, die Guten – nicht nur die, die durchs Raster fallen. Sie wollen kein Auffangbecken für die Problemfälle sein. Kann man ihnen das vorwerfen?

»Meinst du nicht, es wäre anders gewesen, wenn Ben behindert wäre und Lotta ein kleiner Streber?«, fragt Nina. »Wenn das ältere Geschwisterkind behindert wäre – hätten die dann auch darauf bestanden, dass es die Schule wechselt?«

# 3

## *»Nicht wie wir«*

Von Lottas Sprache und der Frage,
welche Schule ich ihr wünsche

Halb acht abends, Ben hat sich schon zu Lotta ins Bett gelegt, sein Kopf neben ihrem auf demselben Kopfkissen.

»Nicht beißen, Lotta.«

Lotta hat den Mund aufgerissen und knabbert an seiner Wange.

»Das sind doch Küsse, Ben.«

»Woher wissen wir das eigentlich? Vielleicht will sie mich ja fressen.«

Er bewegt seine Wange noch näher an sie heran und ihre Grübchen werden tiefer. Auch er lächelt. Ich gehe zum Bücherregal. »Heute mal ein Buch für Lotta, ja?«

»Och, nö.«

»Komm, Ben, wir lesen sonst immer deins.«

»Lotta mag Harry Potter!«

Ich habe lange nach einem Einschulungsbuch gesucht. In den meisten lernt der Held oder die Heldin, die ersten Buchstaben zu lesen, das ist also nichts für uns. So bin ich bei »Der kleine Drache Kokosnuss kommt in die Schule« gelandet, in dem auch der Fressdrache Oskar in die Schule kommt und zum Schwimmunterricht geht, obwohl Fressdrachen wie er eigentlich nicht zur Drachenschule gehen und noch nie schwimmen konnten.

Ben nimmt sich die graue Fernbedienung fürs Pflegebett und fährt es nach oben. Ein Surren, das mich früher ans Krankenhaus erinnert hätte, heute an zu Hause. Das Bett ist aus weißem Holz, die Seitenwände, die verhindern sollen, dass Lotta herausfällt, lassen sich hinunterschieben.

»Wartet auf mich!«

Etwas mühsam wuchte ich mich aufs Bett hoch und Ben fährt uns weiter nach oben.

»Nicht so weit.«

Am Ende schweben wir wie immer in fast zwei Metern Höhe unter der Decke, wie in einem riesigen weißen Nest.

»*Der kleine Drache Kokosnuss* …«, beginne ich.

»Woher weiß Lotta eigentlich, was ein Drache ist? Sie kann ihn doch nicht sehen.«

»Mmh, Lotta, also ein Drache ist so etwas wie ein Teddy mit Flügeln …«, versuche ich es.

»Mit Zähnen«, sagt Ben. »Und einem Schwanz.«

»Wir brauchen einen Drachen zum Fühlen«, sage ich. »Damit du dir das besser vorstellen kannst, Lotta.«

»Ja, aber was ist mit Sachen, die man nicht anfassen kann? Was ist mit … Wolken?«

Wie erkläre ich Wolken einem Mädchen, das sie nicht sehen kann?

»Können wir jetzt erst mal vorlesen, Ben?«

»Weißt du überhaupt, wie du aussiehst, Lotta? Du hast braune Augen …«

»Das ist die Farbe, wie sie die Kastanien haben, die wir neulich gesammelt haben, weißt du noch, Lotta?«

»Und deine Haare sind gelb.«

»Blond«, verbessere ich.

»Wie … Sonnenlicht«, sagt Ben. »Wenn es ganz warm ist.«

»Und du bist schön«, sage ich. »Wunderschön. Auch wenn das nicht wichtig ist.«

»Mama. Das weiß sie längst.«

Du Hübsche, sagen wir zu ihr, du Schöne, du Süße. Wäre Lotta ein Mädchen ohne Behinderung, würde ich solche Kosenamen seltener benutzen, aus Sorge, dass sie und Ben später ihr Selbstwertgefühl an ihrem Aussehen festmachen, aber so schiebe ich das weg.

Lottas Haut ist so weich wie sonst nur die Haut ganz kleiner Kinder, als hätte die Welt es noch nicht geschafft, ihre Spuren darauf zu hinterlassen. Auf ihren Wangen glänzt ein goldener Flaum feiner Haare, ihre braunen Augen sind umkränzt von dunklen, langen Wimpern. Sie reißt sie oft auf, als wäre die Welt, in der wir leben, eine staunenswerte Überraschung. Ihre Lippen stehen meist offen, ihre Zähne blitzen dahinter hervor. Ihre Grübchen sind so tief, dass man Erbsen reinstecken könnte. Wenn es regnet, kräuselt die Feuchtigkeit die Haare in ihrem Nacken und ganz oben an der Stirn.

Ich kenne ihren Körper nach all den Jahren eincremen, Fingernägel schneiden, Muskeln dehnen, Narben massieren und verkrampfte Finger öffnen besser als meinen eigenen. Ich weiß, wie die Kuhle zwischen ihren Schulterblättern riecht, zwischen welchen Zehen sich Fusseln sammeln, ich kenne die Bewegung ihrer Beine unter meinen Händen. Auch Bens Körper habe ich einmal so gekannt, nun gehört er ihm alleine, so wie es sein sollte. Lotta hat einen langen, schmalen Rücken, Schultern, die in meine Handfläche passen, wie dafür gemacht, Zehen so lang und schmal, dass sie aussehen wie kleine Finger. Perfekte kleine Ohren, für die das Wort »Ohrmuschel« erfunden wurde. Scharfe kleine Fingernägel, die rote Spuren im Ausschnitt meines Pullis hinterlassen.

Lotta ist ohne Filter. Sie ist bedingungslos ehrlich. Wenn sie lacht, und das tut sie oft, wackelt ihr Bauch vor Vergnügen. Wenn sie etwas nicht mag, zieht sie die Stirn kraus. »Sie kann skeptischer gucken als wir alle zusammen«, sagt Harry oft. Sie kann so hemmungslos schmachten und anhimmeln, dass Menschen rot werden. Wen sie mag, den betet sie an, sie liebt mit allem, was sie hat. Sie nimmt sich nicht zurück, sie lässt alles raus. Wenn sie Schluckauf hat, hüpft ihr ganzer Körper im Takt. Ich habe, bis es Lotta gab, nicht gewusst, dass man tatsächlich vor Kälte mit den Zähnen klappern kann. Sie kann es, dass es klingt wie der feine Trommelwirbel eines Schlagzeugs. Ihre lange gerade Nase wird dann ganz rot an der Spitze.

Lotta ist so schön und keiner sieht es. Die Menschen sehen nur den Rollstuhl und schauen schnell wieder weg – so wie ich es selbst früher getan hätte. Damals, als ich dachte, mein neugeborenes Baby könnte keine Behinderung haben, weil es »doch so hübsch« sei. Heute schäme ich mich dafür.

»Du bist das schönste Kind der Welt, Lotta«, sagt Ben.

»Nein«, sage ich, »Quatsch.«

Ben verdreht die Augen, weil er weiß, was jetzt kommt.

»Sie ist das schönste Mädchen der Welt. Und du bist der …«

»Mama!«, unterbricht er mich und grinst doch.

»Und irgendwann, Lotta, musst du uns erzählen, wie du uns wahrnimmst«, sage ich zu ihr. »Wie riechen wir denn, Lotta? Wie hören wir uns an?«

Ben wird ein wildes Getrappel sein, schnelle, hüfende Schritte, ein sanftes Summen, wenn er mit ihr spielt und wildes Auf-und-ab-Gehopse, wenn er Lotta auf den Schoß nimmt. Ein Anpacken ohne Zögern.

»Du klingst schon mal wie Obi-Wan Kenobi, Mama.«

»Ja?«

»Als du dich hochgehoben hast aufs Bett.«

»Du meinst in deinem Hörspiel?«

Ben nickt. »Wie Obi-Wan, wenn er stirbt. Uffff!«

Wir lachen. »Na, warte«, sage ich und kitzele Ben durch.

*»Dann wendet er sich an die kleinen Drachenschüler: ›Heute werdet ihr in unsere Drachenschule aufgenommen. Das ist ein sehr wichtiger Tag für euch!‹«*

Lotta juchzt mit einem plötzlichen Schrei auf.

»Psst, Lotta, leise sein«, sagt Ben. »Das musst du lernen für die Schule.«

Sie verstummt und grinst.

»Sehr gut«, lobt er. »Du wirst bestimmt eine ganz tolle Schülerin.«

»Äh«, sagt sie grinsend.

Lotta muss so sehr kämpfen, um zu lernen. Sie muss sich mit aller Kraft konzentrieren, um auf ihrem Rollbrett vorwärtszukommen, ihre Spastik in den Griff bekommen, Schmerzen beiseitedrücken, durchhalten. Sie kämpft, bis ihr Körper die Notbremse zieht und sie vor Erschöpfung einschläft. Ein Kind mit so viel Ehrgeiz, mit so einem Durchhaltevermögen und mit jauchzender Vorfreude auf die Schule – jeder Lehrer sollte sich freuen, mit so einem Kind arbeiten zu dürfen. Doch was ist, wenn ihr Ehrgeiz, ihre Neugier und Vorfreude für die Augen der anderen genauso unsichtbar sind wie ihre Schönheit? Was, wenn niemand sieht, wie Lotta ist?

»Oder«, sagt Ben, »du wirst einfach *Germanys next Topmodel.*«

»Tja, das kann ja nicht die Lösung sein«, scherze ich, als ich am nächsten Morgen in der Buchhandlung um die Ecke eine alte Freundin wieder treffe. Merle, zwei Jahre älter als ich, früher einmal waren wir Studienfreunde, dann ist sie von Politikwissenschaften auf Germanistik umgestiegen, hat auf Lehramt studiert und wir haben uns aus den Augen verloren. Sie trägt ihre blonden Haare immer noch hoch oben auf dem Kopf zum Dutt gebunden, sie hat das schon so gemacht, bevor es die Hipster taten. Ihr schmales Gesicht ist voller Lachfältchen. Wir umarmen uns und schnell habe ich vergessen, dass ich eigentlich noch in den Supermarkt muss. Das Toilettenpapier ist alle, doch hier stehen wir und quatschen.

Merle hat inzwischen auch ein Kind, Jonas, fünf Jahre. Ich zeige ihr Bilder von Lotta und Ben, hetze im Schnelldurchlauf durch unsere letzten Jahre. Merle ist inzwischen Lehrerin an einer Grundschule, die seit Kurzem inklusiv arbeitet.

»Willst du etwa eine Regelschule für Lotta?«, fragt Merle und klingt erstaunlich skeptisch.

»Du bist doch selbst auf einer. Sag bloß, du stehst nicht hinter dem, was du tust.«

»Wollen wir uns mal treffen?«, gibt sie zurück. »Das hier lässt sich nicht zwischen Tür und Angel erzählen.«

Wir tauschen Nummern und nehmen uns vor, uns bald zu verabreden. Schnell zeige ich ihr noch ein Video, auf dem Ben Lottas Arme auf und ab schwenkt und sie zum Lachen bringt, bis ihr Glucksen auch mich hinter der Kamera zum Mitlachen bringt.

»Kann sie denn reden?«

»Verstehen tut sie alles, glauben wir zumindest.«

»Aber nicht sprechen?«

»Nicht so wie wir.«

»Wie soll das dann auf der Schule gehen? Was wünschst du dir denn von einer Schule für Lotta?«

Als ich wieder zu Hause bin, merke ich, dass ich vergessen habe, Toilettenpapier zu kaufen. Ich könnte an die WhatsApp-Gruppe unserer Nachbarschaft schreiben, manche fragen in diesem Forum am Sonntagmorgen, ob noch jemand Milch hat oder Geburtstagskerzen. Neulich erst habe ich geschrieben: »Wer steht auf unserem Behindertenparkplatz?«

Eine Minute später schoss der Nachhilfelehrer der Nachbarstochter knallrot aus dem Haus. »Entschuldigung!«

»Schon okay.«

Viele übersehen das Schild.

Aber nach Klopapier zu fragen, ist mir dann doch zu peinlich. Die Läden werden noch lange offen haben, ich kann später noch mal mit Lotta los auf die Einkaufsstraße, die etwa fünf Minuten zu Fuß entfernt liegt. Ben ist schon alt genug, um kurz alleine zu Hause zu bleiben, Lotta wird nie alt genug dafür sein.

Wir wohnen in einem kleinen Viertel von schmalen Reihenhäusern, die noch aus den 1930er-Jahren stammen. Früher war das hier eine Arbeitersiedlung, umgeben von Feldern, doch schon bald hatte die Stadt unser kleines Viertel mit hohen Mehrfamilienhäusern umstellt. Draußen zweispurige Straßen mit Schienen für die Straßenbahn, hier im Viertel schmale Einbahnstraßen voller Schlaglöcher und Resten von Kopfsteinpflaster. Junge Familien lösen immer mehr der älteren Bewohner ab und krönen die steilen Dächer mit Zinkgauben, die wie Ufos in der Sonne glänzen. Auf dem rechteckigen Platz vor unserer Tür steigt jeden Nachmittag ein Fußballturnier, seit die Nachbarn von gegenüber, die mit den vier Kindern, große Fußballtore auf den Platz gestellt haben. In einer Ecke zwischen den Büschen kämpft ein kleines quietschbuntes Plastikspielhaus gegen den Verfall.

Die Kinder unseres Viertels lassen sich grob gesehen auf zwei Schulen verteilen. Es gibt die Nachbarschaftsschule, auf die auch Ben geht und auf die schon Harry gegangen ist: vier Klassen pro Jahrgang, bunte Bilder auf den Fluren, Beton auf dem Schulhof, die Lehrer zumeist herzlich und zupackend, Kinder, die Luisa oder Beoncé heißen, Paul oder Eymen, eine »heterogene« Schülerschaft, wie meine Freundin Melanie gesagt hat. Die anderen werden ins nächste Viertel gefahren, ob nun mit dem Auto oder per Rad. Dort gibt es die katholische Grundschule, auf die auch Melanies Sohn Luca geht. Zwei Klassen pro Jahrgang, die Kinder heißen Friedrich oder Chloé und sind meist im selben Hockeyverein, viele Mütter kennen sich vom Yoga. »Eine kleine heile Welt«, wie Melanie meint. Keine dieser Schulen arbeitet bisher inklusiv, beide haben sie Treppen und keinen Aufzug. Keine dieser Schulen hat meines Wissens Pläne, bald Kinder mit Behinderung aufzunehmen, und wenn, dann wahrscheinlich nicht gleich so schwer behinderte wie Lotta. Doch gegen Bens Grundschule spricht noch ein stärkeres Argument: Ben. Lottas erstes Schuljahr hier wäre sein viertes, er soll es nicht als inoffizieller Integrationsbeauftragter verbringen.

Merles Frage hallt noch in mir nach, als ich eine Maschine Buntwäsche anstelle: Was wünsche ich mir von einer Schule für Lotta?

Eins der Kinder aus unserer Nachbarschaft ist auf der Schule Birkenstraße, die seit ein paar Jahren inklusiv arbeitet. Als ich damals für Ben nach einer Grundschule gesucht habe, habe ich sie mir angesehen. Sollte ich noch mal hingehen? Wäre das was für Lotta?

Ich erinnere mich an die Rektorin, die auf dem Elternabend sagte: »Unsere Kinder gehen später alle aufs Gymnasium.« Auf diese Schule gingen damals zwei hörgeschädigte Kinder und ein paar, die als hochbegabt diagnostiziert wurden. So schön es für diese Kinder ist, dass sie eine Schule gefunden haben – das ist nicht die Inklusion, die wir für Lotta brauchen.

Merles Schule hat sich schnell der Inklusion geöffnet, hat sie noch erzählt. »Weil unser Rektor dachte: Wer zuerst loslegt, kann sich aussuchen, welche Behinderten kommen.« Blinde hätte er gern gehabt, Hörgeschädigte auch. Seine Sorge: sogenannte emotional-sozial Beeinträchtigte, die auch mal um sich schlagen oder sonst »herausforderndes Verhalten« zeigen, wie Merle das formuliert hat. Sollte Inklusion nicht für alle sein?

Erstes Kriterium für Lottas Wunschschule: Sie sollten ein Kind unterrichten wollen, das, wie Ben sagen würde, »so richtig behindert« ist. In der Kita war Lotta das erste Kind mit schwerer Mehrfachbehinderung, die Leiterin Zora Müller sagte damals: »Beim Regenbogen frage ich auch nicht, ob Gelb nun unbedingt sein muss. Gelb gehört einfach dazu.« Diese Haltung wünsche ich mir auch von der Schule.

Ich wünsche Lotta eine Schule, auf der nicht von vornherein Wert darauf gelegt wird, dass alle mal aufs Gymnasium gehen. Wo aus einem Becher trinken ein genauso ernst zu nehmendes Lernziel sein kann wie Bruchrechnen, wo Physiotherapie und Sport sich ergänzen, wo eine mühsam geöffnete Hand genauso gelobt wird wie ein sauber geschriebener Text. Lotta wird wohl nie alleine schreiben lernen – wenn ich mit ihr malen will, muss ich ihre Hände um den Stift schließen und sie führen. Damit sie wenigstens ein bisschen wahrnimmt, was sie malt, nehmen wir einen dicken schwarzen Stift auf weißem Papier, starke Kontraste dringen am ehesten durch den Nebel. Ich weiß nicht, ob Lotta einmal das Abc können wird, aber ich wünsche mir, dass sie es hört. Dass sie mal einen Aufsatz schreiben wird, bezweifle ich, aber lange Geschichten liebt sie trotzdem. Sie soll große Pausen haben und ein bisschen Langeweile in Unterrichtsstunden, die nicht zu Ende gehen wollen. Ich wünsche ihr Klassenkameraden, die mit ihr lernen und spielen, ich wünsche ihr Lehrer, die sehen, was sie schon alles kann, statt nur das, was sie nicht kann.

Als ich Ben am Tag seiner Einschulung auf dem Schulhof zu seinem Platz bringen wollte, nach ganz vorne, dorthin, wo die anderen Erstklässler saßen, ging ich voran. Als ich mich umdrehte, war er weg. Kurz bevor ich ihn einholen konnte, stoppte ihn eine Lehrerin, dunkle lange Locken, ein blaues Etuikleid, Frau Lehmann, wir kannten sie vom Schnuppertag.

»Bist du nicht einer von meinen? Du bist doch Ben, oder? Komm, ich bring dich zu deinem Platz.«

Sie streckte ihre Hand aus, er ergriff sie und ging an ihrer Hand nach vorne. Ab diesem Moment war Ben ein Schulkind. Ben mag über die Schule motzen, aber wenn er morgens aus dem Haus geht, dann hüpft er die Treppe runter und ist schneller um die Ecke, als ich das Fenster öffnen kann, um ihn an seine Mütze zu erinnern. In seinen Heften sind Kritzeleien von kämpfenden Jedis, aber unter seinen Hausaufgaben Stempel, ein Frosch, der »Super!« sagt oder »Weiter so!« Er übermalt sie nie. Auch wenn Lotta diese Stempel nicht sehen kann, ich wünsche sie ihr trotzdem. Ich wünsche ihr Erfolgserlebnisse und das Gefühl, dass sie willkommen ist, ich wünsche ihr Lehrer, die sagen: »Du bist doch eine von meinen.«

Beispiele guter inklusiver Schulen gibt es viele. Oben in unserem Bücherregal steht ein Band der Bertelsmann-Stiftung, die jedes Jahr zusammen mit der Behinderten-Beauftragten und der Deutschen UNESCO-Stiftung vorbildliche Schulen auszeichnet. Für sie hat eine gute inklusive Schule sieben Merkmale:

1. In der inklusiven Schule stehen die Schüler mit ihrem Bildungserfolg im Mittelpunkt.
2. Inklusiver Unterricht fokussiert auf individuelles und kooperatives Lernen.
3. Verbindliche Absprache schaffen verlässliche Strukturen für das gemeinsame Lernen.
4. Die inklusive Schulpraxis steht immer wieder auf dem Prüfstand.
5. Das Kollegium und die Schulleitung arbeiten eng zusammen.
6. Die inklusive Schule arbeitet mit Eltern und externen Partnern zusammen.
7. Haltung, Kompetenz und geeignete Rahmenbedingungen bilden das Fundament inklusiver Schule.

Ich würde für Lotta ein achtes Merkmal ergänzen: Eine gute Schule für Lotta ist eine, auf die sie gerne geht. Doch Merle hat schon recht: Wie soll das gehen, wenn sie nicht spricht?

»Hören Sie nicht auf, mit ihr zu reden«, hat mir ein Arzt gesagt, als Lotta noch klein war. »Auch wenn Sie Jahre auf Antwort warten müssen.«

Als Ben klein war, fiel mir schwer, dem zu folgen, was in allen Ratgebern stand: Ein Kind solle in Sprache baden. Komm, ich ziehe dir jetzt deinen Socken an, fühl mal, das hier ist dein Fuß – und nun nehme ich den anderen … Nicht nur Mutter, sondern Live-Kommentatorin, für ein Spiel, das nicht 90 Minuten dauert, sondern bis zu einem aktiven Wortschatz von was? 100 Wörtern? Kinder, mit denen viel gesprochen würde, hätten schneller einen größeren Wortschatz und es später leichter in der Schule, das las ich überall. Wer will das nicht? Schon bald antwortete Ben mir mit einem Lächeln, mit Augenkontakt und brabbelnden Lauten und plötzlich war das Reden nichts mehr, worüber ich nachdenken musste.

Doch wie geht das mit einem Kind wie Lotta? Wie redet man mit jemandem, der nicht antwortet? Sie kann noch nicht mal zurücklächeln, weil sie mein Lächeln nicht sieht. Als der Arzt damals sagte: »Hören Sie nicht auf zu reden«, dachte ich: Und wenn sie nicht aufhört zu schreien? Wird es immer so sein: Lotta brüllt und ich muss raten, wieso?

Als Lotta noch in ihrem Glaskasten auf der Intensivstation lag, ein Baby voller Kabel und Venenzugänge, konnte ich hinter ihr auf dem Monitor ihre Herzfrequenz und die Sauerstoffsättigung ihres Blutes sehen. Fiel eine Kurve zu stark ab, schlug der Monitor bimmelnd Alarm. Wenn ich dann leise in eine Öffnung des Kastens sang: »Guten Abend, gute Nacht«, stieg die Kurve wieder, der Alarm verstummte. Ich sang und ihr Herzschlag beruhigte sich. Man kann auch anders antworten als mit Worten.

Wir lernen, Lotta zu lesen. Ein steifer Rücken, angewinkelte Arme, feste Fäuste – sie hat Schmerzen. Ein starrer Blick, Arme, die sich heben –, es kommt ein Anfall. Ich füttere sie auf meinem

Schoß, ihr Rücken drückt gegen meinen linken Arm, sie kann den Löffel nicht sehen und öffnet doch den Mund, bevor er ihre Lippen erreicht. Auch sie liest mich, sie interpretiert meine Körperbewegungen, so wie ich ihre. Wir reden ohne Worte, in einer Sprache, in der man nicht lügen kann. Wir tanzen.

Als Lotta ungefähr zwei Jahre alt ist, werden aus ihren Schreien kleine Laute.

»Eija, eija, eija«, sagt sie manchmal und seufzt tief.

»Ja, das Leben ist schwer, nicht wahr, Lotta?«, antworte ich: »Eija, eija, eija.«

»Ööh.«

»Ööh«, mache ich sie nach und sie lacht. Wir unterhalten uns in ihrer Sprache. »Hui! Hui! Hui!« heißt: toll, super, mehr! »Huh« heißt: »Mir ist kalt.«

»Weißt du, was eijeijeijei heißt?«, fragt Ben. »Das heißt, gib mir das iPad und mach ein Hörspiel an.«

»Quatsch, Ben.«

»Doch!«

Eine herausgestreckte Zunge heißt »Ich habe Hunger« oder »Ich habe Durst«.

»Hast du Hunger?«, frage ich sie dann und sie streckt die Zunge noch weiter raus.

»Ja, du hast Hunger. Warte, ich mach dir was.«

Als ich ihr den Rücken zudrehe, höre ich hinter mir ganz leise: »Unga.«

»Hunger? Hast du gerade Hunger gesagt, Lotta?«

»Unga«, sagt sie und grinst.

Lottas Worte verstehen nur Menschen, die sie sehr gut kennen, doch auch mit »äh« und »öh« lässt sich viel sagen.

»Und ihr meint …?«, sagt einmal ein Nachbar, als Lotta etwa vier Jahre alt ist, und bremst sich selbst. Er hat gesehen, wie wir mit ihr herumalbern. Ich weiß, was er meint.

»Ja, wir gehen davon aus, dass sie uns versteht.«

Gerade sieht sie allerdings nicht so aus, als würde sie irgendetwas wahrnehmen, geschweige denn verstehen. Gerade sieht sie so aus, als würden wir Eltern uns das nur einreden. Sie lässt den

Kopf hängen und schaut ins Leere. Das macht sie öfter, manchmal stundenlang. Lesen wir in Lottas Reaktionen zu viel hinein? Überschätzen wir sie – weil uns der Gedanke an eine Lotta, die nicht alles versteht, zu sehr erschreckt?

»Es wäre doch nicht schlimm, wenn sie nicht so schlau wäre, wie wir denken, oder?«, sage ich leise zu Harry, als wir weitergehen. »Wir lieben sie doch auch mit geistiger Behinderung.«

Lotta hebt den Kopf und lässt ein Glucksen hören. Harry streichelt ihre Haare.

»Nein, schlimm wäre das nicht. Aber du bist ein Schlaufuchs, mein Mädchen, nicht wahr?«

Sie lacht. Wie viel versteht Lotta?

»Ihr solltet Unterstützte Kommunikation versuchen«, sagt meine Nachbarin Gabi eines Tages.

»Was sollten wir versuchen?«

Gabi arbeitet mit hörgeschädigten Kindern, bei der sogenannten Hörfrühförderung besucht sie Familien zu Hause, so wie uns früher Frau Schmidt von der Sehfrühförderung besucht hat, mittlerweile geht sie zu Lotta in die Kita. Einige der Kinder, die Gabi betreut, verständigen sich mit der Unterstützung von iPads oder Symbolkarten. Unterstützte Kommunikation (UK) ist eine in Deutschland noch relativ junge Methode und kommt ursprünglich aus den USA. Seit den Neunzigerjahren wird auch hierzulande daran geforscht, wie man Menschen mit Beeinträchtigungen bei der Kommunikation unterstützen kann. Noch ist UK nichts, was standardmäßig an allen Frühförderzentren angeboten wird, noch ist es oft so wie bei uns, ein Zufall, ob Kinder, die UK benötigen, sie auch früh bekommen.

In der Kita halten wir bald regelmäßig Lotta-UK-Konferenzen ab, mit einer großen Runde von Leuten. Lottas Integrationshelferin Claudi und ich, Lottas Gruppenleiterin, Zora, die Kita-Leiterin, Lottas Physiotherapeutin, Frau Schmidt von der Sehfrühförderung und zwei UK-Experten, Herr Mülling von der Lebenshilfe und Frau Schreiber vom Mobilen Beratungsdienst Kommunikation.

Wir lernen: Wir können es Lotta leichter machen, uns zu verstehen, zum Beispiel indem wir keine Synonyme benutzen. Nudeln sind Nudeln und nicht Pasta oder Spaghetti oder Penne. Beim Sprechen sollen wir immer dasselbe Muster anwenden.

»Lotta, ich werde dich jetzt fragen, ob du draußen oder drinnen spielen willst. Also, willst du draußen spielen?«

Pause, warten auf eine Antwort, die ein Lächeln oder ein Laut sein kann. Jede gezielte Reaktion zählt.

»Willst du drinnen spielen?«

Pause, warten auf Antwort.

»Ich verstehe dich leider nicht, ich frage dich noch mal ...«

Und immer so weiter. Werde ich jetzt immer wie die Computer-Ansage einer Telefonhotline klingen, wenn ich mit meiner Tochter rede? Für die Schaukel drücken Sie die Eins?

»Aber ...«, sage ich. »Ist das nicht eine sehr gekünstelte Art, zu reden?«

»Wenn man das lang genug macht, geht es einem irgendwann ganz natürlich von den Lippen«, meint Holger Mülling. »Damit können wir Lotta helfen, Entscheidungen zu treffen. Und wir bereiten sie darauf vor, später einmal einen Sprachcomputer zu benutzen, bei dem sie aus einer ähnlichen Navigation auswählen kann. ›Noch mal‹ oder ›Ich bin fertig‹. ›Ja‹ oder ›Nein‹. Lotta sollte dieses System verinnerlichen.«

»Aber wie soll sie denn aus einem Menü auswählen?«

»Mal sehen«, sagt Vera Schreiber. »Vielleicht über das Gehör oder vielleicht doch per Augensteuerung. Lotta hat doch ein paar Sehreste und spricht gut auf die Sehfrühförderung an – vielleicht können wir es mal mit Augensteuerung probieren?«

Für den Anfang versuchen wir erst einmal, Lotta näherzubringen, Schalter zu drücken, um so später auf dem Computer etwas per Fernsteuerung anklicken zu können. Jemand in der Runde erzählt von einer Frau, die nur ihren Arm an ihren Körper pressen und die Knie zusammendrücken kann und so dank eines Sprachcomputers mit einer Sprachausgabe eine komplexe Unterhaltung führen kann. Ein kleiner Kopfhörer sagt ihr ins Ohr, an welcher Stelle ihrer Navigation sie sich befindet, sie wählt mit zwei Schaltern, einer zwischen den Knie, einer unter der Achsel, aus, was sie sagen möchte. Ob Lotta das auch irgendwann können wird? Noch stehen wir ganz am Anfang.

Die Herausforderung ist gleich doppelt: Lotta muss auf der geistigen Ebene verstehen, wie man Entscheidungen trifft, und auf der körperlichen lernen, einen Schalter zu bedienen.

Lotta bekommt ein paar Schalter geliehen, die aussehen wie Buzzer aus einer Quiz-Show. Einer quietscht laut »Ja!«, wenn man ihn drückt, der andere »Nein!«. Aber Lottas Hände sind zu Fäusten geballt, ihre Arme durch die Spastik fast angewinkelt. Wird sie jemals in der Lage sein, die Buzzer zu drücken?

»Brauchen wir das überhaupt?«, habe ich am Abend nach der ersten UK-Konferenz Harry gefragt. »Wir wissen doch auch so, was sie meint.«

Wenn Lotta lächelt und ihr ganzes Gesicht Ja sagt, soll ich das dann ignorieren, bloß weil sie nicht den Schalter drückt, der »Ja« quietscht? Es kommt mir fast vor, als würde ich plötzlich Englisch mit Ben reden, nachdem wir jahrelang nur Deutsch gesprochen haben. Ich verstehe Lotta auch ohne Schalter – wofür brauche ich die?

»Und wenn wir uns irren?«, fragt Harry.

Auch Ben überrascht uns immer wieder.

»Ich mochte noch nie Nutella.«

»Warum haben wir nie Maracuja-Saft? Pepe mag das.«

»Kommen Regenwürmer auch in den Himmel?«

Es gibt so viel mehr zu sagen als »Ich habe Hunger, Durst, Schmerzen, ich hab dich lieb«. Wir werden nie wissen, was Lotta denkt, wenn wir sie nicht zum Reden kriegen. Geschweige denn andere Menschen. Ohne seinen Sprachcomputer hätte der Astrophysiker Stephen Hawking wohl nicht »Eine kurze Geschichte der Zeit« geschrieben. Ohne ihn wäre er wohl unterschätzt worden, wie so viele Menschen mit Behinderung. Auch wenn Lotta nicht Stephen Hawking ist – wer weiß schon, was noch in ihr steckt? Ist es nicht sehr anmaßend, zu denken, ich könnte ihre Gedanken lesen?

Auch wenn ich die Schalter nicht mag, ich sollte wohl mehr mit ihnen üben. Sie sind unsere einzige Hoffnung auf eine Lotta, die in der Schule mitmachen kann.

Ich schaue auf die Uhr, die Buntwäsche wird noch eine Weile laufen und Lotta muss ich erst in einer Stunde abholen. Von unserer letzten UK-Konferenz ist mir noch etwas im Kopf hängen geblieben, das ich nachschauen wollte. Im Internet suche ich nach »Augensteuerung« und finde auf YouTube ein Video mit dem Titel »Luisa, die mit den Augen spricht«, ein neunjähriges Mädchen, das Lotta sehr ähnlich ist: die gleichen unkoordinierten Bewegungen, das strahlende Lächeln, die Laute.

Abends zeige ich es Harry. Luisa steuert einen Sprachcomputer. Eine Kamera erkennt, welche Symbole auf dem Bildschirm sie anschaut, der Computer spricht: »Also, ich bin behindert, ich bin körperbehindert, aber ich kann alles verstehen.« Schweigend sehe ich zu, wie sie sich mit jemandem unterhält, wahrscheinlich ihrem Vater. Luisa kann offensichtlich sehen, sehr viel besser, als Lotta es jemals können wird, egal, wie lange wir Sehfrühförderung betreiben.

»Dich macht das doch nicht traurig, oder?«, frage ich Harry. »Weil das bei uns wahrscheinlich nie …«

»Nein«, unterbricht er mich. »Ich finde das ermutigend.«

»Ich auch.«

Ich nehme mir vor, gleich morgen mit den Schaltern zu üben. Und wünsche mir nun eine Schule, die bereit ist, das ebenfalls zu tun.

Bei der Physio später am Tag, Lotta sitzt bei ihrer Therapeutin auf dem Schoß und verzieht gequält das Gesicht. Ich beuge mich vor und drücke mit der flachen Hand auf Lottas Bauch, bis ich die Luft rausmassiert habe. Erleichtert lächelt sie mich an.

»Danke, Mama«, sagt Lottas Therapeutin. »Danke, dass du dich um mich kümmerst.«

»Das ist so unfair!«, ruft Ben von hinten. »Die darf immer rülpsen – und keiner schimpft.«

»Findest du das nicht seltsam?«, fragt mich Nina später. »Dieses Übersetzen?«

»Nein«, sage ich. »Lottas Gesicht hat Danke gesagt. Aber es ist schon anders, wenn man es hört. Manchmal vermisse ich das.«

Als Harry abends die Haustür aufschließt, reckt Lotta im Wohnzimmer den Kopf. Ich rufe: »Hallo, Papa, komm mal zu mir!«

»Hallo, Lotta!«, antwortet er und gibt ihr einen Kuss auf die Stirn. Sie dreht ihren Kopf hoch in seine Richtung.

»Ich habe dich so vermisst, Papa!«

Als ich Lotta dusche und sie das Gesicht verzieht, schimpfe ich.

»Blöde Mama, ich wollte doch gar nicht duschen!«

Als Ben sich zu ihr kuschelt und sie aufgeregt mit den Beinen strampelt: »Willst du mit mir spielen, Ben?«

Ich lasse meine Stimme hell klingen, wenn ich für Lotta spreche, und ich weiß, dass ich dabei albern klinge.

»Ich leihe dir gerne meine Stimme, Lotta«, sage ich. »Solange du sie brauchst.«

Wenn ich richtigliege mit meinem Dolmetschen, lächelt sie.

# 4

## *»Da hast du doch was gemacht, oder?«*

### Von Info-Abenden, Schwebi-Quoten und Gewalt

Ich versuche, Lotta den Pulli über den Kopf zu ziehen. Sie sitzt vor mir auf dem Pflegebett, den Oberkörper an meinen gelehnt, ihr Kopf auf einer Höhe mit meinem. Mit einer Hand halte ich ihren Kopf, mit der anderen friemele ich den Ausschnitt des Pullis um ihren Pferdeschwanz. Noch 45 Minuten, dann muss sie gefrühstückt haben und wir sollten auf dem Weg zur Kita sein. Dann werde ich zum Zahnarzt gehen, seit vier Tagen kaue ich nur noch auf der rechten Seite, anschließend Ninas Geburtstagsparty, ich habe sie schon wieder zu lange nicht gesehen. Außerdem sollte ich die Rolli-Werkstatt anrufen und nach einem Termin fragen, ein Rollirad eiert. Und ein neues Rezept für Lotta anfordern – das sollte ich als Erstes machen, die Flaschen mit Epilepsie-Medikamenten sind fast leer. Auch sollte ich noch einen Leserbrief auf meinen letzten Artikel beantworten. Endlich habe ich Lottas Pferdeschwanz aus dem Kopfausschnitt rausgeholt, als unten das Handy piept und Harry ruft.

»Mist!«

»Was denn?«

»SMS von Claudi. Sie ist krank.«

Ich ziehe schnell den Pulli runter und drücke dabei Lottas Nase platt.

»Entschuldige, Lotta.«

Mit Schwung setze ich sie auf meine Hüfte, ihr Kopf überragt jetzt meinen.

»Wie lange?«, rufe ich, während ich die Treppe runterlaufe und gleichzeitig mit beiden Armen Lotta umschlinge, damit sie nicht von meiner Hüfte rutscht. Meine Smart Watch piept und gratuliert mir dazu, dass ich mein Workout begonnen habe.

»Langsamer!«, ruft Harry zurück. »Irgendwann fallt ihr zwei.« Lottas Kinderzimmer ist im ersten Stock, wir müssen jeden Tag mehrmals rauf und runter, wir sollten wirklich über einen Umbau nachdenken.

»Mama, die Milch ist alle!«

»Im Kühlschrank ist noch welche, Ben. Wie lange?«

»Hat sie noch nicht gesagt. Infekt, liegt im Bett.«

»Mama!«

»Könntest du dir bitte mal selbst deine Milch holen, ja?«

Erstaunlich, wie aggressiv das Wort bitte klingen kann.

»Du musst ja nicht gleich so unfreundlich werden.« Ben schiebt seinen Stuhl zurück und tapst zum Kühlschrank.

»Warum hast du noch deinen Schlafanzug an? Harry, warum hat er …«

»Mann, Mama!«

Ich setze Lotta in ihren Rolli, Harry schließt ihre Haltegurte, ich beuge mich runter, um ihre Füße auf das Fußbrett zu stellen, richte mich wieder auf und schnappe mir das Handy vom Frühstückstisch.

»*Es tut mir leid, sieht so aus, als hätte es mich erwischt. Liege mit Infekt im Bett, liebe Grüße an die Grinsebacke, Claudi.*«

»Fuck.«

»Sandra!«

»Hast du sowieso nicht gehört oder. Lotta?« Sie zieht die Stirn kraus, Ben sagt grinsend: »Ich schon!«

»Zieh dich bitte gleich an, ja, Ben? Es ist schon fünf nach halb acht.«

»*Gute Besserung!!!!*«, schreibe ich zurück und rufe in der Kita an.

»Hi, Simona, Claudi ist krank. Bei der Lebenshilfe erreiche ich jetzt noch niemand wegen einer Vertretung.«

Ich höre zu und sage: »Ja, ich bin heut Morgen beim Zahnarzt und dann … das ist natürlich nicht so wichtig, aber ich würde schon gerne.«

Ich breche ab. Warum fühle ich mich jetzt schuldig?

»Ich könnte sie auch mitnehmen, das wäre nur ziemlich langweilig für sie.«

Ninas Party müsste ich dann absagen. Die Fahrt zu ihr geht über die Autobahn, und das ist mir mit Lotta alleine auf dem Beifahrersitz zu gefährlich. Oder sollte ich es noch mal probieren? Sie muss ja nicht jedes Mal einen Anfall haben, wenn wir gerade 140 km/h fahren. Ich höre wieder zu.

»Echt? Ach, danke, das ist großartig. Und wenn ich bei der Lebenshilfe jemand erreiche, sage ich sofort Bescheid.«

»Simona übernimmt?«, fragt Harry.

»Ja, sie haben heute schon zwei Krankmeldungen und Nelly ist im Urlaub, also drei Kinder weniger in der Gruppe. Da haben sie Luft dafür. Ich soll Lotta nur erst Frühstück zu Hause geben, damit sie morgens nicht füttern müssen.«

Simona war früher einmal Lottas Integrationshelferin, bevor die Kita sie abgeworben hat. Nun ist sie ihre Erzieherin und unsere Rettung in der Not, wenn Claudi krank ist und sich keine Vertretung findet. Es gibt genug Tage, an denen Lotta ohne Integrationshelfer nicht in die Kita kann, weil sich keiner um sie kümmern könnte. Heute ist ein Tag, an dem es klappt.

»Und Christina ist auch da, die hat in letzter Zeit auch viel mit Lotta gemacht.«

Die Kita hat sich zum Prinzip gesetzt, dass alle mit Lotta arbeiten sollen, nicht nur Claudi. Alle Erzieher sind mal an der Reihe mit Füttern oder damit, mit Lotta auf dem riesigen Gymnastikball in der Turnhalle zu hüpfen. »Es wäre ja keine Inklusion, wenn nur einer Lotta unterstützen kann«, sagt Zora, die Leiterin. Aber trotzdem gilt auch hier: Es müssen genügend Hände da sein, um Lotta zu halten. Sie einfach abgeben, ohne zu fragen, wer sie nimmt, geht nicht.

Hetzen kann man Lotta nicht. Schneller füttern führt nur zu Verschlucken, Mahlzeiten dauern. Am Beginn des Frühstücks sitzen wir zu viert am Tisch, schon kurze Zeit später sind Lotta und ich alleine. Eine Magensonde sollten wir Lotta legen, hat ihr Neurologe uns schon öfter geraten, einen Plastikanschluss in ihren weichen Bauch, um sie mit flüssigen Nährstoffen zu versorgen. Sie würde schneller zunehmen und wir nicht mehr so lange füttern. »Die meisten Familien wünschen sich später, sie hätten es schon früher getan«, hat er gesagt, doch ich habe nur den Kopf geschüttelt. Ich konnte den Rollstuhl akzeptieren, die Medikamente, die OPs – doch das nicht.

Ich füttere also 45 Minuten, nehme Lotta aus dem Rollstuhl, ziehe ihr Jacke und Schuhe an, schnappe mir mit einer Hand den Autoschlüssel, während ich sie mit der anderen auf meiner Hüfte zu halten versuche. Trage sie zum Auto und setze sie in ihren Autositz, laufe schnell rein, um den Rollstuhl zu holen, demontiere die Räder, lade ihn in den Kofferraum und fahre dann zur Kita. Als ich Lottas Rollstuhl auslade, meldet mir die Smart Watch, dass ich mein Workout-Ziel erreicht habe. »Glückwunsch!« Ich sage dem Zahnarzt ab, zu dem ich sowieso viel zu spät gekommen wäre, danach rase ich über die Autobahn. Währenddessen rufe ich über die Freisprechanlage bei der Lebenshilfe an und frage nach einer Vertretung für Claudi, sie versprechen, jemanden in die Kita zu schicken, der mit anpackt.

»Atmen«, sagt meine Uhr. »Um den Stresslevel zu reduzieren, atmen Sie bitte eine Minute tief durch.«

Mit einer Hand friemele ich die Uhr vom Handgelenk und lege sie in die Mittelkonsole.

Danach ein Anruf bei der Kinderärztin: »Ich bräuchte noch mal Rezepte für Lotta.«

»Was hätten Sie denn gerne?« Ich bestelle wie an der Wursttheke.

»Wir schicken es zu. Schönen Tag!«, verabschiedet sich die Arzthelferin. »Und fahren Sie vorsichtig.«

Nina feiert ihren 42. Geburtstag. Ich umarme sie: »Großartig siehst du aus.«

»Du erst mal Kaffee?«, fragt sie.

Küsschen rechts, Küsschen links, dem Rest der Runde am Tisch winke ich zu. Ich kenne hier keinen, Nina stellt mich vor. Die eine kennt sie von der Reittherapie, die Nächste vom Familienfrühstück bei einer Organisation für Menschen mit Behinderung, eine aus der Kita – »ihre Tochter hat auch das Down-Syndrom«. Eine Party wie eine Selbsthilfegruppe. Nina ist vollständig in die Welt von Leon und Lotta abgetaucht. Als Leon klein war, hat sie sich entschieden, nicht mehr auf Spielplätze zu gehen, weil er dort angestarrt wurde, sie kauft ein, wenn er in der Kita ist. Keine Fußballplätze, auf denen man die einzige Familie mit einem Kind mit Behinderung ist, kein Exotenstatus, nur Menschen, denen es ähnlich geht. Selbst in der inklusiven Kita scheinen Leons engste Freunde die Kinder zu sein, die auch eine Behinderung haben. Von außen betrachtet sieht es so viel einfacher aus. Nina weiß immer, welche Therapien gerade angesagt sind, wo man Bodys in großen Größen kriegt, welcher Sabberlatz wirklich wasserfest ist und dabei auch noch gut aussieht. Was für ein Luxus, alles aus einem einzigen Blickwinkel heraus sehen zu können. Wir oder die. Ich dagegen hänge zwischen den Welten.

»Setz dich hierher«, sagt Nina und zeigt auf einen freien Stuhl neben sich. »Dann kannst du auch gleich Meddi kennenlernen, eine von Leons Engeln.«

Leon hat zwei Integrationshelfer, die sich die Woche aufteilen, Meddi hat heute frei und kann daher mitfeiern. Sie sieht ein bisschen wie Claudi aus, sie trägt einen Nasenring. Nina zwingt alle, mit Prosecco anzustoßen, »egal, wer hier noch fahren muss!«. Wir singen *Happy Birthday* und Ninas Mann Bernd nimmt Kaffeebestellungen auf. Auf dem Tisch und auf allen freien Flächen im Raum stehen Kuchen, Blumen, Muffins, Cakepops. Schnell bin ich mit Meddi in eine Diskussion über Schule und Inklusion vertieft.

»Förderschule kommt für euch nicht infrage?«, fragt sie. »Da gibt es kleinere Klassen, größere Räume, gezielte Therapie. Und die Kinder werden nicht ausgegrenzt, weil sie anders sind.«

»Ich weiß nicht. Ich denke einfach nicht, dass Lotta einen Schutzraum braucht.«

Neben mir schnaubt Nina: »Dann hast du noch nicht dieselben Kinder getroffen wie ich. Wer hätte gedacht, dass Kinder heutzutage noch Mongo sagen …«

»Was?«

»Neulich auf der Straße, die waren so schnell vorbei, dass ich gar nicht reagieren konnte.«

Auch Nina kann nicht immer in ihrer eigenen Welt leben. Ich drücke ihren Arm und wende mich nach einer Pause wieder Meddi zu.

»Die Inklusion in der Kita läuft wunderbar, ich möchte daran einfach nichts ändern.«

»Aber Schule ist nicht gleich Kita«, sagt Nina. »Da musst du nur die anderen hier fragen.« Sie zeigt um den Tisch auf die anderen, die ins Gespräch vertieft sind.

»Je höher man steigt, desto dünner wird die Luft. In der Kita mag es noch gut laufen, doch in der Grundschule wird es schon schwer und spätestens bei der weiterführenden ist Ende.«

Nina hat recht, laut der Kultusministerkonferenz sinkt der Inklusionsanteil von Kindern mit sonderpädagogischem Förderbedarf im allgemeinen System mit dem Alter. Darstellen lässt sich das als Pyramide: In der Kita sind es immerhin 67 Prozent der Kinder mit Förderbedarf, die in eine Regeleinrichtung gehen, in der Grundschule noch 44 Prozent und in den weiterführenden Schulen gerade mal 35,5 Prozent. Der Anteil im Fördersystem steigt proportional dazu, diese Pyramide steht auf dem Kopf, am Ende sind die meisten Kinder mit Behinderung im Fördersystem untergebracht.

»Aber Inklusion ist ein Menschenrecht.«

»Das hilft dir auch nicht weiter.«

»In NRW hat man inzwischen sogar einen Rechtsanspruch.«

»Ich weiß, aber eine Schule, die auch will, musst du trotzdem erst mal finden.«

»Lass uns nicht streiten, ja?« Ich umarme Nina. »Geburtstagskind, wo ist denn deine gute Laune? So pessimistisch kenne ich dich ja gar nicht.«

»Ach entschuldige«, sagt Nina und wird leise. »Auf der Montessori-Schule lief es nicht so toll, hab ich dir ja schon erzählt, die haben uns einfach spüren lassen, dass wir da falsch sind. Wir sind nicht öko genug oder nicht reich genug, keine Ahnung. Die hatten auch kein wirkliches Interesse an Leon. Ich mache mir halt Sorgen, dass wir vielleicht keine andere Wahl haben als die Förderschule. Die Eltern haben ein Wahlrecht – so ein Quatsch. Zwischen was soll ich denn wählen? Will uns ja keiner.«

»Ja, aber Förderschule wäre ja vielleicht gar nicht so schlecht, oder? Das, was Meddi erzählt hat, klang doch gut. Und du hast doch auch schon erzählt, dass ihr überlegt, eine Förderschule zu nehmen. Ist auch mein Plan B, falls es mit einer inklusiven Schule nicht klappt. Das ist doch die sichere Bank, die man immer hat.«

Erst jetzt, wo ich es ausspreche, wird mir klar, dass es wirklich so ist.

»Ja, aber inzwischen wissen wir, dass Leon vielleicht der Schule für geistige Entwicklung zugeteilt würde, die …« Sie stockt.

»Was?«

Meddi wirft ein: »Ich war da mal, ich bin ja auch noch Springer, falls ein Integrationshelfer krank wird und eine Vertretung gebraucht wird. Und da war ich in einer Schule, der Leon theoretisch zugeteilt werden könnte.«

Meddi beugt sich vor und erzählt sehr leise eine Geschichte. Ein Junge in der Klasse, in der sie als Vertretung war, habe immer wieder auf den Tisch gehauen, trotz der Ermahnung der Lehrerin, das sein zu lassen. Bum, bum, bum, immer wieder »ziemlich laut und auch sehr störend, die ganze Klasse war sehr unruhig«. Als die Lehrerin dann auf ihn zuging und ihn von Nahem ermahnte – »nein, eigentlich ausschimpfte« –, sei er aufgesprungen und habe versucht, sie zu schubsen. Sie haben ihn dann auf den Flur geschickt, »nachdenken und sich beruhigen«. Stattdessen habe er von außen immer wieder die Klinke runtergedrückt und die Tür aufgerissen.

»Und dann haben sie ihn in eine Abstellkammer gesperrt.«

»Was?«

»In eine Kammer ohne Fenster, der Integrationshelfer sollte

von außen die Tür zuhalten, bis der Junge aufhört, Radau zu machen.«

Der Junge ist geistig schwerbehindert. Alleine, eingesperrt in einer dunklen Kammer. Er ist acht Jahre alt.

»Aber da hast du doch was gemacht, oder?«

Meddi schüttelt den Kopf. »In dem Moment war ich so überfordert … Ich wusste einfach nicht, was ich machen soll. Ich hatte ja auch noch meinen Schüler.«

»Hast du das gemeldet, später?«

»Ja, klar, ich bin direkt danach zu der Organisation, bei der ich arbeite und die mich ja in diese Schule entsandt hat. Am liebsten hätte ich den Eltern des Jungen etwas gesagt, der spricht nicht, die werden nie wissen, was los ist … Aber ich habe gar keine Kontaktdaten. Und offiziell darf ich das auch nicht, ich bin verpflichtet, Fehlverhalten erst mal mit meinem Arbeitgeber zu klären, dann eventuell mit der Schule. Die Eltern darf ich nicht informieren, das muss die Schule. Ich gehe da auf jeden Fall nie wieder hin.«

»Aber da muss man doch was machen.«

»Da läuft schon ein Verfahren gegen die. Das ist wohl nicht der erste Vorfall in der Art, es wurden wohl schon Lehrer suspendiert.«

Ich schiebe meinen Teller zur Seite, mir ist schlecht. Ich wollte nicht, dass Lotta mit einem Bus abgeholt wird, weg von den anderen Kindern, weg aus unserer Normalität. Förderschulen seien »Isolationsfallen« hat eine Bertelsmann-Studie mal geschrieben, nur gut ein Drittel der Schüler würde danach einen Abschluss machen. Für uns wäre das egal. Welchen Abschluss Lotta einmal macht, ist aufgrund der Schwere ihrer Behinderungen nicht so wichtig. In der Kita läuft es so gut, ich wollte einfach, dass es so weitergeht wie bisher. Doch wenn das nicht ginge – dann hätte ich immer noch die Förderschule. An Gewalt habe ich dabei noch nie gedacht.

»Das ist natürlich eine krasse Ausnahme«, sagt Meddi noch und natürlich hat sie recht. Überall gibt es schwarze Schafe. Auch an Schulen, die keine Förderschulen sind, gibt es Gewalt, Drogen,

Mobbing, sexuellen Missbrauch, bestimmt auch an inklusiven, selbst wenn ich dazu keine Zahlen finden werde. Aber Institutionen wie Heime, Werkstätten oder Förderschulen sind prinzipiell anfällig für Gewalt, werde ich später lesen. Die Gründe sind viele: zu wenig Personal, das zu viel alleingelassen wird mit zu vielen Menschen, die sie betreuen sollen, lange Schichten, Überforderung, zu wenig Schulung, eine Umgangskultur, die Missachtung und Herabsetzung toleriert. Es fängt mit Behindertenwitzen und zu frühen Bettzeiten an, es endet mit Gewalt. Auch können Sondereinrichtungen Leute anziehen, die dunkle Absichten haben. Die Menschen, die in solchen Institutionen leben oder sie täglich besuchen, sind besonders verletzlich. Laut einer Studie des Bundesfamilienministeriums sind Mädchen und Frauen mit Behinderung insgesamt zwei- bis dreimal so häufig von sexueller Gewalt betroffen wie der Durchschnitt der Bevölkerung. 70 bis 90 Prozent der Frauen in Einrichtungen gaben an, psychische Gewalt erfahren zu haben – wie Beleidigungen, Verletzungen der Privatsphäre, Kontrolle oder Herabsetzung.

»Zwei- bis dreimal so häufig«, sage ich abends auf dem Sofa zu Harry.

»Schrecklich«, sagt er. »Das will ich mir gar nicht vorstellen. Aber Nina wird schon dafür kämpfen, dass Leon nicht auf diese Schule kommt – und wir werden dasselbe für Lotta tun. Selbst wenn es am Ende eine Förderschule wird, da gibt es doch bestimmt auch viele gute.«

»Und wenn wir die Gefahr erst sehen, wenn es zu spät ist?«

»Wir passen schon auf.«

Und wie?

Am nächsten Abend suche ich in der Küche nach einem Kuli und stopfe ihn mit meinem Notizblock in die Handtasche.

»Du musst los«, sagt Harry mit einem Blick auf die Küchenuhr.

»Medikamente hat sie schon, seit über einer halben Stunde.«

Harry nickt, die Zeitangabe ist wichtig, falls Lotta sich übergibt. Bis zu 15 Minuten nach der Medikamentengabe muss man alles noch einmal geben, ab 15 bis 30 Minuten nur die Hälfte, danach ist alles in ihrem Körper angekommen. Zweimal täglich nimmt sie Medikamente gegen Epilepsie.

»Ben sollte nicht zu lange machen, morgen ist Deutscharbeit.«

»Du musst!«

Schon vor Monaten habe ich mich zu diesem Info-Abend angemeldet. »Ihr Kind wird schulpflichtig, was sind Ihre Optionen?« – Vertreter von Organisationen für Menschen mit Behinderung, Vertreter des Schulamts und ein Saal voller Mütter mit Notizblöcken auf den Tischen vor sich, ich zähle vier Väter. Draußen scheint die Sonne, drinnen wirft der erste Redner PowerPoint-Folien an die Wand, als ich verspätet hereinhaste und mich auf einen der letzten freien Plätze setze.

»Wir haben die alle für Sie ausgedruckt, Sie müssen nicht mitschreiben.«

Keiner steckt seinen Kuli weg.

»Wann ist es bei euch so weit?«, flüstert mir meine Banknachbarin zu, sie klappt ihren Laptop auf und fährt fort: »Auch 2018?«

»In die Schule? Nächstes Jahr«, antworte ich. »2016.«

»Schon?«

Sieht so aus, als wäre ich schon zu spät für Lotta. Ich nehme mir vor, Melanie anzurufen und mit ihr auf die Tage der offenen Tür der Gymnasien für Luca und Ben zu gehen. Wenigstens da könnte ich rechtzeitig dran sein.

Nach einer Stunde weiß ich, wie wenig ich weiß. Nach zwei Stunden schreibe ich nicht mehr mit. Später werde ich die wichtigsten Fakten noch einmal nachrecherchieren und die ausgedruckten PowerPoint-Folien lesen.

»Sie haben das Recht, sich entweder für eine Förderschule oder für eine inklusive Schule zu entscheiden«, höre ich. »Allerdings nicht für eine bestimmte. Sie haben die Wahl zwischen den Systemen, nicht zwischen den Schulen.«

Als inklusive Schule komme diejenige infrage, die »am nächsten an Ihrem Wohnort liegt und gleichzeitig die meiste Ausstattung, die Ihr Kind benötigt, mitbringt«. Was wäre diese Ausstattung für Lotta? Ein Aufzug? Oder ebenerdige Unterrichtsräume? Physiotherapeuten? Wer entscheidet, welche Schule einem zugeteilt wird – und kann man das vorab erfahren? Es sind Fragen, auf die ich nie eine definitive Antwort finden werde. Es ist wie so oft, wenn es um Lotta geht: Ermessenssache des Sachbearbeiters. Wen man kriegt, kann darüber entscheiden, was man kriegt. Ermessenssache heißt immer auch Glückssache.

»Wir raten ausdrücklich davon ab, in die Nähe von beliebten inklusiven Schulen zu ziehen. Es sind schon Eltern trotz Umzugs nicht reingekommen. Und dann sitzen Sie auf der anderen Rheinseite fest. Wie gesagt, Sie haben nicht das Recht auf eine bestimmte Schule.«

Sofort meldet sich die erste Zuhörerin.

»Aber wir haben schon eine bestimmte Förderschule im Auge. Die Sternstraße. Dort kennen wir schon viele Kinder, die da sehr glücklich sind. Bei der Förderschule ist es ja egal, wo man wohnt, nicht wahr?«

Meine Banknachbarin raunt mir zu: »Die Sternstraße wollen doch alle.«

»Was hat denn Ihr Kind?«

»Mein Sohn hat eine Autismus-Spektrums-Störung, aber ...«

»Die Förderschule Sternstraße ist aber eine KME-Schule, körperlich-motorische Entwicklung, die ist für körperbehinderte Kinder gedacht. Nicht für Autisten.«

»Aber er hinkt, könnte man das nicht als vorrangigen Förderschwerpunkt körperlich-motorisch definieren?«

Förderschulen gibt es viele, für jede Art der Behinderung eine. NRW unterscheidet sieben Kategorien: die Schule für körperlich-motorische Entwicklung für die Körperbehinderten, die Schule für geistige Entwicklung für Schüler mit geistiger Behinderung, es gibt Förderschulen für Lernen, Sprache, Sehen oder Hören und Schulen für emotional-sozial beeinträchtigte Schüler, die das »herausfordernde Verhalten« zeigen, dass Merle erwähnte. Wer wie Lotta mehrere Behinderungen hat, für den wird ein vorrangiger Förderschwerpunkt definiert und eine dem entsprechende Schule empfohlen. Das Einzugsgebiet von Förderschulen ist wesentlich größer, die Kinder kommen meist aus der ganzen Stadt. Während die inklusiven Schulen in NRW ausgebaut werden, werden gleichzeitig Förderschulen abgebaut und geschlossen. Bei den Eltern um mich herum sind sie anscheinend dennoch begehrt.

»Gibt es wirklich eine Quote für Schwebis auf der Sternstraße?«

Kaffeepause, Mütter unter sich.

»Wie bitte?«

»Schwer mehrfachbehinderte Kinder, Schwebis – die wollen doch alle auf die Sternstraße. Und die können nun wirklich nicht alle aufnehmen.«

Ich dachte, die Förderschule wäre der Ort, an dem alle willkommen sind, egal, was sie mitbringen. Die Schule, in der es nicht wichtig ist, dass die Mischung stimmt. Das weiche Kissen, in das wir uns fallen lassen können, wenn die Inklusion nicht klappt. Erst hat mir Meddi Angst gemacht, dass eine Förderschule nicht automatisch ein sicherer Ort ist, und nun scheinen auch die guten Förderschulen nicht für alle da zu sein. Außerdem werden gerade immer mehr von ihnen geschlossen, was die Auswahl noch kleiner macht. Wer hier hat noch schwer mehrfachbehinderte Kinder? Und über wie viele Plätze an der Schule Sternstraße reden wir hier eigentlich? Ich hätte gerne eine Quote.

»Die haben sogar ein Schwimmbad, extra warm für die spastischen Kinder. Und Reittherapie.«

»Und die Schüler sollen ganz viel draußen auf Ausflügen unterwegs sein.«

»Letztes Jahr haben sie einen Preis gewonnen, für ihre Berufsvorbereitung.«

Scheint, diese Förderschule ist für diese Eltern, was für Melanie das katholische Gymnasium ist: die Eliteschule. Die Sternstraße ist sogar nicht weit weg von unserem Haus, vielleicht zehn Minuten Autofahrt. Ich nehme mir noch einen Keks. Was würde Melanie tun? Alle Fächer auf die Eins, Chor und Klavier werden Lotta nicht helfen, selbst ein Geplänkel mit dem Tennislehrer wäre hier nutzlos. Oder? Ich nähere mich einem Mitarbeiter des Schulamts.

»Danke für die vielen Infos.« Ich lächele und mache mit meiner Kaffeetasse eine Geste, als wollte ich anstoßen. Innerlich winde ich mich.

»Gerne. Wir sind ja froh, dass wir bei der Inklusion jetzt so weit sind, nicht mehr über Dogmen und Menschenrechte diskutieren zu müssen, sondern ganz pragmatisch gucken können, welche Schule für welches Kind passt.«

»Haben Sie denn noch einen heißen Tipp für eine tolle inklusive Schule? Für ein schwer mehrfachbehindertes Kind?«

»Die Liste mit allen Schulen liegt ja vorne.«

Aber er macht ein Gesicht wie ein Automechaniker, der einem signalisiert, dass man nicht über den TÜV kommen wird.

»Und was wäre, wenn man mit einem schwer mehrfachbehinderten Kind auf eine bestimmte Förderschule will, sagen wir die Sternstraße?«

»Sie haben nur das Recht auf die Wahl zwischen inklusiv und Förderschule, nicht auf eine bestimmte Schule.«

»Ich weiß. Nur ... Sagen wir mal rein hypothetisch.« Ich sollte aufhören zu lächeln.

»Was hat denn Ihr Kind?«

»Sehr stark körperlich-motorisch, mehr geht gar nicht.« Höre ich mich gerade an wie Melanie, wenn sie Lucas Mathetalent preist?

»Und sonst?«

»Epilepsie.«

Er nickt.

»Keine Sprache.«

Nickt wieder.

»Offiziell blind, aber mit Sehresten.«

Er zieht die Stirn kraus.

»Das könnte knifflig werden. Eine Sinneseinschränkung ist immer ein vorrangiger Förderschwerpunkt.«

»Und das heißt?«

»Förderschule Sehen.«

»Aber – was soll sie da? Blindenschrift, mit einem Stock gehen, so viel von dem, was man da lernen kann, wird sie nie lernen. Dafür ist sie körperlich zu stark eingeschränkt.«

»Allerdings ist die Förderschule Sehen hier in Köln nicht barrierefrei, da kommen Sie mit einem Rollstuhl nicht weit. Das wäre dann Waldkirchen.«

»Waldkirchen?«, sage ich und sehe lange Autobahnfahrten voraus. In Köln wohnen, um die Ecke einer Förderschule, aber morgens über eine Stunde zur Schule in Waldkirchen fahren?

»Die Kinder werden ja mit dem Bus abgeholt.«

»Mein Kind verträgt Autofahren aber nicht so gut. Die epileptischen Anfälle. Und dann übergibt sie sich häufiger während der Fahrt. So eine lange Fahrt ist auf jeden Fall unzumutbar.«

»Keine Sorge«, sagt er. »Für solche Fälle haben wir ein wunderbares Internat in Waldkirchen. Da werden die Kinder gut gefördert und …« Er mustert mich. »Für die Familien ist das eine große Entlastung.«

»Wir kommen sehr gut klar, danke.«

»Überlegen Sie es sich in Ruhe, für viele Familien ist das wirklich eine tolle Sache. Und Sie bekämen Ihr Kind ja jeden Freitag fürs Wochenende zurück.«

Für viele Familien – bestimmt. Aber ich wollte Lotta nur einschulen, ich wollte sie nicht weggeben. Ich brauch keine Entlastung, ich brauche eine Schule. Egal, nicht beleidigt sein, denk an Melanie. Ein Nein ist kein Nein. Er geht weiter und ich hole mir noch einen Kaffee. Ich spreche eine Frau an, die ebenfalls bei der Stadt ist.

»Aber wenn ich nun auf eine bestimmte Schule will – was raten Sie mir dann? Was tu ich dann?«

»Dann tragen Sie das während des ganzen nächsten Jahres vor sich her wie ein Transparent, bestehen Sie bei jedem einzelnen Gespräch darauf. Lassen Sie sich nicht beirren. Kämpfen Sie.«

Hängt Lottas Schulglück davon ab, wie sehr ich für sie kämpfe? Anscheinend ist es bei der Schulwahl so ähnlich wie bei den Kämpfen um Fördermittel für die Kita. Damals hieß es zunächst, es könnten nur Einrichtungen gefördert werden, die entweder Kinder betreuen, die behindert sind, oder Kinder, die unter drei Jahren sind, nicht beides gemeinsam. Das sei so in den Statuten vorgesehen. Wir haben weitere Briefe geschrieben, Argumente gefunden, sind im Amt vorbeigegangen, haben zu Ortsbegehungen in die Kita eingeladen. Am Ende gab es die Fördermittel. Kriegt der am meisten, der am lautesten schreit? Der mit dem längeren Atem? Anscheinend ist es bei der Schulwahl ähnlich.

Später, als ich wieder sitze, spule ich das Gespräch mit dem Mitarbeiter des Schulamts im Kopf zurück. Habe ich meinen Namen gesagt? Ich hoffe nicht. Wenn man das leichte Hinken eines Autisten als vorrangigen Förderschwerpunkt definieren kann, um auf die Körperbehindertenschule zu kommen – kann man dann »nicht sehen können« als nachrangigen Förderschwerpunkt definieren, um nicht auf die Blindenschule zu kommen?

Waldkirchen erscheint mir nicht nur wegen der Entfernung die falsche Wahl, eine Schule, deren Schwerpunkt das Erlernen von Techniken ist, wie man ohne Sehen zurechtkommt, ist für Lotta nicht das Richtige. Sie kann nicht mit dem Stock gehen lernen, weil sie nicht gehen kann, sie kann nicht die Blindenschrift lernen, weil sie ihre Hände nicht zum Tasten einsetzen kann. Wer entscheidet, welcher Förderschwerpunkt vorrangig oder nachrangig ist? Was ist Ermessenssache und was nicht? So richtig habe ich mit der Schulsuche noch nicht angefangen und stehe schon in einem undurchsichtigen Dschungel.

»Sie können gerne in die Inklusionsberatung kommen«, laden die Dozenten später ein. »Machen Sie einfach einen Termin.«

Eine großartige Einrichtung, das ist es, was es braucht in diesem Dickicht an Vorschriften. Ich werde dennoch nicht hingehen. Erst will ich herausfinden, welche Schule die beste für Lotta ist, danach, wie wir sie kriegen. Noch weiß ich nicht, auf welcher Schule ich in jedem einzelnen Gespräch bestehen soll, wie die Frau mir geraten hat, noch weiß ich nicht, für welche Schule ich kämpfen soll. Solange ich das nicht weiß, will ich mir nicht in die

Karten gucken lassen. Als das Wort Internat fiel, war es mit meinem Vertrauen in Institutionen vorbei.

»Die Schwerbehindertenklassen in Waldkirchen sind das Auffangbecken für die sehr schwer Betroffenen«, höre ich später von jemand anderem. »Dafür ist Lotta zu aufgeweckt, die kann mehr.«

»Aber wie verhindere ich, dass sie dahinkommt?«

Derjenige zuckt die Schultern.

Wenn ich nicht strategisch vorgehe, endet Lotta womöglich irgendwo, wo wir nicht hinwollen.

»Können die Lotta gegen unseren Willen ins Internat stecken?«

Harry und ich spätabends im Bett. Ein Fenster haben wir auf Kipp, von draußen kommt ein leichter Wind herein. Er liegt auf der anderen Seite, ich sehe nur seinen Hinterkopf. Leise höre ich: »Natürlich nicht.«

»Nein, oder?«

»…«

»Oder?«

»Komm mal her.«

Er dreht sich um, streckt seinen Arm aus und ich robbe rüber zu seiner Seite des Bettes. Ich lege meinen Kopf auf seine Brust und höre sein Herz schlagen. Meine linke Hand schiebe ich unter seinen T-Shirt-Ärmel, seinen Arm hoch. Ich sollte es besser wissen, diese Angst ist unnötig, sie ist albern. Sie ist dennoch da.

»Ich habe einfach Sorge, dass die sie irgendwohin stecken, wo sie nur in der Ecke steht. Ben wird überall seinen Weg gehen, egal auf welcher Schule, der holt sich, was er braucht, der kann mir sagen, wenn etwas nicht stimmt. Aber Lotta … Sie würde nur immer stiller werden, und unglücklich, ohne sagen zu können, was los ist«, murmele ich leise. »Das ist doch Quatsch, oder?«

Er legt seine Hand auf meinen Kopf. »Schh!«

Ich halte mich an ihm fest.

»Sag noch mal …«

»Alles wird gut.«
»Danke.«
Alles wird gut. Bestimmt.

# 5

## *»Nichts über dich ohne dich«*

### Ist eine Förderschule wie ein Krankenhaus?

»Mama!«

»Ich schlafe, Ben.«

»Mama, Lotta!«

»Ich höre sie doch, Ben.«

Die Müdigkeit ist wie eine Decke, die mir jemand über den Kopf zieht und fest ins Gesicht drückt. Neben unserem Bett liegt Lotta auf einer Extramatratze, ich habe sie aus dem Kinderzimmer rübergeholt, weil sie gestern so viele Anfälle hatte. Normalerweise schläft sie in ihrem eigenen Zimmer, aber wenn die Anfälle sich häufen wie im Moment, ist es mir so lieber. Die letzten Nächte waren hart. Harry ist in Brüssel, er soll über eine Konferenz berichten. Ben hat darauf bestanden, auch in meinem Bett zu schlafen, das wäre ja sonst unfair. Wie spät ist es? Bestimmt schon weit nach Mitternacht, es ist stockdunkel. Lotta stößt leise rhythmische Laute aus.

»Mmmh … mhh … mmh.«

»Mama, ich weiß genau, wie Lotta jetzt aussieht. Sie hat die Zunge rausgestreckt und die Hände ganz fest zusammengedrückt. Das heißt, sie hat Durst.«

»Ich weiß, Ben.«

Ich kämpfe dagegen, dass mir die Augen wieder zufallen.

»Du musst ihr was zu trinken geben. Sonst mach ich das.«

»Leg dich wieder hin, ich geh ja schon.«

Ich nehme Lotta hoch, trage sie so langsam die Treppe runter, dass wir nicht fallen, runter in die Küche und setze sie in ihren Rolli. Müde fülle ich Wasser in ein Glas und ziehe die Plastikverpackung einer kleinen Fünf-Milliliter-Spritze ab. Es gibt nichts, was schwerer zu schlucken ist als Wasser, es fließt so schnell. Früher konnte Lotta aus einer Babyflasche trinken, doch das haben wir ihr abgewöhnt, auf Anraten einer Logopädin, damit sie später einmal kauen lernen kann. Ihr Saugreflex ist längst verloren gegangen, doch kauen kann sie immer noch nicht. Langsam tröpfele ich Lotta das Wasser in den Mund, damit sie sich nicht verschluckt. Ich lasse meinen Kopf an ihren sinken, sie reibt ihre Nase an meiner Backe, warm und süß ihr Atem auf meiner Haut. Sie verrenkt ihren Hals, um mir näher zu sein. Ich spüre ihre Grübchen mehr, als dass ich sie sehe. Auch ich muss lächeln.

»Ich dich auch«, sage ich und sie atmet mir ins Ohr. Mit ihren Zähnen knabbert sie an meiner Wange, ein Lotta-Kuss.

»Entschuldige, dass ich dich habe warten lassen, Lotta, ich war nur so müde.«

Sie gibt mir noch einen Kuss und nimmt meine Entschuldigung an.

»Du verdienst es, dass dich keiner warten lässt. Vielleicht müssen wir doch irgendwas ändern wegen des Essens.«

Ich dränge den Gedanken an eine Magensonde beiseite, drücke meine Nase in ihre Haut und schließe meine Augen, ich will sie so hören, spüren, riechen wie sie mich.

»Mmh … mmh… mhh.«

»Noch Durst? Warte, ich gebe dir was.«

In der Kita sagen die Erzieher: »Schau mal auf Lottas Gesicht, Nelly. Sieht das aus, als würde sie Ja sagen? Oder Nein?« Wir müssen nicht mehr hinsehen. Ben hat auch im Dunkeln vor Augen, wie Lottas Mimik ist, und weiß sie zu deuten, genau wie ich und Harry. Nicht nur wir bringen Lotta kommunizieren bei, sie uns auch.

Lotta wird uns nie abends leise im Dunklen zuflüstern, wer heute in der Kita oder in der Schule was Fieses gesagt hat. Sie wird uns nie Argumente um die Ohren hauen, warum sie bei Regen mit Sandalen rauswill, oder Lieder übers Pupsen singen. Sie mag so vieles nie aussprechen – wir hören es trotzdem. Wir sehen den Schalk in ihren Augen blitzen, spüren den Trotz in ihrem »Äh«, merken ihren Willen an der Art, wie sie ihren Körper anspannt. Sie kann Zuneigung so ausdrücken, dass es alle sofort verstehen, sie kann so glucksend kichern, dass alle mitlachen müssen, sie kann ihre Freundin in der Kita trösten, sie kann ihren großen Bruder ärgern, indem sie den Kopf wegdreht, wenn er sie küssen will. In ihrer Welt kann Lotta sprechen.

Ich habe sie warten lassen, obwohl ich sie verstanden habe und obwohl ich sie liebe. Wie wird das in der Schule sein – mit Menschen, die Lotta natürlich nicht lieben und wahrscheinlich auch nicht verstehen? Wie ist das, nicht sehen zu können, sich nicht rühren zu können, immer auf Hilfe angewiesen zu sein – und keiner versteht einen? Wir üben jeden Tag mit den Schaltern und doch braucht Lotta noch einen Dolmetscher: Claudi, ihre Integrationshelferin.

Claudi ist nur ein paar Jahre jünger als ich und doch sind wir auf den ersten Blick sehr verschieden. Ich blonder Kurzhaarschnitt, sie lange Haare mit einer Rasta-Strähne, Perlen und manchmal sogar Federn. Ich trage meistens gestreifte T-Shirts und Jeans, sie Rock über Leggings und dazu Tops, die mich an Yoga erinnern. Nur an den Füßen tragen wir dieselben Turnschuhe: Chucks. Ich fahre im Urlaub nach Holland und esse Pommes am Strand, sie reist nach Südamerika und campt im Dschungel. Wegen Claudi haben wir Mandelmilch im Kühlschrank, für veganen Milchkaffee, und oft ein berstend volles Gemüsefach, weil ihr Gemüsebeet, gemietet von einem Bauern vor den Toren der Stadt, zu viel für sie und ihre WG abwirft.

Seit fast drei Jahren ist sie an fünf Tagen die Woche bis zu sechs Stunden mit Lotta zusammen. Wir hatten schon vorher Integrationshelfer, sie sind uns alle nahegekommen, doch keiner ist so lange geblieben wie Claudi. Sie ist Heilerziehungspflegerin und hat schon früher mit Menschen mit Behinderung gearbeitet.

Wir unterscheiden uns noch in einem weiteren Punkt: Ich bin gerne zur Schule gegangen.

Am nächsten Morgen. »Käse, Wurst, Marmelade?« Claudi hat eine SMS aus der Kita geschickt, wo sie schon mal Lottas Frühstück vorbereitet, bevor wir kommen. Ich beuge mich zu Lotta: »Lotta, ich werde dich jetzt fragen, ob Claudi auf dein Kita-Brot lieber Käse, Wurst oder Marmelade machen soll. Willst du Käse?«

Lotta verzieht keine Miene. Auch bei Wurst oder Marmelade – nichts.

»Entscheide dich, Lotta. Brot ohne alles schmeckt nicht.«

Wir haben Sanktionen eingeführt. Früher hätten wir für Lotta entschieden, wir wissen ja, wie gerne sie Wurst isst. Doch wir wollen nicht, dass sie in eine erlernte Passivität rutscht, wie es so viele Kinder mit schwerer Mehrfachbehinderung tun. Es ist anstrengend, sich zu entscheiden. Es ist auch unnötig, wenn die Welt um Lotta herum eine Animationsshow ist, die auch ohne ihre Beteiligung abläuft. Wenn man auch so alles kriegt, was man mag, warum sollte man sich bemühen? Lottas Augen blicken ins Leere.

»Überlege noch mal, Lotta«, sage ich. »Wenn du nichts aussuchst, gibt es wieder püriertes Brot ohne alles. Und das schmeckt dir doch nicht.«

So hart es klingt, wenn Lotta sich nicht für etwas entscheidet, gibt es auch nichts. Wenn sie sich nicht für draußen oder drinnen spielen entscheidet, bleibt Claudi mit ihr im Gruppenraum sitzen und sie langweilen sich. Natürlich zwingt sie Lotta nicht, sich stundenlang zu langweilen oder das Brot ohne alles aufzuessen. Nach ein paar Minuten fragt sie erneut, ob Lotta sich nicht doch entscheiden möchte, für draußen oder drinnen, für Wurst, Käse oder Marmelade – und irgendwann tut sie es dann auch.

»Hey, Lotta, ich rede mit dir.«

Sie dreht den Kopf zur Seite, grinsend, feixend.

»Machst du dich etwa über mich lustig?«

»Ääh!«

»Claudi«, sage ich, als ich Lotta in der Kita abgebe, »darf ich dich was fragen, du musst auch nicht gleich antworten. Ich weiß, dass du froh warst, als deine Schulzeit vorbei war, aber…«

»Ich gehe mit.«

Ich falle ihr um den Hals. Wir sind so verschieden und doch sind wir durch denselben Menschen eng verbunden: Lotta. Claudi ist Mitglied des exklusiven Fanklubs, der zum größten Teil aus Lottas Familie besteht. Nur wir können ein Lächeln wirklich wertschätzen, nur wir wissen, was die Worte »kein guter Tag« bedeuten können. Egal, auf welche Schule Lotta einmal gehen wird – wenn Claudi dabei ist, kann es so schlimm nicht werden.

»Ich kann doch gar nicht anders«, sagt sie. »Die Grinsebacke habe ich viel zu lieb.«

»Ich hoffe nur, wir finden eine Schule, die auch Claudi gefällt«, sage ich später zu Harry, als ich ihm die frohe Botschaft verkünde.

»Das könnte schwer werden.«

Claudi ist Teil des Kita-Teams, nimmt an der regelmäßigen Supervision teil, bei der alle ihre Probleme ansprechen können, unter Leitung eines externen Psychologen. Sie kann ihre Ideen verwirklichen, ob sie nun um Lotta kreisen oder den Kita-Alltag. Werden wir eine Schule finden, die ihr denselben Raum gibt?

»Unsere Ansprüche an eine Schule wachsen langsam ins Unrealistische«, sage ich zu Harry.

Ich trage mir den Info-Abend der Sternstraße, der Schule für körperlich-motorische Entwicklung, in den Kalender ein – auch wenn ich noch nicht weiß, wie wir verhindern sollen, dass Lotta automatisch der Blindenschule in Waldkirchen zugeteilt wird, falls wir unser Kreuzchen bei »Förderschule« setzen. Die inklusiven Schulen auf der Liste der Infoveranstaltung suche ich im Internet, es sind viele. Viele fallen von vorneherein raus, weil sie zwar einen großartigen Ruf haben, aber leider zu weit weg sind. Wir werden Lotta nicht über eine Stunde Busfahrt zumuten, einfacher Weg. Am Ende stehen in meinem Kalender zehn Tage der offenen Tür.

Als ich Lotta an diesem Tag von der Kita abhole, baumelt von ihrem Kopf ein buntes Band, kunstvoll in den Haaransatz geknüpft, am Ende eine Perle.

»Oh, was hast du denn da?«

»Schön, oder?«, sagt Claudi und lächelt.

Als wir nach Hause kommen, sagt Ben: »Jetzt sieht sie aus wie Claudi.«

Abends nach dem Duschen knüpfe ich es raus.

Das Massagekissen ist unser erster großer Erfolg. Per Knopfdruck kann Lotta es anschalten, während sie auf einer Decke auf der Seite liegt, vor ihrem Bauch auf dem Boden der riesige Schalter, hinter ihrem Rücken das Kissen. Es vibriert immer nur kurz, dann muss sie ihre Hand heben und es wieder einschalten. Das Video davon dauert drei Minuten, ich zeige es jedem, der nicht schnell genug Nein sagt.

»Schau auf die Hand«, sage ich dann. »Wie sie die fallen lässt. Gleich ist sie unten. Wahnsinn, oder?«

Lotta kriegt einen BigMack, ein Gerät mit einem einzigen großen gelben Schalter. Claudi oder ich können darauf kurze Nachrichten aufnehmen, die Lotta dann abspielt. Beim Abendessen führe ich Lottas Hände zu ihm und lasse sie drücken. Claudis Stimme erklingt: »Heute habe ich in der Kita Krankenhaus gespielt, ich war die Patientin.«

Morgens spreche ich darauf: »Gestern waren wir noch auf dem Spielplatz.«

In einem Elternforum berichtet eine Mutter, wie ihre Tochter auf einem Sprachcomputer abends immer wieder auf das Symbol für Trinken gedrückt hat, sich dann aber nicht entscheiden konnte, was aus der Getränkeauswahl sie wollte.

»Am Ende habe ich für sie auf Apfelschorle gedrückt, was will eine 17-Jährige denn sonst abends um zehn?«

»Bier«, witzeln die anderen Forumsteilnehmer. »Oder Aperol-Spritz.«

»Das verträgt sich nicht mit den Epilepsie-Medikamenten.«

Als Ben circa fünf Jahre alt war, wollte ich mit Harry mal wieder ins Kino, eine romantische Komödie sehen.

»Was ist eine ...?«, hat Ben gefragt.

»Da geht es ums Knutschen«, hat Harry ihn unterbrochen und gelacht.

Am nächsten Tag hat Ben dem Paketboten erzählt: »Mama wollte gestern einen Sexfilm gucken.«

»Ben, das ...«

»Und Papa wollte nicht.«

Manchmal gab es Momente, da habe ich mir gewünscht, Ben könnte nur aussprechen, was ich ihm erlaube.

Lotta ist das bravste Kind der Welt. Das Kind, das im Sommer nicht wegrennt, wenn ich es mit Sonnencreme einschmieren will, das im Winter nicht seine Mütze vom Kopf zieht. Das Kind, das dann ins Bett geht, wenn ich es will, das die Klamotten trägt, die mir gefallen, das die Hörspiele hört, die mich nicht nerven, das nie widerspricht – weil es das nicht kann. Ich könnte dafür sorgen, dass es immer so bleibt. Es wäre ganz einfach. Ich müsste nichts weiter machen. Ich könnte mir sogar einreden, dass ich nur fürsorglich bin, dass ich nur ihr Bestes im Sinn habe, dass ich sie verstehe wie sonst niemand. Lotta wäre noch mit 30 mein Baby. Wie schrecklich.

Wie rebelliert man gegen seine Eltern, wenn man keine Türen schmeißen kann? Wenn man nie alleine sein darf, weil man einen epileptischen Anfall haben könnte? Wie grenzt man sich ab – ohne Worte?

An diesem Abend spreche ich auf den BigMack: »Ich will noch nicht ins Bett! Ich bin noch gar nicht müde!«

Kommunikation hat immer auch mit Macht zu tun. »Nichts über uns ohne uns«, lese ich im Moment im Internet immer wieder. Menschen mit Behinderung erinnern damit daran, dass Gesetzesvorhaben, die sie betreffen, auch mit ihrer Mitwirkung entstehen sollten. Auch die UN-Behindertenrechtskonvention lässt sich davon leiten und definiert Menschen mit Behinderung erstmals nicht mehr als Kranke, denen geholfen werden muss. Die Hohe Kommissarin für Menschenrechte, Navanethem Pillay, erklärte dies in ihrer Rede vor dem Menschenrechtsrat so: Die herkömmliche Herangehensweise der Behindertenpolitik sei zwar gut gemeint gewesen, betrachte aber Menschen mit Behinderung *»either as passive recipients of good will or deed, or as problems to be fixed, or both«*, entweder also als passive Empfänger von gutem Willen und guten Taten oder als Probleme, die es zu lösen gilt, oder als beides gleichzeitig.

Doch Menschen mit Behinderung sind Menschen mit einem selbstverständlichen und uneingeschränkten Recht auf Teilhabe genau wie alle anderen auch, das erkennt die UN-Behindertenrechtskonvention an. Damit sie diese Rechte wahrnehmen können, müssen die entsprechenden Voraussetzungen geschaffen werden, sei es im Bereich Bildung, Kultur oder beim Wahlrecht. Warum sollte es im Privaten anders sein? Lotta hat ein Recht darauf, auch Fragen zu stellen, auf die meine Antwort »Nein« sein wird, sie soll schimpfen und stänkern, sie soll trotzen und kämpfen können. Nichts über dich ohne dich, Lotta.

»Du sollst mir eines Tages sagen können: ›Du bist doof, Mama!‹«, sage ich ihr, als ich sie dann doch ins Bett bringe. »Wie auch immer du das anstellst.«

Ben grinst. »Ich kann das ja für sie sagen.«

Eines Tages nach der Kita erzählt Claudi: »Wir haben einen neuen Jungen, Jakob. Ich habe Lotta einen Satz auf den BigMack gesprochen und sie hat sofort gedrückt und sich vorgestellt.«

Am nächsten Tag entscheidet Lotta sich, in der großen Nestschaukel zu schaukeln, mit Jakob. Beim Vorlesen zuzuhören, mit Jakob. Sie drückt ihren BigMack und fragt Jakob: »Willst du heute beim Mittagessen neben mir sitzen?«

Er sagt Ja.

Lotta ist wie wach geküsst. Die Phasen, in denen sie ihren Kopf hängen lässt und vor sich hin starrt, werden kürzer, bis sie fast ganz verschwinden. Immer häufiger drückt sie selbstständig den BigMack, immer öfter entscheidet sie sich. Liegt es an Jakob? An Claudi? Daran, dass sich unsere Bemühungen langsam auszahlen? Wir haben gegen das Streckdefizit von Lottas Armen angearbeitet, mit Dehnen und Botox-Injektionen; es ist etwas leichter für sie geworden, den Schalter zu drücken. Vielleicht hat es auch so lange gedauert, weil Lottas Gehirn sich langsamer entwickelt. Um kommunizieren zu lernen, müssen wir alle erst andere Sinnesempfindungen ausblenden können. Wer sich auf andere konzentrieren will, muss die kneifende Hose und die Luft im Bauch ignorieren.

»Vielleicht wird sie doch mehr am Unterricht teilnehmen können, als wir dachten«, erzähle ich Clara, meiner Nachbarin und Freundin, als wir vor ihrem Haus auf den Stufen sitzen. Ben und ihr Sohn Fritz haben oben im ersten Stock die Kinderzimmertür hinter sich geschlossen, wir sitzen in der warmen Sonne. Lotta schläft vor uns in ihrem Rollstuhl, sie hatte einen langen Tag in der Kita.

»Klar, das Mädchen wird noch alle überraschen.«

»Ich bin so gespannt auf den Info-Abend an dieser Förderschule, von der ich dir erzählt habe. Die Sternstraße.«

»Ich stelle mir eine Förderschule ein bisschen wie eine Klinik vor oder wie ein Rehazentrum. Aber ich war ja auch noch nie in einer...«

»Ich doch auch nicht.«

Als ich Ben in die Schule schickte, schickte ich ihn zu Frau Herten, der Lehrerin meiner Kindheit, die uns Geschichten schreiben ließ und sie anschließend vor der Klasse vorlas, als wären es Meisterwerke. Ich schickte ihn zu Frau Roggendorf, die uns mit in die Bücherei nahm und dank derer es keine größere Ehre gab als einen goldenen Klebestern unter einer Aufgabe. Ich schickte ihn zu einem ängstlichen Ziehen im Bauch und zu der Lehrerin mit dem strengen Blick, in deren Stunde ich vor lauter Nervosität das Glas mit dem dreckigen Malwasser umkippte. Es lief über ihre Wildledertasche und sie bestellte meine Mutter ein. Zu dem strengen Hausmeister im blauen Kittel, der immer eine Kippe im Mund hatte, auf den Schulhof mit den aufgemalten Hüpfekästchen, zu dem Baum, auf den wir kletterten. Ich schickte ihn zu

Hausaufgaben, zu Langeweile und Pausenklingel und der alles entscheidenden Frage, neben wem man sitzen durfte. Zur selben Schule wie ich ging Ben nicht, schließlich wohnten wir mittlerweile in Köln und nicht mehr in dem Dorf nahe Bonn, in dem ich groß geworden war. Und doch wusste ich, was ihn erwartete – oder glaubte es zumindest. Wohin werde ich Lotta schicken? Ins Krankenhaus?

Vor zwei Jahren, Lotta ist gerade vier Jahre alt. Draußen vor den bodentiefen Fenstern blauer Himmel, weiß getupfte Berge, grüne Wiesen, Kühe, die grasen. Hinter den Fenstern eine Klinik in hellen Farben und eine Menge Spielzeug. Kinderorthopädie, Lotta ist an der Hüfte operiert worden. Durch ihre Spastik hatte sie ihr Bein so lange nach innen verdreht, bis ihr Hüftknochen Millimeter für Millimeter aus der Hüftpfanne gerutscht ist, jahrelang, bis er schließlich raus war. Nun haben die Ärzte während drei Stunden OP den Knochen wieder in die Pfanne geschoben. Damit er nicht gleich wieder rausrutscht, mussten sie die Pfanne auch ausbessern. Ein Stück ihres Oberschenkelknochens haben sie dafür verwendet, nun ist ein Bein kürzer als das andere. Ich zähle die Minuten, bis ich wieder auf die Schmerzmittelpumpe drücken kann, die in Lottas Rücken verschwindet. Ich kann ihr immer nur sehr kurz helfen. Singen, vorlesen, schmusen – nichts bringt etwas. Wer hätte gedacht, dass ich mich mal zu den Hirn-OPs aus Lottas ersten drei Jahren zurücksehnen würde? Sie waren riskanter, aber längst nicht mit so viel Leid verbunden.

Früher hat man Kinder nach Hüft-OPs eingegipst und von der Decke hängen lassen, Lotta liegt in einem sogenannten Lagerungselement aus Schaumstoff, das ihr ermöglicht, auf der Seite zu liegen, beide Beine weit abgewinkelt, weil das ihre Hüfte schont. Ich lerne, wie man ein Kind wäscht, wickelt, anzieht, das bei jeder kleinen Bewegung wimmert. Schon am ersten Tag nach der OP steht eine Physiotherapeutin am Bett. Von nun an soll ich ihre Muskeln durchbewegen, damit sie nicht gänzlich verkümmern.

»Stellen Sie sich vor, Sie wären vom Bus überfahren worden«, sagt mir der Arzt. »Dann wissen Sie so ungefähr, wie es Ihrem Kind geht.«

Das Bett ist zu eng für uns zwei, daher stehe ich nachts neben ihrem, wenn sie weint, und lege meinen Kopf vor ihren, sodass sie meinen Atem spürt. Es tut mir so leid, Lotta, dass ich dich schon damals nicht beschützen konnte, als du noch in meinem Bauch warst. Dass ich deine Hüfte nicht daran hindern konnte, rauszuspringen. Habe ich dich nicht genug durchbewegt? Haben wir zu wenig Physiotherapie gemacht? Ich sollte wenigstens in der Lage sein, dich trösten zu können, deine Schmerzen zu lindern, alles wiedergutmachen zu können. Ich würde alles dafür tun. Ich lege mein Gesicht an ihres und summe, wie Harry summen würde.

»Alles wird gut. Ich verspreche es.«

Als Ben zu Besuch kommt, sagt er: »Am besten wäre, man könnte mal kurz tauschen.«

»Tauschen?«

»Ich kann gut aushalten, wenn es wehtut.«

»Das wäre dann nicht deine Aufgabe«, sage ich, »sondern meine.«

Nach zwei Tagen traue ich mich zum ersten Mal aus Lottas Zimmer, auf Anweisung der Krankenschwester: »Sie brauchen beide Ablenkung!« Zögernd schiebe ich Lottas Krankenbett durch die breite Tür, sehr darauf bedacht, bloß nicht anzustoßen und ihr noch mehr Schmerzen zu bereiten. Im Gemeinschaftsraum plärrt ein Fernseher, davor sitzen zwei Kinder, eins hat den Fuß in Gips, das andere eine Halskrause. Beide haben mindestens eine Behinderung, so wie alle Kinder hier.

»Hüft-OP?«, fragt eine Mutter am Kuchenbüfett, als sie Lotta in ihrem Lagerungselement sieht. »Hatten wir letztes Jahr auch. Hölle, oder?«

Nach nur einem Ausflug wird der Gemeinschaftsraum der Platz, wo Lotta und ich in den nächsten zwei Wochen am meisten Zeit verbringen. Eines Tages sitzt am Esstisch zwischen lauter Müttern und behinderten Kindern eine neue Jugendliche, die

Einzige hier, die nur eine Sportverletzung hat und keine Behinderung.

»Wir wollen mal nachfragen, ob wir zur Reha nicht woanders hinkönnen«, sagt ihre Mutter neben ihr. »Sie passt doch gar nicht hier rein.«

Die Mutter deutet auf unsere Kinder, eins schreit, ein anderes leckt ein Fenster ab, ein drittes wischt mit einem Grinsen im Gesicht sorgfältig alle Plastikbecher vom Tisch.

»Ich meinte das jetzt nicht so, wie es klang.«

Natürlich nicht. Zu spät ist es trotzdem.

In der Klinik hat die Frage »Was hat sie denn?« einen anderen Klang. Hier wird nicht hingesehen, wenn einer quietscht, hier dreht sich kaum ein Kopf, wenn einer schreit. So viel ist hier normal: sabbern, brüllen, immer wieder dasselbe Lied singen. Unser Leid nach der OP ist kein Grund für Mitleid, Kinder ohne Rollstuhl werden »Läufer« genannt, weil sie so selten sind und daher eine eigene Bezeichnung brauchen. Wir sind die Mehrheit. Die Türen sind extrabreit, die Aufzüge auch, auf dem Spielplatz hinter der Klinik können die Geräte auch mit Rolli genutzt werden – diese Welt ist für uns gemacht. Wäre eine Förderschule auch so?

Aber Klinik heißt auch mehr Erwachsene als Kinder, Fürsorge statt Loslassen, kein Kinderchaos, sondern ruhige, konzentrierte Arbeit. Wir wissen, was das Beste für dich ist, mach bitte mit, das tut jetzt kurz weh, wenn ich dein Bein bewege, aber es muss sein. Keine Wahl, kein Chaos, kein Trubel, sondern ruhige, konzentrierte, effektive Arbeit.

In der Schule meiner Kindheit haben zwar die Lehrer unterrichtet, und doch haben in meiner Erinnerung wir Kinder regiert. Wir rannten über die Flure, auch wenn wir nicht durften, wir tauschten unsere Brote und ich schmiss heimlich meine Zahnspange in einen der Mülleimer auf dem Hof, die meine Mutter später schimpfend alle durchwühlte. Wir waren die Mehrheit. Dies war unser Reich. Ist eine Förderschule auch ein Kinderreich – oder ein Krankenhaus?

In der Schule meiner Kindheit war das Ziel klar: raus. Auch wenn ich nie wieder Parabeln gezeichnet habe und bis heute darauf warte, dass jemand von mir wissen will, was Mitochondrien sind – zumindest *sollte* die Schule uns auf das Leben danach vorbereiten. Geht es bei einer Förderschule auch ums Vorbereiten? Worauf – auf die Behindertenwerkstatt? Oder geht es ums Betreuen, Kümmern, Schmerzenlindern?

# 6

## *»Charmant«*

Von einer Untersuchung, einer Grenze – und einer Welt,
in der andere bestimmen, wer dazugehören darf

Beim Gesundheitsamt, Lottas Förderbedarf soll festgestellt werden. Ben musste damals bei seiner Schuleingangsuntersuchung Figuren zeichnen, bei Lotta weiß ich nicht, was uns erwartet. Sollte ich das Thema Förderschule Sehen ansprechen? Ist das eines der Gespräche, die die Mitarbeiterin der Stadt, damals bei dem Info-Abend meinte – sollte ich hier schon für eine bestimmte Schule kämpfen? Aber für welche?

Bevor wir reingehen, flüstere ich Lotta zu: »Ich muss gleich erzählen, was du alles nicht kannst. Aber du weißt ja, dass ich sehr stolz auf dich bin, oder? Du kannst eine ganze Menge.«

»Hallo, Lotta«, sagt die Ärztin und nimmt Lottas Hand, die auf ihrem Schoß liegt. »Wie geht es dir?«

»Äh«, sagt Lotta und schenkt ihr ein Grübchen.

»Ich habe Ihnen die letzten Arztbriefe kopiert.«.

»Danke«, sagt die Ärztin, ohne den Blick von Lotta zu wenden. Ich weiß, was sie hören will, ich kenne solche Gespräche.

»100 Prozent schwer mehrfach. Spastische infantile Cerebralparese, höchste Stufe, aufgrund einer angeborenen Vena Galeni Malformation. Epilepsie. Schluckstörung. Keine aktive Sprache, aber sie versteht alles. Jedenfalls gehen wir davon aus.«

Blind lasse ich weg, das steht ja in den Arztbriefen. Lotta schenkt der Ärztin ein Lächeln.

Als wir Wochen später Post vom Gesundheitsamt kriegen, lese ich im »entwicklungsneurologischen Gutachten« alle Schlagwörter, die ich erwartet habe. Das Leben meiner Tochter, erfasst in einer Menge von Diagnosen, die so wenig darüber aussagen, wer sie ist. Ich lese weiter. Bei Sozialverhalten, unter dem Punkt Kontaktaufnahme steht: »unbekümmert, fröhlich«. Ich denke an die Hüft-OP, an die sieben Hirn-OPs, an die epileptischen Anfälle, an die ersten Jahre von Lotta voller Schmerzen und Schreien. Unbekümmert. Fröhlich. Es stimmt.

Und dann steht da »charmant«.

Lotta kann keine drei Wörter sagen, sie kann keinen Blickkontakt aufnehmen, weil sie blind ist, sie kann niemandem die Hand geben. Doch andere um den Finger wickeln – das kann sie.

»Jetzt ist es amtlich«, erzähle ich jedem, dem ich in den nächsten Tagen begegne. »Begutachtet vom Gesundheitsamt: zu 100 Prozent schwer mehrfachcharmant.«

Schade eigentlich, dass es dafür keinen Ausweis gibt.

Andere Menschen bedauern uns, viele starren Lotta an, einige sagen: »Ich könnte das nicht.« Sie sehen nur das Kind, das nicht spricht, nichts sieht, nichts greift, das in allem Hilfe braucht – und sie sehen einen Grund für Mitleid. Ich sehe Lotta und finde, Neid wäre angemessener. Doch manchmal, wenn der Tag anstrengend war und die Nacht kurz, frage ich mich: Sehen wir den Hintersinn in Lottas Lächeln nur, weil er uns hilft, hören wir die Wörter in ihren Lauten nur, weil wir sie so dringend brauchen? Spielen uns unsere Herzen einen Streich, damit wir unser Leben besser ertragen? Macht erst unser liebevoller Blick Lotta zu einem Wildfang, einer schadenfrohen, kleinen, lustigen, vorwitzigen Person? Es ist gar nicht so leicht, die Blicke und Urteile der anderen immer zu ignorieren, es ist gar nicht so leicht, nicht zu zweifeln.

Der Brief hilft. Lotta ist nicht nur in unseren Augen fröhlich. Nicht nur wir sehen ihre Unbekümmertheit. Nicht unsere Liebe macht Lotta charmant, sie ist es – auch für jemanden, der nicht wir ist. Sogar fürs Gesundheitsamt. Vielleicht leben wir doch in einer Welt, die Lotta mehr sein lässt als nur behindert. Wenn die Welt ihren Charme sehen kann, vielleicht kann sie auch ihre Neugier sehen und ihren Ehrgeiz. Vielleicht kann sie sehen, dass Lotta eine wunderbare Erstklässlerin werden wird.

Die Luftballons sehe ich schon von Weitem. In Trauben sind sie einen Zaun entlang festgebunden und tanzen an bunten Bändern im Wind. Sie markieren eine Toreinfahrt. Der Gehweg ist voller Familien, die dort einbiegen. Ein Mädchen hüpft an mir vorbei, ihre Zöpfe schwingen im Takt, sie dreht sich zu mir um und lacht, ich lächele zurück. »Willkommen« steht auf einem großen bunten Plakat, das über der Eingangstür hängt. Tag der offenen Tür an einer inklusiven Grundschule, städtisch, ganz bei uns in der Nähe. Ich habe alle Adressen von der Liste des Info-Abends in die Karte auf meinem Handy eingetragen und die Entfernung ausgerechnet, diese Schule ist eine der nächsten, allerdings nur nach der Luftlinie. Oder zählt der Fahrtweg? Nach meinen Berechnungen könnte dies die Schule sein, die uns das Schulamt zuteilen wird, sollten wir uns für die Schulform Inklusion entscheiden. Und wenn es stimmt, was ich im Internet lese, könnte dies auch die Schule sein, die wir wollen.

Seit über 30 Jahren betreibt diese Schule bereits gemeinsamen Unterricht, stand auf der Website, Kinder mit sonderpädagogischem Förderbedarf gehören schon lange zum Schullalltag.

Der Unterricht soll die Bedürfnisse aller Kinder berücksichtigen.

»Das könnte es sein«, habe ich zu Harry gesagt. »Haben wir nicht ein Glück, dass diese Schule so nah ist?«

Vielleicht ist doch alles ganz einfach: Wir müssen uns keine Gedanken über Blindenschulen oder vorrangige Förderschwerpunkte machen, wenn wir keine Förderschule nehmen. Wir gehen diesem Kampf einfach aus dem Weg, indem wir die Inklusion wählen. Wenn diese Schule so gut ist, wie sie klingt, dann wollen wir sie – und da sie so nah ist, würde sie uns wahrscheinlich sogar vom Schulamt zugeteilt, ohne dass wird darauf drängen müssten. Ende der Geschichte.

Lotta habe ich zu Hause gelassen, sie ist erkältet und möchte lieber weiter Hörspiele hören. An jedem anderen Morgen hätte ich einfach meinen grauen Lieblingspulli vom Haken im Bad genommen und überprüft, ob er noch geht. Die Flecken, die Brei oder Schlimmeres sein können, haben mit Bens Geburt vor acht Jahren angefangen und haben seitdem nicht mehr aufgehört.

»Sie haben da was«, hat neulich eine Dame neben mir im Buchladen gesagt und auf meine Schulter gedeutet.

»Meine Tochter.«

»Wie alt?«

»Fast sechs.«

»Monate?«, hat sie gefragt und ich habe gelächelt und geschwiegen.

Doch heute ist kein Morgen wie jeder andere. Heute habe ich vor dem Kleiderschrank gestanden und eine weiße Leinenbluse herausgenommen, frisch gebügelt. Ich trage Make-up, für das ich länger als zwei Minuten gebraucht habe, und dazu neue weiße Turnschuhe, die seit Wochen auf ihren ersten Einsatz warten. Sie leuchten in der Sonne und erinnern mich an die Schuhe, die ich zu meiner eigenen Einschulung getragen habe. Meine Mutter wünschte sich Lackschuhe für mich, passend zu meinem blauen Matrosenkleid. Ich trug weiße Nikes, knöchelhoch. Ich wippe beim Gehen, am liebsten würde ich auch hüpfen. Plötzlich freue ich mich auf Lottas Einschulung, als wäre es meine eigene. Was wird sie tragen? Wir brauchen einen Ranzen. Am liebsten würde ich ihr frisch gespitzte Bleistifte zu einem kleinen Strauß binden, bunte Radiergummis für sie in knisternde Folie hüllen wie Bonbons, doch davon hat sie nichts. Aber ein schönes Mitteilungsheft, in das wir und die Lehrer kurze Nachrichten aneinander schreiben können? Oder einen Button zum Anstecken mit der Aufschrift »Schulkind« – ja, wir sollten shoppen gehen. Ich denke an das Baby, das sie einmal war, voller Kabel und Zugänge, an den Geruch ihres durchsichtigen warmen Inkubators im Krankenhaus, an ihren Schnuller, ihre weichen Locken und an die Angst, dass sie nie alt genug wird, um ein Schulkind zu sein. Und jetzt? Ein Vorschulkind, das in der Turnhalle des Kindergartens übernachtet. Mein Mädchen ist groß. Grinsend laufe ich Richtung Luftballons.

Auf dem Schulhof ist es voll, Kinder drängeln sich durch die Menge, an einer Seite ist ein Kuchenstand aufgebaut, eine Mutter dahinter lächelt mir zu, ich lächele zurück. Die Willkommensrede habe ich verpasst.

Ich beschließe, mir erst mal die Schule anzusehen. Ein altes Gebäude, hohe Fenster, viele Treppen, die mich schon verzweifeln lassen, aber dann sehe ich ihn. Ich schreibe Harry eine SMS: »Ein Aufzug!!!«

»*YEAH*«, schreibt er zurück.

Im ersten Stock klebt ein Schild an einer Tür. »Ergotherapie-Raum«. Ich widerstehe der Versuchung, Harry zu schreiben. Hinter der Tür eine Sprossenwand, dicke Matten, eine Hängematte und jede Menge riesige Bälle. Er erinnert mich an den Raum, in dem Lotta früher Physiotherapie hatte, im Frühförderzentrum. Die Garderoben vor den Klassenräumen hängen voller Jacken, darunter stapeln sich Schuhe. Anscheinend tragen die Kinder hier Pantoffeln, so wie in Bens Schule. Die Lehrer und Kinder dort helfen mit, die Klassenzimmer sauber zu halten, daher die Pantoffeln und die halbjährlichen Rundmails mit Betreffzeilen wie: »Wer hilft beim Frühjahrsputz und beim Fensterputzen?«. Es gibt zwar eine regelmäßige Putzkolonne, aber wenn Lehrer und Eltern nicht mit anpacken würden, würden zum Beispiel die Fenster nur alle 15 Monate gereinigt, und das auch nur von außen. Ohne freiwillige Putzdienste wären die Fenster vor lauter Fingerabdrücken längst undurchsichtig geworden. Viele Familien an Bens Schule zahlen außerdem pro Schuljahr freiwillig 20 Euro »Toilettengeld«, damit konnte eine Putzkraft für die Toiletten engagiert werden. Wahrscheinlich ist das an dieser Schule nicht anders.

Durch eine halb geöffnete Tür sehe ich, dass in einem Klassenraum Unterricht stattfindet. Leise schiebe ich mich hinein, neben die anderen Eltern, die an der Wand entlang stehen. Mathe, Gruppenarbeit. An einem Tisch sitzt ein Junge im Rollstuhl und erklärt zwei anderen den Unterschied zwischen einem Rechteck und einem Quadrat. Am liebsten würde ich Harry schreiben, aber ich will nicht, dass die Lehrerin mich tippen sieht oder dass der Vater neben mir mitliest, wie ich schreibe: »Ein Rollifahrer!!« Jetzt bedauere ich, Lotta nicht mitgenommen zu haben.

Als der Unterricht endet, gehe ich auf die Lehrerin zu und frage nach der Inklusion an ihrer Schule. »Wie läuft es denn so?«

»Am besten fragen Sie Tim«, sagt sie lächelnd und deutet auf den Jungen im Rollstuhl. »Der kann Ihnen viel besser sagen, ob es gut läuft.«

Diese Antwort könnte von Zora stammen, der Leiterin unserer Kita. Vielleicht ist das hier die Schule zur Kita, unser Bullerbü für Fortgeschrittene.

»Kannst du die Schule empfehlen?«, frage ich Tim.

»Na ja«, sagt er. »Ist eben Schule.«

»Meine Tochter sitzt nämlich auch im Rollstuhl.«

»Cool.«

Unten auf dem Schulhof sind alle Lehrer besetzt. Sie sind leicht zu erkennen. Sie stehen alleine je einem Mann und einer Frau gegenüber, die beide lächeln und gemeinsam abwechselnd nette Anekdoten erzählen, die Augenkontakt halten, so lange, bis der Lehrer irgendwann die Hand ausstreckt und sagt: »Vielleicht ja bis bald.« Ich stelle mich hinter zwei Eltern, die ein Kind namens Annabella preisen, das sehr gerne male und auch sonst sehr ruhig sei. Der Lehrer, um die 50, rundlich, fängt meinen Blick auf und lächelt. Der Vater vor mir dreht sich um, sieht mich und kommt zum Ende. Als sie sich verabschieden, stelle ich mich vor. Ich habe Glück – es ist der Rektor.

»Ich habe mir eben Ihre Schule angesehen, das ist ja so schön zu sehen, wie Sie die Inklusion umsetzen. Wir interessieren uns ja auch für einen Förderplatz.«

»Was hat denn Ihr Kind?«

»Lotta sitzt im Rollstuhl, sie ist blind und spricht nicht, aber sie versteht alles und ist sehr aufgeweckt. Und sie freut sich schon wahnsinnig auf die Schule.«

Er verschränkt die Arme.

»Gewickelt wird hier nicht.«

»Aber Sie haben doch schon einen Rollstuhlfahrer?«

»Der sitzt ja nur zeitweise im Rollstuhl.«

»Sie haben schon einen Aufzug, das anzuschaffen ist teuer. Einen Wickeltisch dagegen … Sie machen doch Inklusion.«

Ist es Bestechung, wenn ich jetzt anbiete, einen Wickeltisch zu spenden?

»Wir haben keinen Pflegeraum, und den bekomme ich auch nicht genehmigt. Der Wickeltisch ist die Grenze.«

Ich merke, wie mir die Tränen kommen, und drehe mich zur Seite, damit er es nicht sieht. Hier stehe ich inmitten von Eltern und lachenden Kindern, neben dem Kuchenbüfett und den Ballons, vor einem Rektor mit verschränkten Armen und die Tränen laufen mir die Wangen runter. Ich kann sie nicht unterdrücken, es ist, als hätte jemand Schleusen geöffnet, über die ich keine Kontrolle habe. Was bin ich dumm. Ich hätte das wissen müssen. Nichts ist so leicht. Das »Willkommen« auf dem großen bunten Plakat – es gilt nicht uns, natürlich nicht. Lotta ist hier nicht willkommen.

Der Rektor hat es gesehen und ich werde rot vor Ärger. Ich will einfach gehen, da fasst er meinen Arm.

»Nicht, dass Sie denken, ich will das nicht. Ich kann nur nicht.«

»Klar«, schnaube ich und ärgere mich, dass ich so patzig klinge. Ich sollte darüberstehen. Ich sollte ihn kühlen Kopfes in Grund und Boden stampfen. Menschenrecht, verdammt. Rechtsanspruch, mit Klagen drohen, so ginge das. Aber ich sehe nur die Ballons und die lachenden Kinder und wünsche mich ganz weit weg. Ein Vater in der Nähe sieht zu uns rüber, betroffen zieht er seine Frau weg, zu einer anderen Lehrerin. Ich senke den Kopf, Kinder drängen sich an mir vorbei. Der Rektor ruft eine Kollegin herbei.

»Fällt dir noch was ein? Eine inklusive Schule für ein schwer mehrfachbehindertes Kind?«

Die Kollegin schüttelt den Kopf, ich schaue sie kaum an, ich blicke nur auf den Boden. Der Rektor besteht darauf, dass eine andere Lehrerin mir die Toiletten zeigt. Ich rieche sie schon, bevor sie die Tür aufmacht.

»Sie wissen schon, dass Lottas Integrationshelferin wickeln würde, oder? Das machen nicht die Lehrer. Und es reicht ein Abstellraum.«

Die Lehrerin zuckt mit den Schultern. Das ist alles so würdelos. Hier stehe ich, mit rotem Gesicht und verschmierter Wimperntusche, in meiner weißen Leinenbluse und meinen neuen Turnschuhen, besichtige stinkende Klos und muss über die Verdauung meines Kindes reden, weil sie deswegen keinen Platz an dieser Schule kriegen soll. Es gäbe so viel über Lotta zu sagen, noch viel mehr als über die ruhige Annabella, die so gerne malt. Neugierig, blond, schadenfroh. Unbekümmert, fröhlich, schwer mehrfachcharmant. Und unerwünscht.

Als ich nach Hause komme, steht wieder ein Auto auf unserem Parkplatz.

»Wer steht auf unserem Behindertenparkplatz?«, schreibe ich an die WhatsApp-Gruppe unserer Nachbarschaft.

»Vielleicht die Bauarbeiter von Uli?«, schreibt einer zurück.

Ich gehe bis zur Ecke und brülle ein Baugerüst hoch: »Hallo?«

Zwei Stockwerke höher beugt sich ein Kopf über die Brüstung.

»Ja?«

»Ist das vielleicht Ihr Auto dahinten?«

»Wieso?«

»Das ist ein Behindertenparkplatz!«

»Echt jetzt?«

»Ja.«

»Kollege kommt gleich!«

Ein Mann um die 60 schlurft aus dem Haus.

»Kann ich ja nicht wissen.«

»Da ist ein Schild.«

Er mustert mich. »Wo sind Sie denn behindert?«

»Wie bitte?«

»Na, man sieht ja gar nichts. Man kann sich so was ja auch erschleichen, ne?«

»Meine Tochter ist behindert.«

»Was hat sie denn?«

»Fahren Sie jetzt bitte weg?«

Ich lasse die Haustür hinter mir ins Schloss fallen und schmeiße meine Handtasche in die Ecke wie sonst Ben seinen Ranzen. Harry mustert mich.

»Ist alles okay?«

Ich schüttele den Kopf, er steht auf und nimmt mich in den Arm. Ben kommt angelaufen, auch Lotta reckt den Kopf in unsere Richtung. Soll ich erzählen, was ich erlebt habe, wenn die Kinder dabei sind?

»Was war denn?«, fragt Harry.

»Was hast du?«, fragt Ben.

Zum Verschweigen ist es sowieso zu spät.

»Der Rektor meinte, ihnen fehle ein Wickelraum, die wollten nicht, dass wir Lotta anmelden. Dabei hatten sie schon einen Rollstuhlfahrer.«

Ich erzähle und erzähle.

»Aber das war sowieso nicht die richtige Schule für dich, Lotta«, sage ich zum Schluss und streichele ihr über den Kopf. »Wir finden eine ganz tolle.«

»Schade, dass ich nicht dabei war«, sagt Harry. »Dem hätte ich was erzählt.«

Ben zupft an meinem Ärmel und sagt: »Jetzt will ich was sagen, das man nicht sagen darf.«

»Sag ruhig.«

»Super.«

Den ganzen restlichen Tag beschimpfen wir den Rektor, der nicht sehen kann, wie toll Lotta ist – und Lotta lacht mit roter verschnupfter Nase über unsere Schimpftiraden. Bens Reaktion ist so viel gesünder als meine. Nicht ich bin dumm, weil ich dachte, dass ernst gemeint war, was auf der Website dieser Schule stand. Dass sie Inklusion leben und die Bedürfnisse aller Kinder berücksichtigen. Dennoch frage ich mich, warum ich so weinen musste.

Ich bin eigentlich nicht so. Ich lache lieber, als zu weinen, meistens ist das eine Entscheidung. Weniges ist so traurig, dass man nicht einen Krümel Lustiges darin finden kann. Und wenn es zu ernst dafür ist, ist es auch zu ernst, um zu weinen – wer weiß, ob ich aufhören könnte. Ich muss so vieles tun: Ich muss Lotta füttern, meinen nächsten Artikel recherchieren, Medikamente abmessen, den Behindertenparkplatz verteidigen, Wasser in einen Mund träufeln, ich kann nicht weinen. Ich habe keine Zeit dafür und auch keine Lust. Mein Leben wird durch Weinen nicht leichter, durch Lachen schon.

Diesmal hatte ich keine Wahl, diese Tränen waren eine körperliche Reaktion, wie Schwitzen vor Hitze oder Zittern vor Kälte, etwas, das getrennt von meinem Willen passiert. Das letzte Mal, als mein Körper so reagiert hat, saß ich in den Besprechungszimmern von Ärzten und jeder einzelne nahm meinem Kind die Zukunft, die ich vorhergesehen hatte: laufend, sehend, redend, vielleicht sogar lebend, atmend. Der Rektor hat uns eine andere Zukunft genommen: dazugehörend, mittendrin.

Auch wenn mich viele gewarnt haben, dass es nicht leicht werden würde, Lotta einzuschulen, so wie es nicht leicht war, eine Kita zu finden: Anscheinend habe ich tief in mir drin tatsächlich geglaubt, dass die Welt inzwischen eine andere sei und Kinder wie Lotta an einer inklusiven Schule mit offenen Armen oder zumindest Interesse empfangen würden. Seit 2009 gilt die UN-Behindertenrechtskonvention in Deutschland, Inklusion ist ein Menschenrecht und der Anteil der Schüler mit Förderbedarf an inklusiven Schulen steigt. Dennoch kann der Rektor einer inklusiven Schule heute noch sagen: »Der Wickeltisch ist die Grenze. Gewickelt wird hier nicht.«

Wie kann das sein?

Endet ein Menschenrecht an der Frage, was man unter seinen Hosen trägt? Anscheinend ist Inklusion nur für Rollstuhlfahrer, die »nur zeitweise« im Rollstuhl sitzen, für Behinderte, die nicht ganz so behindert sind. Behindert genug für einen Förderplatz, genug für Fördermittel, aber nicht so sehr, dass es anstrengend wird? Wer darf denn dabei sein? Sehgeschädigte sind okay, oder?

Da braucht man eventuell nur andere Unterlagen für den Unterricht, extra groß gedruckt oder in Blindenschrift, aber die liefert im besten Fall sogar die Blindenschule. Außer die sind so richtig blind und bringen womöglich ihren Hund mit, das geht natürlich nicht. Hörgeschädigte gehen auch, die machen ja nichts, die verstehen nur im schlimmsten Fall nicht so viel. Geistige Behinderung? Schon schwieriger, die brüllen ja vielleicht. Sozial auffällig? Bitte nicht, die schlagen womöglich. Gleich mehrere Behinderungen auf einmal? Bewahre, nein, gewickelt wird hier nicht. Gilt ein Menschenrecht nur für bestimmte Menschen? Ist unsere Gesellschaft eine, bei der wir abstimmen, wer dazugehören darf – und wer nicht?

Natürlich ist Lotta nur ein Kind, ein Einzelfall ist sie leider nicht. »Tun Sie das nicht«, »Das können wir hier nicht leisten«, »Irgendwann ist auch mal Schluss«, »Sie tun Ihrem Kind keinen Gefallen damit« – so lauten die Sprüche, die andere Eltern hören, die versuchen, ihre behinderten Kinder auf inklusiven Schulen anzumelden. Ein Vater wird mir später erzählen, was er alles tun musste, um seinen gehörlosen Sohn auf eine katholische inklusive Schule zu kriegen: »Was bin ich froh, dass mein Schwiegervater so gute Kontakte zur geistigen Obrigkeit hat.« Natürlich ist Lotta ein Härtetest, das ist mir klar. Doch wer sagt, er wolle die Bedürfnisse aller Kinder berücksichtigen – der muss auch liefern, wenn das Bedürfnis ein Wickeltisch ist.

Wenn mein Kind nicht laufen kann, bekommt es einen Rollstuhl und schon kommt es dennoch von A nach B. Wenn es nicht sehen kann, dann gebe ich ihm eben mehr zu hören oder mehr zu fühlen. Wenn es nicht sprechen kann, dann suche ich nach anderen Wegen, um seine Gedanken zu Gehör zu bringen. Es lässt sich so viel lösen, was bei der ersten Diagnose unlösbar scheint. Behinderungen kann man versuchen zu überwinden, Sinne zu ersetzen, Hilfsmittel zu erschaffen. Mit dem technischen Fortschritt wird dies immer leichter: Lottas neue Armbänder, die ihre verkürzten Sehnen dehnen und verhindern sollen, dass sie ihre Hand immer anwinkelt, als erwarte sie von jedermann einen förmlichen Handkuss, kommen aus dem 3-D-Drucker. Alexa, Siri, Echo oder wie die sprachgesteuerten Computer sonst noch heißen, behandeln selbst Menschen ohne Behinderung so, als hätten sie welche, als könnten sie nicht tippen, sehen oder Tasten drücken. Überall gibt es Smoothies – als könnte niemand sein Obst kauen, als müssten wir alle unsere Nahrung durch einen Strohhalm zu uns nehmen.

Man muss Behinderungen auch nicht überwinden, sondern kann sie einfach akzeptieren. Wenn mein Kind nicht sprechen kann, dann kann ich stolz auf sein Lächeln sein, ich kann darauf schauen, was Lotta kann, anstatt auf das, was sie nicht kann. Oder ich gehe noch einen Schritt weiter und erkenne, dass ein Mensch nicht durch seine Fähigkeiten definiert wird. Ich bin nicht ich, weil ich laufen kann – und Lotta ist nicht Lotta, weil sie es nicht kann. Lotta ist nicht glücklich, *obwohl* sie schwerbehindert ist, so wenig wie ich glücklich bin, *obwohl* ich eine Frau bin. Beides hat nur wenig bis gar nichts miteinander zu tun. Menschen mit einem perfekten Körper und großer Intelligenz sind nicht automatisch mit ihrem Leben zufrieden, genauso wenig, wie Menschen mit Behinderungen automatisch unglücklich sind.

Man kann Behinderungen sogar nicht als Einschränkung, sondern als Erweiterung betrachten. Nur dank gehörloser Menschen gibt es die Gebärdensprache, Lotta zeigt mir immer wieder, dass es eine Sprache jenseits aller Worte gibt. Und Elektro-Rollis können verdammt cool sein.

Doch egal, wie ich persönlich mit Behinderung umgehe, all dies bringt nichts, wenn wir als Gesellschaft so weitermachen. Was nützt der Rollstuhl, wenn der Bordstein zu hoch ist? Erst der fehlende Aufzug an der U-Bahn-Station behindert einen Gehbehinderten so richtig, erst der zu hoch hängende Bankautomat entmündigt den Kleinwüchsigen, erst die irritierten Blicke und das Flüstern isolieren den Menschen, der mit Gebärden kommuniziert. Nicht die Behinderungen sind das Problem, sondern der gesellschaftliche Umgang damit. Denn Inklusion mag bei Kita und Schule anfangen, sie meint aber die gesamte Gesellschaft. Es geht um weit mehr als um die Frage, wer neben wem sitzen darf, doch da fängt es an.

Wenn ein Wickeltisch die Grenze ist, dann betreiben wir Zwei-Klassen-Inklusion. Dann ist Inklusion, bei der eigentlich jeder dazugehören soll, unabhängig von seinen Fähigkeiten, Einschränkungen, seinem Aussehen, seiner Herkunft oder genetischen Disposition, weiterhin nur Integration: Du darfst mitmachen, aber nur, wenn du nach meinen Regeln spielst. Nicht die Welt passt sich an, du musst dich anpassen. Du kannst das nicht? Und raus bist du.

Vielleicht ist es angemessen, darüber zu weinen, dass die Welt auch heute noch so ist.

»Ich verstehe ja, dass du wütend bist«, sagt meine Freundin Merle, die Grundschullehrerin, als wir uns endlich mal nachmittags treffen. »Aber den Rektor verstehe ich auch.«

# 7

## *»Angriff der Killer-Zombies!«*

Von nackten Tatsachen und einem inklusiven Universum

»Denen geht es doch gar nicht ums Wickeln«, sagt Merle. Wir sitzen am Wohnzimmertisch, Merles Sohn Jonas und Ben spielen oben in seinem Zimmer, Lotta liegt neben uns auf ihrem Sitzsack, neben sich ihren gelben Schalter. Ihre Hand habe ich daraufgelegt, falls sie üben möchte. Ihre Augenlider flattern, gleich schläft sie ein. Ich gieße Merle Roibuschtee nach.

»Das weiß ich doch.«

»Die wollten dich nur abschrecken. Sei froh.«

»Froh?«

»Fändest du es besser, wenn sie dich nehmen und du erst später merkst, dass sie mit deinem Kind überfordert sind?«

»Aber wer sagt, dass sie das wären? Ich lasse sie doch nicht alleine, ich helfe, wo ich kann. Ich beantrage alles, Lotta hat eine Fachkraft als Integrationshelferin, ich habe eine Anwältin, auch einen Pflegeraum kann man genehmigt bekommen. Ich mache mit.«

»Aber diese Kämpfe dauern. Und bis dahin … Weißt du, ich würde dein Kind auch nicht in meinem Klassenzimmer sitzen haben wollen.«

Sie blickt zu Lotta rüber und senkt die Stimme.

»Du hast ja keine Ahnung, was bei uns abgeht.«

»Was denn?«

Merle fürchtet, dass Mirco sich wieder auszieht. Mitten im Unterricht nackt dasteht und seinen Hintern der Klasse präsentiert. Sechs Jahre alt und splitternackt bis auf die Socken.

»Der hat die Hosen so schnell unten, da kannst du gar nichts machen. Ich kann den doch nicht anfassen, das ist doch gleich Belästigung und dann tanzt der vor mir rum.«

»Hat er keine Schulbegleitung?«

»Der hat offiziell nicht mal Förderbedarf. Ich will jetzt einen AO-SF-Antrag stellen, das geht nicht so weiter.«

Einen AO-SF-Antrag werde auch ich stellen müssen für Lotta, um ihren sonderpädagogischen Förderbedarf ermitteln zu lassen. Pro Schüler mit Förderbedarf hat eine inklusive Schule Anspruch auf Ressourcen, auf Stunden von Sonderpädagogen und Mittel. Erst wenn ein Schüler offiziell festgestellten Förderbedarf hat, kann eine Schulbegleitung für ihn beantragt werden, wie Lotta sie in der Kita hat.

Obwohl Lottas Behinderungen seit Jahren aktenkundig sind, werden auch wir einen Begutachtungsmarathon hinter uns bringen müssen, sobald wir uns für eine Schule entschieden haben. Mit Lottas Anmeldung werden wir gleichzeitig über die Schule einen AO-SF-Antrag einreichen und so den Startschuss geben für eine Reihe von Gutachten. Ziel des Verfahrens ist es, offiziell festzustellen, welchen Förderbedarf Lotta hat, welchen Förderschwerpunkt, also etwa »Sehen« oder »körperlich-motorisch«, und was der geeignete Förderort für sie ist – also welche die richtige Schule für Lotta ist.

Das Gesundheitsamt wird Lotta noch mal im Hinblick darauf überprüfen sowie bis zu vier Schulen. Ein Lehrer von Bens Grundschule wird Lotta begutachten, weil sie am nächsten liegt und Lotta dort pro forma angemeldet werden muss. Die Regelschule ist immer mit dabei. Es wäre ja theoretisch denkbar, dass sie zu dem Schluss kommt, dass das zu begutachtende Kind auf die Regelschule gehen kann. Dann ist eine Förderschule mit dem empfohlenen Schwerpunkt dran, entweder »körperlich-motorisch«, wie wir uns das wünschen, oder mit dem Schwerpunkt »Sehen«, wie der Mitarbeiter des Schulamts es vorhergesagt hat.

Auch eine inklusive Schule ist dabei, eventuell sogar die, auf der ich gerade erst war: »Der Wickeltisch ist die Grenze.« Denn das Schulamt wird sie aufgrund der räumlichen Nähe höchstwahrscheinlich für Lotta vorgeschlagen. Schlussendlich könnte auch die Schule, die wir uns aussuchen, eine Stellungnahme abgeben, das wäre dann Gutachten Nummer vier. Unsere Wünsche als Eltern werden anschließend vermerkt und am Ende entscheidet das Schulamt.

Bislang wusste ich nicht, dass auch Lehrer wie Merle solche Anträge auf Begutachtung stellen können.

Bislang wusste ich nicht, dass auch die Lehrer solche Anträge auf Begutachtung stellen können, so wie Merle es vorhat.

»Jetzt werden eben auch die U-Boote diagnostiziert.«

»U-Boote?«

»Na ja, die Kinder, die man früher durchgeschleift hätte, weil man sie nicht auf die Sonderschule abschieben wollte. Was meinst du, warum die Inklusionsquoten steigen? Es werden einfach mehr Schüler diagnostiziert.«

Merle hat recht, Bildungswissenschaftler nennen diesen Mechanismus das »Etikettierungs-Ressourcen-Dilemma«: Durch die Verteilung der Mittel pro Kind mit Förderbedarf entsteht ein Anreiz für die Schulen, Schülern dieses Etikett aufzukleben. Vor allem Schüler mit auffälligem Verhalten wie Mirco werden nun eher diagnostiziert als früher.

Ich runzele die Stirn. »Das kann doch nicht der einzige Grund sein, dass die Inklusionsquoten steigen.«

»Na ja«, sagt Merle. »Es kommen natürlich auch noch die anderen.«

In Merles Klasse sitzt auch Christian. »Ein Schatz, so behütet aufgewachsen, der kannte noch nicht mal die einfachsten Schimpfwörter. Wegen Christian trage ich jetzt immer so ein Mikro, das mit seinen Hörgeräten zusammenarbeitet. Allerdings sollen auch die Schüler da hineinsprechen, wir haben noch ein zweites. Das geht aber nur, wenn sich alle brav melden und warten, bis sie das Mikro haben. Und dann keine Schimpfwörter reinbrüllen.«

Merle schmunzelt.

»Gruppenarbeit ist eher schwierig. Und in den Frühstückspausen versteht er gar nichts. Die große Pause muss wirklich hart sein für ihn.«

Dann ist da noch Max, der immer reinschreit – »eventuell muss ich da auch noch einen Antrag stellen« –, Leah, mit Down-Syndrom – »die macht wirklich tolle Fortschritte, der könnte ich wirklich mehr helfen, wenn ich mehr Zeit hätte«. Und außerdem Alima aus Syrien, die immer unter den Tisch flüchtet, wenn die Handwerker draußen auf der Straße den Presslufthammer anstellen, und ihre Schwester Basima, die noch kein einziges Wort gesagt hat. »Und die Eltern sind nicht gekommen, als ich sie einbestellt habe. Vielleicht war da aber auch die Sprachbarriere schuld.«

Ich schweige.

»Und in so eine Klasse willst du Lotta setzen?«

»Es sind doch nicht alle inklusiven Klassen so wie deine.«

»Natürlich nicht – und meine ist ja auch toll, auch wenn das jetzt nicht so klingt. Irre, aber toll. Meistens. Wenn nur Mirco seine Hose anbehalten würde …«

Wir schauen zu Lotta rüber, sie ist eingeschlafen.

»Meinst du, die Jungs kommen klar?«

Ben und Jonas haben sich heute zum ersten Mal getroffen.

»Wenn es ruhig ist?«

Ich gehe trotzdem in den Flur und lausche nach oben. Ich höre das Geräusch von Laserschwertern, die aufeinanderprallen.

»Du bist tot!«

»Bin ich nicht!«

»Wohl! Ich habe dich getroffen.«

Der Klassiker: Darth Vader gegen Obi-Wan Kenobi. Es ist ähnlich wie bei den Fußballturnieren draußen auf dem Platz: Noch mehr als die Jungs kämpfen, diskutieren sie. Anscheinend hat es Darth Vader, alias Ben, erwischt und er weigert sich, zu sterben.

»Du hast nur die Beine getroffen.«

»Ohne Beine kannst du nicht mehr kämpfen.«

»Doch! Im Rolli.«

Ich höre, wie Ben seinen Schreibtischstuhl über den Dielenboden schleift. Gleich darauf klatschen die Plastikschwerter wieder aufeinander. Darth Vader kann nur mithilfe seiner Maske atmen, nun sitzt er auch noch im Rollstuhl. Der schlimmste Bösewicht des Imperiums – schwer mehrfachbehindert und dennoch, dem Krach im Kinderzimmer nach zu urteilen, ein würdiger Gegner. Das Star-Wars-Imperium ist schon mal inklusiv.

Ich gehe wieder ins Wohnzimmer, Merle steht neben Lottas Sitzsack und betrachtet sie. »Die ist ja so süß!«, sagt sie lächelnd. »Ich hab viele Kollegen, die sie bestimmt gerne in ihrem Klassenzimmer hätten.«

»Das hätte ich jetzt nicht gedacht nach dem, was du erzählt hast.«

»Na, die kann sich ja nicht ausziehen.«

»Das reicht aber nicht, weißt du. Dabei sein ist nicht alles.«

»Klar, das ist ja das Traurige. Ich könnte so viel mehr für Leah tun, ich könnte Christian wirklich weit bringen, aber … Weißt du, als ich gefragt habe, was außer Apfel noch mit A anfängt und Leah gesagt hat: ›Ananas auch‹ – da habe ich mich ein ganzes Wochenende gefreut. Am Montag habe ich extra Äpfel und Ananas in die Schule mitgebracht und wir haben alle zusammen gefeiert.«

»Was machst du denn, wenn Mirco nackt ist?«

»Meisten ignorier ich ihn einfach, schreien bringt ja nichts. Am Anfang habe ich ihn auf unserer Klassenampel immer auf Rot gesetzt, aber das bringt nur etwas, wenn die Eltern mitziehen. Die meinten, er sei eben ›verspielt‹. Also sage ich irgendwas Ironisches à la ›Du hast dich aber schick gemacht‹ und mache einfach weiter. Auch wenn Kinder Ironie meist nicht verstehen. Aber versuch mal, die anderen Kinder dazu zu kriegen, dass sie ihn ignorieren! Leah lässt sich dann gar nicht mehr beruhigen. Das hat mir an der Uni keiner beigebracht. Das letzte Mal habe ich einen Kollegen dazugerufen, aber das mache ich nicht gerne. Der war ein wirklich guter Lehrer, aber jetzt schreit er nur noch.

Und neulich hat er Mirco so auf den Flur rausgeschubst, das war fast schon Gewalt. Der muss aufpassen, sonst …«

»Das geht doch nicht.«

»Was soll ich denn machen? Mirco tut mir auch leid, nur wie ich ihm helfen kann, das weiß ich wirklich nicht.«

»Willst du noch Tee?«

Ich stehe auf und setze den Wasserkessel auf.

»Was ist mit Unterstützung durch einen Sonderpädagogen? Du bist doch nicht ganz alleine?«

»Oh, nein, Frau Fischer ist großartig, die hat wunderbare Ideen und Materialien. Wenn sie denn mal da ist …«

Die Berechnung, wie viele Stunden an Unterstützung durch einen Sonderpädagogen einer Schule wie Merles zustehen, ist so kompliziert, dass wir es im Internet nachschauen und nach einer halben Stunde dennoch nicht ganz durchblicken. Die Art der Berechnung wurde in NRW vor einiger Zeit umgestellt – vor dem Schuljahr 2014/15 wurde die Stundenzahl je nach Behinderungsart aufgeschlüsselt, zum Beispiel 3,5 Wochenstunden Sonderpädagoge für ein Kind mit Förderbedarf im Bereich emotionale Entwicklung – »mein Verdacht: Mirco« – oder 6,6 Stunden pro Woche für Schwerstbehinderte wie Lotta. Grundlage für die Berechnung dieser Stundenanzahl war die Anzahl der Schüler im Verhältnis zu den Lehrern in der jeweils entsprechenden Förderschule. So sollte auf 4,71 Kinder wie Lotta in einer Förderschule ein Lehrer kommen.

»Traumquote«, sagt Merle. »Ich habe 29 Schüler.«

»Na ja«, sage ich. »Wie berechnen die das denn? Es gibt doch gar keine Förderschule extra für Schwerbehinderte, das ist ja einer der Gründe, warum sie uns vielleicht auf eine Blindenschule schicken wollen.«

»Und 3,5 Stunden pro Woche für Mirco? Na, danke!«

Inzwischen berechnet sich die Stundenanzahl, die ein Sonderpädagoge in der Klasse sein soll, aus einer Kombination aus dieser Berechnungsweise – wobei allerdings komplette Behinderungsarten wie zum Beispiel die emotionale Entwicklung, die eventuell Mirco betreffen würde, gänzlich wegfallen – und einer pauschalen Stellenzuschreibung. Für eine einzügige Schule, also mit den Klassen 1a bis 4a, eine halbe Stelle, für eine zweizügige mit 1a, 1b, 2a, 2b und so weiter eine ganze Stelle.

»Feste Sonderpädagogen sind natürlich besser als diese Feuerwehrkräfte, die von Schule zu Schule rasen«, meint Merle. »Die gehören dann wenigstens richtig zum Kollegium, da kann man wirklich zusammenarbeiten. Aber wie soll ein Sonderpädagoge gleichzeitig in acht Klassen sein?«

»Wie viele Stunden Unterstützung stehen deiner Klasse zu?«

»Wichtiger ist die Frage, wie oft tatsächlich jemand da ist«, meint Merle. »Unsere Sonderpädagogin hilft oft aus.«

»Hilft aus?«

»Wenn ein anderer Lehrer krank wird. Vertretung.«

Auf der Website der Gewerkschaft für Erziehung und Wissenschaft finden wir die Forderung nach 7000 neuen Stellen für Sonderpädagogen an inklusiven Schulen und die Aufforderung, sich beim Schulamt zu melden, falls man den Verdacht habe, dass die Stellenzuweisung »nicht den Vorgaben entspricht«.

Später werde ich lesen, dass Merle bei Weitem nicht alleine ist mit ihrer Einschätzung. Nicht nur in NRW gibt es viel Kritik an der Umsetzung der Inklusion. In der schon zitierten Umfrage des Forsa-Instituts, das 2017 im Auftrag des Verbandes Bildung und Erziehung über 2000 Lehrer an allgemeinbildenden Schulen befragt hat, befürwortet zwar die Hälfte der Lehrer den gemeinsamen Unterricht, verdammen aber die Bedingungen, unter denen er stattfindet. Insgesamt erteilen sie die Schulnote Vier minus. Ein Knackpunkt: die personelle Ausstattung. 42 Prozent der befragten Lehrer bewerten sie als mangelhaft, 26 Prozent sogar als ungenügend. Die große Mehrheit, 98 Prozent, spricht sich für eine konsequente Doppelbesetzung von Regelschullehrer und Sonderpädagoge aus, die aber an den wenigsten Schulen tatsächlich erfolgt.

»Es wäre so einfach«, sagt Merle. »Alles wäre anders, wenn eine Person mehr im Raum wäre, die mir helfen kann.« Einer könnte sich um die mit Bedarf nach mehr Unterstützung kümmern, der andere um die Schnellen. »Ich soll jedes Kind individuell fördern, ich will das ja auch, aber ehrlich gesagt ziele ich meistens auf die Mitte. Mehr geht einfach nicht.«

»Hast du schon mal eine Fortbildung dazu gemacht? Wurdest du irgendwie vorbereitet?«

»Eine ermunternde Rede vom Rektor. Mit dem kann ich nicht reden über das, was falschläuft. Dann hat man direkt die Rolle der Bremse – und es bringt sowieso nichts.«

»Eine Rede?«

»Aber ich habe mir ein paar Bücher gekauft, Sonderpädagogik, bisschen was zu Inklusion. Wenn mich keiner vorbereitet, mache ich es eben selbst. Weißt du, die Studienanfänger jetzt, die haben wenigstens einen Block zum Thema Inklusion im Studium – allerdings frage ich mich schon, wie der alles abdecken soll. Wenn man Sonderpädagogik studiert, wählt man ja irgendwann einen Schwerpunkt – und nun sollen alle Behinderungen auf einmal abgedeckt werden?«

Merle seufzt.

»Aber demnächst sollen wir hospitieren an einer Grundschule, die wohl sehr erfolgreich inklusiv arbeitet. Vielleicht kann ich mir da ein paar Tricks abschauen. Eventuell wäre die ja was für euch?«

»Wo denn?«

»In der Südstadt.«

»Eigentlich zu weit weg, aber … Wenn sie gut ist?«

»Ich halte dich auf dem Laufenden.«

Auch mit der mangelnden Vorbereitung ist Merle ein typischer Fall. Ein Drittel der Lehrer gibt in der Forsa-Umfrage von 2017 an, bislang an keiner Fortbildung zur Inklusion teilgenommen zu haben, die Hälfte hatte nur ein paar Wochen oder sogar weniger Zeit, sich vorzubereiten, bevor sie Kinder mit Behinderungen in der Klasse sitzen hatte.

»Einen Raum mehr hätte ich auch gerne«, sagt Merle. »Wo ich entweder die Schnellen fördern oder Mirco mal zur Ruhe kommen lassen könnte. Vielleicht hört er auf, wenn ihm das Publikum fehlt. Auf dem Flur ist ja keine Lösung.«

Der Verband Erziehung und Wissenschaft fordert außerdem kleinere Klassen und multiprofessionelle Teams.

»Schuld sind ja nicht die Kinder«, sagt Merle. »Es liegt nicht an Mirco, dass die Inklusion in meiner Klasse an vielen Tagen nicht gelingt. Es liegt an den Bedingungen.«

»Aber das läuft doch nicht überall so«, sagt Harry beim Abendessen, als ich von Merle erzähle. »Oder?«

»Nein, wahrscheinlich nicht«, sage ich. »Aber weißt du, Merle ist eigentlich so eine Nette. Die Kinder liegen ihr wirklich am Herzen.«

»Das klang jetzt aber nicht so.«

»Sie macht sich morgens extra mehr Brote für die Schule, damit sie sagen kann, sie hätte viel zu viel, und den beiden Mädchen aus Syrien etwas abgeben kann. Sie kauft auf eigene Rechnung Stifte für sie. Und liest sich in ihrer Freizeit in Sonderpädagogik ein …«

Das Traurige ist: Wenn schon jemand wie Merle so desillusioniert ist, wie geht es dann den Lehrern, die ihren Schülern keine Brote schmieren? Meine alte Lehrerin mit dem grimmigen Blick, über deren Tasche ich das Schmutzwasser gekippt habe, mag ich mir in Bens Klasse nicht vorstellen – in Lottas aber noch viel weniger.

Kann ich unter diesen Bedingungen den Rektor verstehen, der sagte: »Der Wickeltisch ist die Grenze«? Mal abgesehen vom Tonfall und den verschränkten Armen? Die Ärzte, in deren Gegenwart ich geweint habe, haben Lotta damals ihre Fähigkeit, zu laufen oder zu sehen, natürlich nicht genommen – sie haben nur ausgesprochen, was bereits Tatsache war. Ist es unfair, den Rektor zu beschimpfen, so wie es unfair war, die Ärzte zu hassen, die doch nur sagten, was ich nicht hören wollte?

Lotta konnte damals nichts mehr heilen. Wir konnten nur fördern und warten, fördern und warten, was Lottas Gehirn aus dem machen würde, was die Unterversorgung während der Schwangerschaft ihm gelassen hatte. Ich denke an die Kita und die ersten elf Monate, während derer ich selbst häufig die Kita-Begleitung meines Kindes war, weil die Ämter sie nicht bewilligen wollten. An die Ämter, die der Kita Fördermittel verweigerten, weil die Betreuung von unter Dreijährigen und Inklusion in ihren Statuten nicht vorgesehen waren. An die Anwältin, die mit Klage drohte, an Zora, die Kita-Leiterin, die einfach ins Sozialamt marschierte und nachfragte, ob sie vielleicht das Kind mitbringen solle, um eine Bewilligung zu kriegen.

Der Rektor hat bereits einen Aufzug. Er hat bereits einen Ergotherapieraum und eine Sonderpädagogin im Team. Er hätte auch einen Pflegeraum bekommen, da bin ich mir ziemlich sicher, er hätte nicht mal selbst dafür kämpfen müssen. Diesmal wäre ich selbst ins Amt marschiert, Lotta hätte ich gleich mitgenommen und gedroht, sie dort auf dem Schreibtisch zu wickeln. Wenn die Sonderpädagogin zu wenige Stunden in der Klasse ist, hätte Claudi versuchen können, das aufzufangen. Auch wenn sie keine Sonderpädagogin ist, ist sie doch zumindest eine Fachkraft. So wie in der Kita hätten auch andere Kinder von Claudis Anwesenheit profitiert. Es wäre immer ein Erwachsener mehr im Raum gewesen, genau wie Merle es sich wünscht. Dieser Schule fehlte auf den ersten Blick nicht viel – bis auf Haltung.

Sie hätten uns selbst entscheiden lassen sollen, ob uns unter den Rahmenbedingungen, die gegenwärtig herrschen, der gemeinsame Unterricht ausreicht. Stattdessen haben sie uns abgeschreckt. Weil sie Sorge hatten, dass wir kommen könnten, weil sie Angst hatten vor Lotta, weil sie zwar einige der Rahmenbedingungen für Inklusion haben, aber nicht die Haltung dazu.

Es ist ein alter Streit unter Inklusionsbefürwortern, was zuerst stimmen muss: die Rahmenbedingungen oder die Haltung. Sie dreht sich um sich selbst, wie die Diskussion, was zuerst da war: Henne oder Ei. Eine Seite der Debatte klingt manchmal, als ginge es um eine Religion, als käme nur vom Glauben an die Inklusion ein Rollstuhlfahrer die Treppe rauf. Diese Seite will lieber keine Kritik an den Bedingungen der Inklusion hören, weil sie »entmutigen könnte«. Wenn es allein auf die Haltung ankommt, sollten wir nur an dieser arbeiten, Bedingungen folgen von allein. Die andere klingt oft, als ließen sich alle Probleme mit Geld lösen. Als müssten nur die Gebäude barrierefrei werden, damit es die Köpfe auch werden. Oft wird sie als Vorwand benutzt, um Inklusion im Keim zu ersticken: zu teuer.

Beide haben recht und unrecht zugleich. Es ist ein Zusammenspiel: Nur wenn die Haltung stimmt, kann ich die Rahmenbedingungen nutzen; nur wenn die Rahmenbedingungen stimmen, verkümmert meine Haltung nicht zu leerem Gerede. Doch wenn ich jetzt sofort eine Seite wählen müsste, nehme ich die Haltung. Was nützt mir der Aufzug, wenn Lotta ihn nicht benutzen darf? Da nehme ich lieber den Lehrer, der mithilft, sie die Treppe hochzutragen – und kämpfe gleichzeitig für einen Aufzug. Hindernisse lassen sich überwinden, Bedingungen lassen sich ändern. Aber man muss es wollen.

Adventsbasar an Bens Schule. Ich dränge mich mit Lotta durch die engen Flure voller Menschen, um die Karten zu kaufen, die Ben im Kunstunterricht gebastelt hat. Es soll ein Weihnachtsmann darauf sein. Ich kenne seine Art, zu malen, er und sein Freund Pepe verbringen ganze Nachmittag am Schreibtisch und malen Comics. Ich lasse meine Blicke über einen Tisch mit den Auslagen schweifen, jede Menge Engel und Rentiere, kein Weihnachtsmann. Ich will zum nächsten Tisch. Die Erwachsenen versuchen, uns Platz zu machen, so wie es viele tun, wenn sie einen Rollstuhl sehen, doch hier geht das nicht. Fast stolpern sie übereinander im Bemühen, behilflich zu sein, ich verteile Lächeln in die Runde und sage: »Geht schon.« Ein kleines Kind mit schokoverschmiertem Mund starrt Lotta an, ich tue so, als hätte ich es nicht gesehen. Inmitten der Menge plötzlich eine Hand auf meiner Schulter. Frau Lehmann beugt sich zuerst nach unten.

»Hallo, Lotta!«, sagt sie mit einem Lächeln, ihre Hand auf Lottas. »Wie geht es dir?«

Lotta lässt den Kopf zur Seite hängen, wahrscheinlich schwitzt sie mit ihren Strumpfhosen unter den weichen Cordhosen. Über den Schiebegriff ihres Rollstuhls habe ich ihre und meine Jacke gehängt, jemand drängt sich vorbei und reißt sie fast mit sich.

»Freust du dich schon auf Weihnachten, Lotta?«

Lotta bewegt den Kopf langsam hin und her, sie lässt keine Reaktion erkennen.

»Viel zu hören hier«, sage ich erklärend.

»Ja, das finde ich auch«, sagt sie zu ihr. »Und so heiß, oder Lotta?«

Plötzlich wünsche ich mir, ich könnte Lotta zu Frau Lehmann in die Schule geben. Auf einmal ist es mir fast egal, dass diese Schule noch nicht mal mit der Inklusion angefangen hat, dass Lotta hier das erste und einzige Mädchen mit Behinderung wäre, dass Ben seine Pausen damit verbringen würde, anderen Kindern seine Schwester zu erklären, dass hier alle Klassenräume im ersten oder zweiten Stock sind, ohne Aufzug. Auch wenn mir klar ist, dass fast alles dagegenspricht und ich mir die Klassenlehrer meiner Kinder sowieso nicht aussuchen kann, dass Frau Lehmann längst vergeben ist an Bens Klasse und sowieso keine Zeit hätte für eine neue erste Klasse, ich möchte sie festhalten und sagen: »Sie. Ich will Sie für mein Kind. Nehmen Sie uns?« Ich würde Lotta sogar selbst all die Treppen hochtragen. Ich mag eine Schule suchen mit guten Bedingungen, aber noch mehr suche ich Menschen, die sich runterbeugen und mit Lotta reden. Menschen wie Frau Lehmann.

Lotta und ich drängen uns durch die erste Tür in den Windfang zum Pausenhof und kalte Luft schlägt uns entgegen. Schnell zwänge ich Lottas Arme in ihre Daunenjacke, ich ziehe ihren Kopf nach vorne und versuche, ihre vielen Haare unter der Mütze zu verstauen. Sie sitzt schief, ich ziehe so lange, bis Lotta das Gesicht verzieht.

»Entschuldige.«

Wir treten durch die zweite Tür auf den Hof hinaus und es ist, als tauchten wir in einen tiefen Waldsee voll kaltem, klarem Wasser. Ich atme tief ein.

»Schau mal, Lotta, die Luft macht Wölkchen.«

Vielleicht sollte ich aufhören, über Dinge zu reden, die sie nicht sehen kann. Vor allem sollte ich aufhören, »Schau mal« zu sagen.

»Vielleicht spürst du die Wölkchen, wenn du ausatmest? Dieses Gefühl – das sind die Wolken, von denen Ben gesprochen hat, weiß du noch?«

Wir atmen Wolken und schweigen. Hinter uns beschlagen die Scheiben. Es ist so ruhig, wie es selten auf dem Schulhof ist, die meisten Kinder sind drinnen. Weiter hinten auf dem Hof spielen ein paar Fangen, einer trägt nur einen blauen Pulli.

»Ben?«

Er bleibt stehen und schaut zu uns rüber.

»Ziehst du dir bitte deine Jacke an? Wo ist deine Jacke?«

Ben kommt zu uns herübergelaufen.

»Wo ist deine Jacke?«

»Die hat Papa.«

Er zieht an Lottas Rollstuhl.

»Lass sie mal«, sage ich. »Geh wieder spielen, ich suche Papa wegen der Jacke.«

»Ich will sie!«

»Ach nein, das musst du nicht. Geh ruhig wieder Fangen spielen.«

»Lotta, willst du spielen?«

Ein Freudenschrei schallt über den Hof wie ein Habichtschrei über einen dunklen Wald.

Ich lasse den Griff los und schon rast Ben mit Lotta über den Hof. Weiter weg, sehe ich, bleiben die anderen Kinder stehen und bilden einen Kreis um Ben und Lotta. Ben redet, erklärt. Ich kann nicht hören, was er sagt. Er streichelt heftig über Lottas Kopf mit derselben Bewegung, mit der er sonst ihre Haare zerzaust. Ihre Mütze verrutscht und hängt schief im Gesicht.

»Ben, bring sie doch wieder her!«

Plötzlich schiebt Ben Lotta mit einem Ruck nach vorne und wie immer, wenn Lotta sich erschreckt, schießt ihre Spastik ein und sie reißt die Arme hoch, sodass sie waagerecht nach vorne zeigen.

»Ein Zombie!«, schreit ein Kind.

»Ja, sie ist ein Zombie!«, schreit Ben und rast mit ihr los. Die Kinder stieben auseinander, lachend rennen sie weg, Ben und Lotta hinterher.

»Angriff der Killer-Zombies!«

Lotta kreischt vor Freude und die Kinder lachen.

»Hier kommen die Zombies!«

# 8

## *»Verboten«*

Von Schokopüree und
Behindertenparkplätzen

»Pups!«

Allgemeines Gekicher am Tisch.

»Puuuuuuuups!«

»Nein, Kaka!«

»Ja, Kaaaaakaaaaa!«

Lotta kichert. Um sie herum vier Kinder, die Idas sechsten Geburtstag feiern, alle aus der Kita. Ich bin die einzige Erwachsene am Tisch und versuche, mich unsichtbar zu machen. Welches Mädchen hätte schon gerne seine Mutter dabei, wenn die richtig guten Witze erzählt werden?

»Oder Pipiiiii!«

Idas Mutter Rosa kommt herein mit einem Tablett voller kleiner Blumentöpfe.

»Was ist denn hier so lustig?«

Gekicher, Ida hält sich die Hand vor den Mund. Ich sage nichts.

»Wer möchte einen Blümchenmuffin?«

Die Hände schießen in die Höhe. Das Motto der Party ist Blumengeburtstag. Ich habe Lotta ihre Blümchenstrumpfhose angezogen, Ida trägt ein Blümchenkleid über Jeans und Pulli, Jakob hat sich Blumen auf die Wangen gemalt. Es ist das erste Mal, dass ich den Jungen treffe, dem zuliebe Lotta so gerne auf ihren Schalter, den BigMack, drückt, um zu reden. Ich kann sie verstehen.

Wäre ich noch ein Kindergartenkind, würde ich auch gerne neben Jakob sitzen. Blonde lange Haare, so zerzaust, als sei er gerade von einem Mini-Surfbrett gestiegen, auf der Hand ein buntes Dinosaurier-Tattoo und eine große Zahnlücke beim Lachen. Er erinnert mich an Ben, er hat dasselbe Funkeln in den Augen, dieselbe Energie, die immer hüpfen und springen will, als sei er ein Flummi, der niemals stoppt. Idas Mutter Rosa stellt einen kleinen Blumentopf vor uns, darin ein Schokomuffin, gekrönt mit Marzipanblüten.

»Ich müsste den für Lotta pürieren.«

»Oh nein«, sagt Rosa. »Ida hat mich schon aufgeklärt.«

Sie hebt die Marzipanverzierung an, darunter kommt ein perfektes Schokopüree zum Vorschein. Den Blumentopf hat sie mit Frischhaltefolie ausgeschlagen, damit das Püree nicht durch das kleine Loch am Boden suppt.

»Passt das so?«

»Wow, ja danke.«

»Und das hier ist auch richtig?«, sagt sie leise und weist auf einen Eimer unter dem Tisch, den ich jetzt erst bemerke. »Ida meinte, falls Lotta sich verschluckt?«

»Super, ja danke.«

Sie lächelt und verschwindet. Die ersten Münder sind schon schokoverschmiert. Jakob zeigt auf Ida und lacht: »Kakaaaaaa!«

Alles kichert wieder und Lotta grinst, den Mund voller Schokopüree. Ich nehme mir vor, das nächste Mal Lottas BigMack mitzubringen und Ida darauf sprechen zu lassen. »Kakaaaaaa!«

Als wir uns fertig machen für die Blumen-Schnitzeljagd und die Blümchenkleider unter Jacken und Schals verschwinden, klingelt es an der Tür. Noch eine Blume. – »Annabella, das sind Jakob, Nelly, Karina und Lotta!« Annabella wohnt in der Nachbarschaft. Als ihre Augen auf Lotta fallen, weiten sie sich. Auf dem Weg zur Schnitzeljagd bleibt sie nah an meiner Seite.

»Was hat sie? Und wie alt ist sie?«

»Du kannst sie ruhig selbst fragen. Lotta, wie alt bist du? Bist du schon sechs?«

Lotta grinst.

»Sie ist schon sechs.«

»Darf ich mal schieben?«

Annabella übernimmt und schiebt so vorsichtig, als transportiere sie ein rohes Ei. Und mit einer Miene, als sei es aus Gold. Wir fallen zurück.

»Du kannst ruhig schneller machen, weißt du? Du musst dir keine Sorgen machen.«

Sie gibt ein bisschen mehr Gas. Lotta sieht etwas gelangweilt aus.

»Soll ich mal? Da kommt ein Bordstein.«

Annabella beobachtet mich genau, dann übernimmt sie wieder. Ich nehme Lottas Blümchen-Halstuch und wische ihr den Mund trocken.

»So ist es besser, oder, Lotta?«

Wir finden Pfeile und zeichnen mit Kreide Blumen aufs Pflaster. Ich zeichne eine für Lotta und eine für Annabella. Eine kann nicht malen, die andere will nicht.

»Ich bleibe lieber bei ihr.«

»Wie du meinst.«

Wir betreten einen Park und Annabella wischt Lotta mit dem Halstuch den Mund trocken.

»So ist es besser, oder, Lotta?«, sagt sie.

»Und hier machen wir eine Blumenolympiade!«, verkündet Rosa und Ida schreit: »Juhu!«

»Wollen wir zugucken, Lotta?«, sagt Annabella und wischt ihr schon wieder den Mund ab. »Soll ich bei dir bleiben, ja?« Sie rückt an ihrer Mütze.

»Du spinnst wohl«, sagt Ida.

»Ida«, sagt Rosa mahnend.

»Alle müssen mitmachen, Mama!«, sagt Ida flehend.

»Ida.«

»Wenn du möchtest, bitte«, sagt Ida widerstrebend zu Annabella, und als die sich wegdreht, grinst Ida mich an. Ich grinse zurück.

»Natürlich macht Lotta mit, oder, Lotta?«, frage ich und ihr Grinsen sagt Ja. Ich nehme den Rollstuhl wieder an mich. Lotta und ich verlieren beim Wettrennen gegen Ida und Jakob. Beim Blumenlauf, bei dem wir mit Blumen bemalte Eier auf einem Löffel transportieren sollen, lege ich Lottas Ei und Löffel in ihren Schoß. Sie kann das nicht festhalten und ich kann nicht mit einem Löffel in der Hand den Rollstuhl um Baumwurzeln herum navigieren. Plötzlich schiebt Lotta ihren Kopf starr nach vorn.

»Lotta?«

Ich halte an. Sie atmet schwer. Ihre Augen sind verdreht. Sie fängt an, zu zittern. Ich schiebe den Rollstuhl aus der Rennstrecke und nehme Lotta heraus. Mit ihr auf dem Arm setze ich mich auf den kalten Boden. Nun zuckt ihr ganzer Körper.

»Ist ja gut, Lotta, ich bin ja da!«

»Kann ich irgendwas machen?« Rosa steht hinter mir. Annabella beobachtet uns von Weitem mit entsetzter Miene.

»Quatsch«, schreit Ida, als sie vorbeirennt, den Löffel mit dem Blumenei vor sich. »Das ist nur ein epilektrischer Anfall, Mama, da muss man nix machen!«

»Wirklich?«, Rosa beugt sich vor. »Ich würde so gerne helfen.«

»Ist schon okay«, sage ich. »Gleich ist es vorbei.«

»Gute Besserung, mein Schatz!«, schreit Jakob, als er vorbeirennt. Hat der meine Tochter gerade Schatz genannt? Als der Anfall nach etwa zwei Minuten abebbt, kreischt Lotta auf. Ich gebe ihr einen Kuss und sage: »So ein Mist, oder, Lotta? Was war das denn schon wieder?«

»Kaka!«, kräht Ida fröhlich, als sie an uns vorbeirennt. »Das war Kaka!« Lotta lächelt ein müdes, kleines Lächeln.

Zehn Minuten später sind wir auf dem Heimweg. Lotta ist erschöpft von ihrem Anfall und muss ins Bett. Annabella hat Lotta zum Abschied nur von Weitem gewunken. Wahrscheinlich werden ihre Eltern heute Abend erklären müssen, was ein »epilektrischer Anfall« ist.

Epilepsie sei eine Krankheit, die zum großen Teil im Auge des Betrachters stattfinde, habe ich einmal gelesen. Nichts sei schlimmer, als plötzlich auf dem Boden aufzuwachen, umringt von entsetzten Gesichtern. Viele Epilepsiekranke verschweigen ihre

Krankheit aus Sorge, sonst in Watte gepackt zu werden, schlechtere Chancen auf dem Arbeits- oder Datingmarkt zu haben. Lotta hat nicht die Wahl, einfach so zu tun, als sei nichts, ihr Rollstuhl kennzeichnet sie schon von Weitem.

Doch auch Behinderung ist etwas, das im Auge des Betrachters stattfindet. Annabella war so bemüht um Lotta, sie wollte sich kümmern und für sie sorgen. Inklusiv verhielt sich trotzdem nur Ida. »Kaka!« ist inklusiv. »Alle müssen mitmachen« – nicht Extrawürste und Schonhaltung. Schokomuffins püriert unter Marzipandeckchen sind inklusiv, genau wie ein Eimer unter dem Tisch. Es kann so leicht sein, die Bedingungen zu schaffen, damit Lotta dasselbe genießen kann wie alle Geburtstagsgäste.

Zum ersten Mal kommt mir der Gedanke, dass wir wahrscheinlich mehr Kinder wie Annabella treffen werden und dass die Idas dieser Welt eine Seltenheit sind. Lotta und ich sind so gewöhnt daran, dass Lotta in der Kita nur ein Kind wie alle anderen ist – doch was ist, wenn in ihrer Klasse nur Kinder sitzen, die das erste Mal einem Mädchen im Rollstuhl begegnen? Wenn wir bei allen ganz von vorne anfangen müssen?

Im Kinderkrankenhaus, ich will mit Lotta zum Neurologen. In der letzten Woche hatte sie fünf Anfälle, vielleicht müssen wir die Medikation ändern. Als ich ins Parkhaus fahre, biege ich wie immer nach einem prüfenden Blick schnell gegen die Fahrtrichtung nach links ab, um direkt zu den Behindertenparkplätzen zu gelangen, die neben der Einfahrt liegen. Als ich gerade den Rollstuhl aus dem Kofferraum wuchte, parkt neben mir ein Mercedes Cabrio ein und eine Dame um die 60 steigt schwungvoll aus.

»Guten Tag«, sage ich und blicke in Richtung ihrer Windschutzscheibe. Kein blauer Ausweis. Sie nimmt ihre Handtasche vom Beifahrersitz.

»Entschuldigen Sie bitte?«

»Ja?« Sie blickt auf.

»Ich fürchte, Sie stehen auf einem Behindertenparkplatz. Vielleicht haben Sie das nicht gesehen?«

»Ja, ich weiß.«

Ich schaue sie an.

»Ich habe jetzt gleich einen Termin beim Chefarzt.«

»Aber das ist ein Parkplatz für Menschen mit Behinderung.« Nicht für Menschen mit Termin beim Chefarzt, ergänze ich in Gedanken.

»Was wollen Sie denn jetzt von mir? Soll ich etwa umparken?«

»Ja, schauen Sie doch mal«, ich deute die Auffahrt hinauf. »Da oben im ersten Stock ist noch alles frei.«

Sie wirft mir einen Blick zu, als hätte ich gerade verlangt, dass sie ihren Platz im Restaurant räumen soll, weil ich dort mein Kind stillen will.

»Meine Güte«, schnaubt sie, steigt ein und parkt um.

Als ich Lotta im Rollstuhl anschnalle, stöckelt sie an uns vorbei.

Lottas Medikamente werden angepasst, sie ist gewachsen und wir müssen die Dosis erhöhen. »Du bist groß geworden, Lotta«, sagt der Arzt und zu mir: »Ein schönes Mädchen.«

»Ja!« Ich strahle ihn an. »Welche Schule würden Sie eigentlich für Lotta empfehlen? Das ist gar nicht so leicht, wissen Sie. Kennen Sie noch eine gute inklusive Schule?«

»Da müssten Sie sich vielleicht besser unter den anderen Eltern umhören.«

Plötzlich schießt mir ein Gedanke durch den Kopf.

»Welchen Förderschwerpunkt würden Sie als vorrangig bezeichnen? Ihre Blindheit?«

»Na ja«, sagt er und zieht an Lottas Armen. »Für mich ist ihre körperliche Beeinträchtigung schon das größere Aufgabengebiet.«

Ich strahle ihn fast noch mehr an als bei seinem Kompliment für Lottas Aussehen eben. »Könnten Sie mir für die Schulwahl ein Gutachten erstellen?«

»Wir erstellen hier prinzipiell keine Gefälligkeitsgutachten.«

»Nein, natürlich nicht, Entschuldigung! Ich meine ja nur, können Sie vielleicht …«

Er mustert mich.

»Könnten Sie vielleicht schriftlich festhalten, welchen Förderschwerpunkt Sie für vorrangig halten?«

Ich setze mich ins Wartezimmer, wir müssen noch Blut abnehmen lassen, um den Medikamentenspiegel zu überprüfen, auch die Leber- und Nierenwerte. Alles, was Lotta täglich schluckt, hat unerwünschte Nebenwirkungen. Ich nehme sie auf den Schoß und ziehe ihr die Jacke aus, die ich eben noch angelassen habe, weil Lotta so verfroren war. Sie verdreht den Kopf und knabbert an meinem Hals, mit Grübchen in den Wangen, es kitzelt. Ich neige meinen Kopf hinunter zu ihr, sodass sie mir einen Kuss auf die Wange geben kann. Aufgeregt strampelt sie mit einem Bein und neigt ihren Kopf, um noch näher an meine Backe zu kommen.

»Ich dich auch«, flüstere ich Lotta ins Ohr.

Schräg gegenüber sitzt eine junge Mutter und umklammert ihr Baby, als könnte es ihr jemand wegnehmen. Sie hat einen kurzen Blick auf Lotta geworfen und dann schnell weggeschaut. Ich kenne das. Vor fast fünf Jahren saß ich an derselben Stelle, tränenüberströmt und bemüht, dass keiner es sieht. Lotta hatte kurz zuvor ihre Anfälle bekommen, ich wollte mein Kind nehmen und wegrennen vor dem Schicksal, das ich ein paar Schritte weiter sah. Ein Mädchen um die zwölf, in einem neongelben Rolli, den Kopf voll wilder Locken, die Hände fuchtelnd in der Luft.

»Uaah!«, brüllte sie die kleinen Kinder im Wartezimmer an und freute sich, als die zurückschreckten.

»Das sollst du doch nicht!«, schimpfte ihre Mutter neben ihr. »Du bist ja eine richtige kleine Zicke heute.«

Sie grinste. Sie schien gar nicht unglücklich zu sein. Damals kam mir diese Frau vor wie von einem anderen Stern.

Heute bin ich diese Frau.

Ich lächele zu der anderen Mutter hinüber, doch sie bemerkt es nicht. Sie umklammert ihr Baby und ihre Hände sind verkrampft. Sie hält den Kopf gesenkt, weg von uns. Am liebsten würde ich rübergehen und sie umarmen. »Hab keine Angst. Du bist nicht allein. Du schaffst das, dein Kind schafft das. Alles wird gut.« Sie würde wahrscheinlich schreiend davonlaufen.

Als ich Lottas Rollstuhl wieder in den Kofferraum packe, lädt eine andere Mutter gerade einen Rollstuhl aus, an dem sie eine Sauerstoffflasche befestigt. Der Junge wird beatmet.

Wir nicken uns zu. Auf diesem Parkplatz hätte sonst das Cabrio der Dame gestanden, die einen Termin beim Chefarzt hatte.

In Deutschland genießen Menschen mit Behinderung eine Menge Vergünstigungen: Lotta und ich fahren umsonst mit der Straßenbahn; weil in Lottas Ausweis ein B für Begleitung steht, darf ich umsonst in den Zoo, während sie nur den Kinderpreis zahlt. Man bekommt Steuererleichterungen und im Autohaus Rabatt, weshalb viele Halbstarke ihre im Rollstuhl sitzende Oma mitnehmen und den geleasten 3er-BMW auf sie anmelden. Doch nach meiner Erfahrung ist der extrabreite Parkplatz oft das eine Extra zu viel. Warum? Er ist doch am leichtesten zu erklären. Behindertenparkplätze sind so breit, weil Rollstühle ausgeladen werden müssen. Weil es Kinder gibt, die beatmet werden, oder Autofahrer, denen ein Hebearm den Rollstuhl neben die Fahrertür stellt. Wenn da kein Platz ist, können diese Menschen wieder nach Hause fahren. Doch das wusste diese Dame wahrscheinlich, sie hatte Lottas Rollstuhl ja direkt vor der Nase. Vielleicht geht es nicht um Wissen, sondern darum, die Bedürfnisse anderer Menschen für so wichtig wie die eigene Eile zu halten. Vielleicht müssen einige Empathie erst noch lernen.

Auf einmal bin ich dankbar für Kinder wie Annabella, sie sind jetzt schon weiter als die Dame im Cabrio.

Als ich nach Hause komme, liegen Bens Schuhe im Flur, seine Jacke auf der Treppe.

»Ben, kommst du mal bitte?«, rufe ich die Treppe hoch. »Ben!«

»Was denn?«

»Kommst du bitte mal?«

Als er runterkommt, zeige ich mit hochgezogenen Augenbrauen auf die Schuhe und die Jacke. »Räumst du das bitte weg.«

Er stöhnt auf und bückt sich nach den Schuhen. Ich setze mich mit Lotta auf dem Schoß auf die Treppe und ziehe ihr die Jacke aus.

»Das ist so unfair«, sagt Ben und schmeißt die Garderobentür zu.

»Ben, die Tür.«

»Immer muss ich alles machen und Lotta nie.«

Lotta kichert schadenfroh.

»Was alles?«

»Häng bitte deine Jacke auf«, macht Ben mich nach. »Räum die Schuhe weg, putz die Zähne, deck den Tisch, Ben, Ben, Ben. Immer nur ich!«

»Aber sie kann das doch nicht«, sage ich.

»Das weiß ich doch. Es ist trotzdem ungerecht.«

»Na gut«, sage ich zu Lotta auf meinem Schoß, die breit grinst. »Ben hat recht, Lotta. Das ist eine gute Idee, dass wir üben, wie du mehr mithelfen kannst. Das hätten wir längst tun sollen. Du hängst jetzt deine Jacke weg, ja?«

Ich setze Lotta in den Rolli, lege ihr die Jacke in den Schoß, hole einen Bügel und führe ihre Hände über Jacke und Bügel.

»Das ist doch Quatsch!«, sagt Ben. »Das macht sie gar nicht alleine.«

»Ich dachte, es sollen alle dasselbe machen müssen.«

»Ich will doch gar nicht, dass Lotta aufräumen muss. Ich will, dass wir beide *nicht* aufräumen müssen.«

Ich lache. Harry ruft aus dem Wohnzimmer:

»Ben, häng bitte deine Jacke auf.«

»Habe ich doch längst!«

Während ich das Abendessen mache, sitzt Ben am Tisch und hat sich hinter einem Comic versteckt.

»Also, wenn du dasselbe wie Lotta bekommen sollst …«, sagt Harry und Ben schaut auf. »Dann kriegst du jetzt auch pürierte

Käsebrote.« Harry schaltet den Pürierstab an, und was eben noch ein Käsebrot war, wird zu braunem Brei.

»Uäh.«

»Und gleich geht es dann früher ins Bett, so wie Lotta. Schlaf ist wichtig«, sage ich.

»Mama!«

Harry füttert Lotta und ich frage Ben: »Was ist denn fair und gerecht? Wenn alle dasselbe kriegen oder wenn jeder das kriegt, was er braucht?«

»Ist ja schon gut«, sagt Ben. »Das nächste Mal hänge ich die Jacke gleich auf. Besser als ewig diskutieren.«

»Nein, du hast ja recht«, sage ich. »Es ist unfair, dass du und Lotta so verschieden seid.«

Ich blicke zum Zettel an der Tafel. »Geschwistertreff.«

»Ist schon okay«, sagt Ben. »Du hast es eben gut, Lotta, aber du kannst ja nix dafür. Genieß es, sag ich dir, genieß es!«

Wir lachen und ich frage: »Wann wollen wir morgen los?«

Wir besuchen Freunde in München. Während wir Kaffee trinken, schieben die Mädchen Lotta ins Kinderzimmer und setzen ihr nacheinander jede Puppe auf den Schoß: »Das ist Lisabeth, das ist Madita ...« Ben weigert sich, da mitzumachen. Nach dem Kaffee ziehen wir vier weiter, ins Deutsche Museum.

Ben steuert einen Flugsimulator. »Ich will noch zum Starkstrom.«

»Gleich, ja? Da gibt es später eine Vorführung.«

Erst besuchen wir die Abteilung mit den Musikinstrumenten und schließen uns einer Führung an, an der außer uns nur eine Mutter mit ihrer kleinen Tochter teilnimmt.

»Wer möchte mal spielen?«, fragt die Führerin vor einem alten Klavier. Ben verzieht sich lieber auf den Flur, das Mädchen wagt sich vor. Harry blickt zu mir und wir denken dasselbe: Sollten wir Lotta aus dem Rolli wuchten und sie über das Klavier halten? Leicht schüttele ich den Kopf.

Als Nächstes kommt ein altertümlicher Musikapparat an die Reihe, wie eine gigantische Spieluhr spielt er Melodien ab, sobald man ihn aufgezogen hat. Als er loslegt, reißt Lotta die Augen auf und beginnt, glucksend zu lachen. Ben stürmt herein: »Ja, wer lacht denn hier so laut?«

Lotta kichert und gluckst bei jedem der folgenden Instrumente.

»Wir brauchen wirklich mehr Musik in unserem Leben«, flüstere ich Harry zu. Wir hören viel Kindermusik, doch Lotta reagiert am stärksten auf Live-Aufführungen. Musik ist für sie, was für Ben früher mal die Bildbände über die afrikanische Savanne oder über Dinosaurier waren, die wir in der Bücherei ausliehen: ein Tor zur Welt. Und trotzdem sind wir nicht oft auf Konzerten, denn wie sie die Musik findet, lässt Lotta gerne alle wissen. Quietschende Freude, freudiges Mitgesumme – bei Straßenmusikanten ist das okay, hier im Museum auch, doch in welchem Konzert ist das möglich?

Außer uns wollen noch eine Menge andere Menschen zu der Vorführung in der Starkstrom-Abteilung.

»Ich warne Sie, dass es gleich sehr laut werden kann«, sagt der Mann am Mikro. »Sie werden einen Stromüberschlag sehen und ich bitte alle, sich die Ohren zuzuhalten.«

Ben presst seine Hände auf die Ohren, ich greife nach vorne und bedecke Lottas.

»Auch die Erwachsenen, bitte!«

Harry hält sich beide Ohren zu, schaut dann zu mir, wie ich Lottas Ohren zuhalte, und legt eine seiner Hände auf mein rechtes Ohr. Sein linkes versucht er gegen die Schulter zu pressen, ich mache es ihm nach.

Nach dem ersten Knall weiß ich, dass wir hier rausmüssen. Ich nehme Lotta die Hände von den Ohren und schlängele mich so schnell es geht mit ihr und dem Rollstuhl durch die Menge von Leuten, die sich weiterhin die Ohren zuhalten.

Bummmmmm!

Schnell schließe ich die Tür hinter mir.

»Uh, das war laut, oder, Lotta?«, sage ich. »Wir warten lieber draußen.«

Als Harry und Ben wieder zu uns stoßen, sage ich zu Harry: »Das war jetzt sehr symbolisch, oder?«

»Wieso?«

»Egal, wie viele wir sind und wie viele Helfer wir mitnehmen, es werden nie genug Hände da sein.«

Er legt seinen Arm um mich und drückt meine Schulter, ich lehne mich an ihn. Ben läuft mit Lotta ein paar Meter vor uns den Gang lang.

»Du solltest nicht immer so pessimistisch sein. Das war symbolisch für etwas ganz anderes, ich habe dadrinnen mein linkes Ohr für dich riskiert«, sagt er lächelnd, »und beim nächsten Mal nehmen wir einfach Oropax mit.«

»Sei du lieber nicht so optimistisch.«

»Warum nicht? Einer muss es ja sein. Sollen wir noch ins Planetarium?«, sagt er. »Da beginnt in einer halben Stunde eine Vorführung, ich habe uns schon Karten geholt.«

Wir stellen uns an den Aufzügen an. Vor uns lauter Menschen, die auch Treppen steigen könnten. Als wir an der Reihe sind, passen wir mit dem Rolli nicht zu viert hinein. »Ich komme nach«, ruft Harry und ich fahre mit den Kindern nach oben. Ganz hoch geht es mit dem Aufzug nicht. Wir warten am Fuß einer Treppe. Sobald Harry da ist, greift er geübt nach den Bügeln, an denen Lottas kleine Räder vorne befestigt sind, ich nehme den Schiebegriff. Gleichzeitig heben wir sie an. Ich rückwärts, er vorwärts erklimmen wir mit Lotta im Rollstuhl eine lange, geschwungene Treppe. Lotta schwebt wie in einer Sänfte, wir haben Übung darin, die Welt für sie barrierefrei zu machen. Automatisch fallen wir in Gleichschritt, sein Körper und meiner im Einklang für unsere Tochter. Es ist fast, als würden wir Walzer tanzen.

Als wir das erste Mal spazieren gingen in den Straßenschluchten von Manhattan, schob Harry mich mit einer automatischen Handbewegung auf die Häuserseite und seinen Körper zwischen mich und die Autos. Er hat es gar nicht bemerkt. Wenn Harry könnte, würde er sich zwischen mich und alles Übel der Welt schmeißen, genau dasselbe würde er für Lotta oder Ben tun. Doch das funktioniert nicht bei allem, nicht bei einem zu lauten Knall und nicht bei Gefäßbildungen im Gehirn.

Wir stellen den Rolli auf einem großen Treppenabsatz ab, vor uns liegt noch eine kleine Treppe, die ins Planetarium führt. Obwohl es noch eine halbe Stunde hin ist, sind wir nicht die Ersten. Bald stauen sich Kinder, Eltern, Großeltern hinter uns die geschwungene Treppe hinunter.

»Wann geht es denn los?«, fragt Ben.

»Gleich«, sage ich.

Es ist ruhig, alle schweigen, ab und zu quengeln Kinder.

»Wann geht es endlich los?«, fragt eines.

»Ja, genau«, sagt das nächste, ein paar Schritte weiter unten. »Wann?«

»Gleich.«

Wir Erwachsenen tauschen Blicke und lächeln uns zu. Niemand starrt Lotta an. Wie schnell eine Gemeinschaft entstehen kann. Die Türen öffnen sich und zwei Männer erscheinen. Der ältere wirft einen Blick auf Lotta, zeigt auf sie und ruft laut: »Das ist hier aber verboten!«

Menschen strömen an uns vorbei und gehen ins Planetarium.

»Dürfen wir nicht rein?«, fragt Ben und nimmt Harrys Hand.

»Doch«, sagt er. »Natürlich.«

Kinder laufen an ihnen vorbei und zeigen ihre Eintrittskarten.

»Geht schon mal rein«, sage ich. »Wir kommen nach.«

Die zwei gehen rein. Ein junger Vater schickt seine Familie vor und fragt: »Darf ich Ihnen helfen?«

»Das ist sehr nett, danke. Einfach da vorne anpacken«, sage ich. Er rückwärts, ich vorwärts tragen wir Lotta im Rollstuhl durch die drängelnde Menge wieder nach unten.

»Wahrscheinlich wegen der Brandschutzvorschriften«, sagt er. »Wegen der Fluchtwege.«

»Wahrscheinlich.«

»Das kann man aber auch verstehen, oder?«

Ich schaue kaum auf und sage: »Nein. Fast zehn Prozent der Deutschen sind schwerbehindert. Und wir alle werden immer älter, es sind immer mehr Menschen mit Rollator oder Rollstuhl unterwegs. Dürfen die alle nicht rein? Wäre es nicht Zeit, dass Museen für alle da sind?«

Er sagt nichts und stellt den Rollstuhl ab.

»Vielen Dank«, sage ich. »Danke für Ihre Hilfe.«

Ich nehme Lotta aus dem Rollstuhl, nehme sie auf den Arm und steige die Stufen wieder hinauf. Ohne meine Eintrittskarte zu zeigen, laufe ich an den beiden Männern vorbei. Harry und Ben winken schon, von Plätzen ganz in der Mitte. Ich bin froh, dass bald das Licht ausgeht und die Vorstellung beginnt.

Abends fahren wir ins Hotel. Ein kleiner Gasthof am Starnberger See.

»Da ist ein Behindertenparkplatz, stell dich doch dahin.«

Als wir einparken, kommen drei junge Männer vorbei. Einer klopft ans Fenster und Harry lässt die Scheibe runter.

»Das ist ein Behindertenparkplatz«, sagt der junge Mann.

»Stimmt«, sagt Harry. »Unsere Tochter ist behindert und wir haben einen Ausweis. Möchten Sie ihn sehen?«

»Ist doch gut, dass der aufpasst«, sage ich, als wir reingehen.

»Mmh«, sagt er.

Als wir einchecken, fragt Harry: »Wir stehen auf dem Behindertenparkplatz, ist das okay?«

Die Dame hinter der Rezeption blickt auf Lotta und sagt: »Natürlich.«

Im Gastraum ist es ruhig, nur zwei Tische sind besetzt. Als wir ihn betreten, schauen die anderen Gäste auf und schnell wieder runter.

»Wo sollen wir hin?«, fragt mich Harry.

»Da, in die Ecke?«

Wir setzen uns und stellen einen Stuhl zur Seite, damit Lotta Platz am Tisch findet. Die Leute an den anderen Tischen haben noch nicht wieder angefangen, zu reden.

»Schon mal was zum Trinken?«, fragt die Kellnerin im Dirndl und legt die Speisekarte auf den Tisch. Wir bestellen Wasser für uns und eine Fanta für Ben.

»Meine Tochter kann nicht kauen«, sage ich in die Stille. »Haben Sie einen Pürierstab?«

Wir haben immer noch nichts geändert, was das Füttern angeht.

»Ich frag in der Küche.«

Sie kommt zurück: »Nein, leider nicht.«

Wir bestellen Kartoffelpüree von der Karte. Ich will gar nicht wissen, wie genau es hergestellt wird. Ben liest in seinem Comic. Harry und ich schauen uns müde an.

»Wollen wir morgen mal am See lang?«

»Gerne.«

Neben uns sitzen drei junge Frauen, die sich mittlerweile wieder laut von ihren beruflichen Plänen erzählen.

»Was macht man als Sozialpädagogin?«

»Ich könnte zum Beispiel als Sozialarbeiterin an die Schule.«

»Bist du sicher, dass du das willst? Da kommen die ganzen gestörten Kinder zu dir.«

Die drei verstummen, blicken kurz rüber und kichern dann zu laut.

»Möchtest du noch eine Fanta?«, frage ich Ben, sodass der überrascht aufblickt.

»Darf ich?«

Als Lotta das Kartoffelpüree kriegt, breite ich eine Serviette unter ihrem Kinn aus. Sie hustet und auf einmal ist mein dunkelblauer Pulli weiß gefleckt. Ich esse schnell.

»Die Medikamente mache ich im Zimmer«, sage ich.

»Nicht hier?«

Ich schüttele den Kopf. Ich halte den Blick auf unseren Tisch gerichtet, ich schaue nicht auf und doch spüre ich die Aufmerksamkeit fast körperlich. Wie Fingernägel, die an meiner Haut kratzen, die nach einer Stelle suchen, wo man sie runterziehen kann, bis ich nackt dastehe, blutig, rot, bis auf die Knochen.

»Ich möchte aufs Zimmer.«

Wir haben zwei Doppelzimmer gemietet, weil es keine Familienzimmer gab, doch Ben und Harry kommen mit zu uns rüber. Ich gebe Lotta schnell die Medikamente, ziehe ihr und mir den Schlafanzug an. Ben kriecht mit Anziehsachen unter die Bettdecke, ich lege Lotta dazu, sodass sie sich anschauen. Ich hebe die Decke und lege mich hinter Lotta. Auch Harry quetscht sich in das enge Bett, hinter Ben. Ich ziehe die Decke hoch und strecke meine Arme so weit, dass ich meine ganze Familie festhalten kann. Da liegen wir im dunklen Zimmer, die Decke über dem Kopf, und atmen gemeinsam. Den langen dunklen Flur runter, im hellen Gastraum, höre ich die Leute leise lachen und reden.

Vielleicht war es gut, dass ich im Krankenhaus die Frau mit dem Baby nicht angesprochen habe. Ich hätte sie angelogen. Nicht alles wird gut.

Auf dem Heimweg am Sonntagabend, während Harry fährt, schreibe ich eine SMS an Rosa, Idas Mutter.

*»Danke für den schönen Nachmittag! Wohin geht eigentlich Ida zur Schule?«*

*»Gerne! So schön, dass ihr da wart. Geht es Lotta besser? Ida kommt erst nächstes Jahr, sie ist ein Kann-Kind.«*

Da sehe ich eine Nachricht von einer unbekannten Nummer.

*»Guten Abend, ich habe Ihre Nummer von der Kita-Liste. Ich hoffe, das ist jetzt nicht seltsam, aber Jakob wollte ihrer Tochter das hier schicken und er hätte gerne ein Foto von Lotta zurück. Liebe Grüße, Susanne (Mutter von Jakob)«*

Darunter ein Bild von Jakob mit weit aufgerissenem Mund, darin ein Vampirgebiss aus Plastik. Sollte ich Susanne erklären, dass Lotta blind ist? Dass eine Audioaufnahme, auf der Jakob mit dem Gebiss klappert, Lotta mehr amüsieren würde? Ich schicke ihr stattdessen ein lachendes Smiley zurück. Ich frage mich, was Jakob wohl über Lotta erzählt hat.

*»Lotta schläft gerade, aber ich frage sie, ob sie ein Foto machen will, wenn sie aufwacht.«*

Als Antwort erhalte ich ein pochendes Herz. Dann ein gelbes Herz. Ein grünes. Ein lachendes Gesicht, eins, das die Zunge raussteckt, ein Emoji mit Sonnenbrille. Ein Lutscher, ein Maiskolben, eine Melone, eine Maus, ein Elefant, eine Aubergine …

»Die Mutter von Jakob ist aber lustig drauf«, sage ich zu Harry, da piept mein Handy schon wieder.

*»Sorry, Jakob hatte mein Handy!!!«*

Kurz danach: *»Entschuldigung, aber Jakob gibt keine Ruhe. Ich soll fragen, warum Sie sie nicht beim Schlafen fotografieren …«*

Er hat ihr bestimmt nicht viel von Lotta erzählt. Würde sich Susanne erschrecken, wenn sie auf ihrem Handy plötzlich das Bild eines schwerbehinderten Mädchens sieht?

Noch ein Piepsen.

*»Sorry, das klang jetzt echt creepy! Ich kann Sie gut verstehen, wenn Sie das nicht machen möchten. Ich wollte hier nur Ruhe haben und Jakob zeigen, dass ich Ihnen schreibe.«*

Ich schicke ein lächelndes Smiley und ein schlafendes Gesicht.

*»Von Lotta für Jakob.«*

Als Lotta noch ein Baby war, habe ich versucht, mir vorzustellen, wie ihr Leben aussehen wird: im Rollstuhl, blind, schwer mehrfachbehindert. Ich wäre nie auf den Gedanken gekommen, dass sie wegen ihres Rollis mal aus dem Planetarium fliegen würde – oder dass mich mal ein Fünfjähriger mit SMS bombardieren würde, um ein Foto meiner Tochter zu kriegen. Nicht alles wird gut, aber genug.

Als wir am späten Abend zu Hause ankommen, bremst Harry, als er um die letzte Kurve fährt. Ein Auto steht auf dem Behindertenparkplatz, das wir nicht kennen.

»Jetzt reicht es«, sagt Harry. »Den lassen wir abschleppen.«

# 9

## *»Wir wählen die Kinder so aus, dass alle das schaffen«*

*Von Fördervereinen und der Angst*

Die Sonne liegt wie eine warme Decke auf unseren Beinen. Ich blinzele zu Lotta rüber, sie schließt geblendet die Augen. Wir liegen zu dritt auf Lottas weißem Sitzsack, die Beine auf den warmen Holzdielen, direkt vor den großen Fenstern zur Terrasse. Harry und ich haben Lotta in die Mitte genommen, ihr Kopf ruht auf meinem linken Arm. Wir sind wie betäubt von der Wärme der Sonne, die einen glauben machen kann, es wäre nicht Winter, sondern schon Frühling. Lotta dreht ihren Kopf und versteckt ihr Gesicht an meinem Hals. Ich spüre ihren Atem.

»Wo ist denn Lotta?«, fragt Harry leise und lockend, ohne sich zu rühren. »Ist Lotta etwa weg?«

Der Atem an meinem Hals beschleunigt sich, Lottas Backe drückt sich gegen mein Kinn, sie lächelt. Langsam dreht sie ihr Gesicht wieder zur Sonne und schließt die Augen.

»*Da* ist sie ja!«

Sie lächelt in die Sonne, er neigt seinen Kopf, bis seine Nase an ihre Backe stößt. Sie versteckt ihr Gesicht wieder im Schatten meines Halses.

»Wo ist sie denn?«

Ein Grinsen, ein Prusten an meinem Hals. Wir liegen ganz still, nur Lotta dreht ihr Gesicht, bis ihre Wange wieder an seiner Nase liegt.

»*Da* ist sie ja.«

Tief aus Lottas Kinderbauch steigt ein Kichern empor. Das Gesicht zur Sonne gedreht, die Augen geschlossen, lacht sie und ihr Bauch hüpft. Lotta lacht und ihre epileptischen Anfälle, die Hüft-OP, der Rektor mit den verschränkten Armen und der Museumswärter mit dem ausgestreckten Zeigefinger, alle Verbote und Sorgen, alle Ängste ziehen sich in die dunklen Ecken des Zimmers zurück, unter den Schrank und das Sofa, und sind nur noch Monster, die sich jemand ausgedacht hat, um Kinder zu erschrecken. Es ist ganz leicht, zu glauben, dass es sie nie gegeben hat.

An Kindern wie Lotta können Ehen zerbrechen, heißt es immer, an der Belastung, der Angst, den finanziellen Sorgen. Freunde haben uns gewarnt. Es sei rein statistisch wahrscheinlicher, dass wir geschieden werden, als dass wir zusammenbleiben. Das zu wissen, hat auch sein Gutes. So können wir uns wappnen, wir gehen häufiger aus, als wir es sonst vielleicht würden, wir geben mehr acht auf uns. Ob das reicht?

Harry und ich streiten oft über den Abfalleimer – er bringt den Müll raus, ich werfe etwas hinein und merke erst dann, dass kein neuer Beutel drin ist. Ihn nervt, dass ich meinen leeren Thermosbecher mit einem Rest kalten Kaffee im Becherhalter im Auto stehen lasse. Ich mag nicht, wenn er die Füße auf den Tisch legt. Er wünscht sich, dass ich am Samstagmorgen endlich mal länger liegen bleibe und nicht alle wecke. Wenn er die Spülmaschine ausräumt, räumt er alles weg – bis auf die Sachen aus Plastik, die bleiben aufgereiht neben dem Toaster stehen.

Wir haben jede Menge alberne Gründe fürs Stänkern, Schimpfen, Motzen, genau wie alle anderen Ehepaare. Aber wir haben einen wichtigen Grund, all das sofort zu vergessen. Wenn wir Lotta die Treppe rauftragen, gehen wir im Gleichschritt, wenn sie sich verschluckt, müssen wir nicht darüber reden, was getan werden muss. Einer beugt ihren Kopf nach vorn, der andere löst die Klammern an ihrer Kopfstütze. Wenn ich mit ihr auf dem Arm ins Wohnzimmer komme, zieht er, ohne nachzudenken, die Bremsen des Rollis an und öffnet die Halteklammern, ich setze sie rein, er kippt den Rolli leicht nach hinten, ich schiebe ihren

Hintern bis ans Ende der Sitzfläche und richte sie auf, er schließt die Kopfstütze um ihren Hals. Von außen betrachtet, muss es aussehen, als wären wir drei Tänzer, die gemeinsam eine komplizierte Hebefigur abspulen. Eine Hand greift in die andere, der eine stabilisiert den Nächsten.

Kinder wie Lotta können Familien auch enger zusammenschweißen. Gemeinsam haben wir Lotta in den OP gebracht und gewartet, dass sie wieder rauskam. Gemeinsam haben wir gesehen, wie Lotta das erste Mal die Augen verdreht hat und sich Schaum vor ihrem Mund bildete. Gemeinsam liegen Harry und ich in der Sonne, sehen Lotta ihren Kopf drehen und lachen mit ihr.

Es gibt Tage, da lauert Lottas Lachen nur knapp unter der Oberfläche, wartet nur darauf, herauszuspringen. Lotta ist an solchen Tagen ein kleiner Lachsack, der loslegt, sobald man ihn antitscht. Lotta lacht, weil ich morgens ins Zimmer komme und ihr Guten Morgen wünsche, sie kichert, wenn ich sie ins Bett lege und Gute Nacht sage. Weil ich den Pürierstab anstelle, weil ihr Papa nach Hause kommt, weil Ben noch Hausaufgaben machen muss und lauthals schimpft, weil wir Musik hören, weil wir vorlesen, schmusen, schaukeln. Die Welt ist voller Gründe, glücklich zu sein. Als hätten wir einen kleinen Cheerleader zu Hause, der alles Alltägliche begeistert anfeuert: Wir gehen raus – jipiie! Wir kommen nach Hause – hurra! Lotta zu sein, ist ganz offensichtlich schöner, als viele sich vorstellen können. Sie mag sich selbst, ihre Familie und ihr Leben. Ich habe nicht gewusst, wie lustig die Welt sein kann, wenn man sie hauptsächlich mit den Ohren wahrnimmt: Teller, die gegeneinanderklappern, wenn ich die Spülmaschine ausräume, knisterndes Einwickelpapier, der Knall, wenn eine Einkaufstüte platzt und sich alles polternd und platschend über den Boden ergießt, und vor allem mein Schimpfen danach. Diese plötzlichen Geräusche sind für Lotta so witzig wie für andere Kinder Grimassen schneiden oder wenn jemand plötzlich lachend aus einem Versteck hervorspringt. Sie lacht minutenlang, bis ihr die Tränen kommen und sie sich verschluckt vor lauter Glückseligkeit. Die ist so ansteckend, dass wir sie ständig weiter in ihren Lachflash hineinsteigern, indem wir noch mal mit den Tellern klappern und immer wieder mit dem Knisterpapier rascheln. Immer wieder, immer wieder, bis wir alle ganz besoffen sind vor Lachen.

Ich möchte Lottas Lachen in meine Tasche stecken und es mitnehmen in diese anstrengende Welt, die nicht versteht, wie schön und einfach es sein kann. Ich hätte es immer bei mir und könnte meine Finger darum schließen wie um einen warmen Stein.

Ein paar Stunden später stehe ich wieder auf einem Schulhof neben dem Kuchenbüfett, darüber ein Plakat »Willkommen«. Kinder drängeln sich durch die Menge der Eltern, ein Tag der offenen Tür wie ein großes Déjà-vu. Nur Ballons gibt es keine.

»Soll ich mitkommen?«, hat Harry vorher gefragt.

»Quatsch, ich schaffe das schon. Ihr könnt an einem Samstag doch was Schöneres machen.«

Ich stelle mich am Kuchenbüfett an.

»Ein Stück Schokokuchen, bitte.«

»Den mit den bunten Streuseln?«

»Genau den.«

Der ist bestimmt für die Kinder gedacht, aber wen schert's? Mein neuer Vorsatz für jeden Tag der offenen Tür: zuallererst Kuchen, und zwar den, der am leckersten aussieht. Danach können sie mir meinetwegen sagen, dass wir unerwünscht sind. Mit vollem Mund besichtige ich die Schule. Vom Hof führen Stufen hinauf ins Hochparterre, Klassenräume finde ich erst einen Stock höher. Keine Spezialräume für Physio- oder Ergotherapie. Prüfend betrachte ich alle Kinder, die mir begegnen, ich sehe keine offensichtlichen Behinderungen, auch keine Menschen, die nach Schulbegleiter aussehen. Auf dem Schulhof stelle ich mich an. Wieder habe ich die Rektorin erwischt.

»Können Sie mir etwas zu der Inklusion an Ihrer Schule erzählen?«

»Inklusion?«

Ist sie gerade einen Schritt zurückgetreten? Auf jeden Fall ist ihr Lächeln erloschen.

»Sie haben keinen Aufzug, oder?«

Sie schüttelt den Kopf. »Wir haben letztes Jahr mit zwei lernbehinderten Schülern angefangen und dafür eine Förderklasse eingerichtet.«

»Haben Sie eine Sonderpädagogin im Team?«

Wieder ein Kopfschütteln. »Aber ein, zwei Stunden die Woche kommt …«

»Physiotherapie?«, unterbreche ich sie. »Haben Sie hier Räume, wo Physiotherapie durchgeführt werden könnte?«

»Wir arbeiten am Anschlag, was die Räume angeht. Was hat denn Ihr Kind?«

»Sie ist schwer mehrfachbehindert, blind, stark körperbehindert, keine Lautsprache, aber …«

Ihr Blick gleitet über den Schulhof, als würde sie einen Ausweg suchen. Ich kann hören, was sie sagen wird, bevor sie es ausspricht.

»Wissen Sie was«, ich lege lächelnd eine Hand auf ihren Arm, »seien Sie mir nicht böse, aber ich glaube, Sie sind die falsche Schule für uns. Wir suchen eine Schule mit mehr Erfahrung und besserer Ausstattung. Ich hoffe, Sie haben da Verständnis.«

Ich strecke ihr die Hand hin und drücke sehr fest zu, als sie mir ihre gibt. »Aber ich wünsche Ihnen weiterhin viel Erfolg, ja?« Mit der zweiten Hand umfasse ich unsere beiden Hände und strahle sie an. »Alles Gute! Und – sehr leckeren Kuchen haben Sie hier. Ich kann den mit den Streuseln sehr empfehlen.«

Mein zweiter Vorsatz für Tage der offenen Tür: meine Würde behalten. Ich verlasse den Schulhof mit hocherhobenem Kopf.

Zu Hause nehme ich mir die Liste inklusiver Schulen. Bei den zehn, die am nächsten liegen, hinterlasse ich im Sekretariat eine Nachricht für die Schulleitung: »Guten Tag, wir sind auf der Suche nach einer Schule für meine Tochter Lotta, die zum nächsten Jahr eingeschult werden soll. Sie ist schwer mehrfachbehindert und würde eine Fachkraft als Integrationskraft mitbringen, die sie komplett betreut. Lotta ist aufgeweckt, freundlich und freut sich schon sehr auf die Schule. Ich würde mich über einen kurzen Rückruf freuen.«

Ich hinterlasse meine Telefonnummer und wünsche noch einen schönen Tag. Ich suche eine wie Zora. Wäre sie nicht Kita-, sondern Schulleiterin, sie würde mich zurückrufen.

»Ich habe ja gesagt, wir müssen wegen des Essens was ändern, Lotta«, sage ich und fahre den Laptop hoch. »Was soll es sein?«

Wir haben immer noch keine Magensonde, wir haben jetzt Netflix. Für viele Kinder ist künstliche Ernährung die richtige Lösung, für ihre Familien ist es ein Segen. Doch Lotta isst so gerne, irgendwann wird sie es auch schneller können, den Glauben daran mag ich nicht aufgeben. Ihr Untergewicht hat noch nicht den kritischen Punkt erreicht, an dem wir keine Wahl mehr hätten. Neben dem Teller mit Pizzapüree steht der Computer, ich klicke auf die »Eiskönigin«. Ich weiß, wie wir die Mahlzeiten verbringen sollten:

»Ich werde dich jetzt fragen, ob du noch Pizza oder etwas zu trinken möchtest, Lotta. Möchtest du noch Pizza?«

Warten auf ein Signal, das ein Lächeln sein kann oder ein Aufreißen der Augen. »Möchtest du etwas zu trinken?«

Warten auf ein Signal. Noch ein Löffel, noch ein Löffel, noch ein Löffel. Harry übernimmt viele Mahlzeiten, aber an den meisten Tagen sitze ich bei Lotta, füttere leise und konzentriert, während sich um uns herum die Welt dreht, Ben mit Ole oder Pepe spielt, Harry ins Büro geht, die Sonne langsam untergeht und wir immer noch füttern. Die Zeit vergeht, nur wir sitzen still. Meistens habe ich zu wenig geredet, nebenher meine Mails gelesen und mich deswegen schuldig gefühlt. Ich glaube, Lotta findet die Mahlzeiten inzwischen fast so langweilig wie ich. Und so singe ich: »Ich lass los, endlich los« mit der Eiskönigin, die den Berg hinaufstapft, und auch Lotta singt mit, während es Pizza gibt.

Wir schauen uns einmal quer durch die Filmgeschichte. Lotta entdeckt ihre Liebe zu »Kevin allein zu Haus« – immer, wenn ein

Ganove mit einem lauten Boing ein Bügeleisen ins Gesicht kriegt oder gellend aufschreit, weil er einen glühend heißen Türknopf angefasst hat, kichert sie schadenfroh. Ich zeige ihr die »Gilmore Girls«, die Serie um eine junge Mutter und ihre Tochter, die ich geschaut habe, als ich etwa doppelt so alt war wie Lotta jetzt. Ich beschreibe ihr, was sie nicht hören kann: »Jetzt küssen die sich!« Ich habe immer zu Dean gehalten, dem süßen ersten Freund von Rory, Lotta ist Team Jess, sie steht offenbar auf Rebellen. Logan können wir beide nicht leiden. Ob das altersgemäß ist? Wahrscheinlich nicht. Eine Folge dauert so lange wie einmal pürierter Kuchen.

Wir essen Spaghetti und finden »Nemo«, ich füttere Fischstäbchen und »Alles steht Kopf«. Wir sehen »La La Land« und Lotta ist das erste Mädchen, das für Ryan Gosling schwärmt – allein wegen seines Summens. Filme und Serien wechseln wir mit Hörspielen ab, weil die für Lotta besser geeignet sind. Wir schreien mit »Ronja Räubertochter«, fliegen mit dem »Drachenreiter«, wir reisen in »80 Tagen um die Welt« und tauchen mit der »Nautilus«.

Pepe und Ben stürmen ins Wohnzimmer. »Haben wir noch Kekse?«

»Nein.«

»Römer brauchen Proviant«, ruft Pepe.

»Römer?«

»Wir marschieren nach Gallien.«

Wir haben noch Gummibärchen.

»Weißt du, wo ihr mal hinmüsst?«, sagt Pepe. »Nach Xanten, ins Römermuseum.«

»Au ja«, ruft Ben. »Können wir, Mama?«

Ich schaue zu Lotta, die gerade an einem Löffel Kartoffelpüree arbeitet. »Schauen wir mal, ja, Ben?«

»Bitte!«

Vielleicht irgendwann. Wenn Harry so lange mit Lotta zu Hause bleibt. Bestimmt gibt es im Römermuseum Treppen und einen Aufzug, der gerade nicht funktioniert. Vielleicht gibt es da auch

Fluchtwege, die keiner blockieren darf. Ich habe keine Kraft mehr für »Das ist hier verboten«. Ich lasse Lotta lieber zu Hause.

»Oder wollen wir raus, Pepe?«

»Mit dem Fahrrad!«, ruft der.

»Okay, aber bleibt hier im Viertel«, sage ich. »Und zieht eure Helme an.«

»Muss ich, Mama?«

»Ja, musst du.«

Ben und Pepe suchen unter lautem Getöse ihre Schuhe und Jacken, Ben findet seinen Helm nicht. »Wofür brauch ich den? Wenn ich tot bin, merke ich doch nichts mehr.«

»Aber ich würde dich vermissen. Und so schnell stirbt man nicht.«

»Warum dann?«

»Ich will nur nicht, dass du dir den Kopf anschlägst. Ein Gehirn ist empfindlicher als ein Ellenbogen.«

»Kann man davon behindert werden?«

Pepe hört auf, sich die Schuhe zu binden, und schaut hoch.

»Nicht bei jedem Sturz kriegt man gleich eine Behinderung, da muss man schon sehr schlimm fallen. Aber ja, es ist möglich.«

Als sie rausgehen, tragen beide Jungs ihre Helme.

Abends überredet Harry mich, mit den Kindern noch essen zu gehen.

»Das Wetter ist so schön, das müssen wir feiern!«

Wir gehen zu unserem Lieblingsitaliener, Gianni und Joseph, zwei Brüder, die ihr Restaurant so betreiben, als gehörten alle Gäste zur Familie.

»Wie immer, Bellissima?«, fragt der Kellner Lotta und bringt ihr pürierte Pasta mit Lachs und Sahnesoße. Ich bestelle Salat, esse dann aber die Hälfte von Bens Pizza. Wir gehen oft hierhin. Hier bin ich »Cara«, Lotta »Bella« oder »Piccolina«, Harry nennen sie »Harry Belafonte« und Ben den »Chef«. Wir haben einige solcher Orte. Unsere Nachbarschaft, in der jeder Lotta kennt. Die Eisdiele, in der Lotta pürierte warme Waffeln bekommt, mit viel Puderzucker und Sahne, und wo der Besitzer ihr eigenhändig ein sauberes Geschirrtuch um den Hals legt, damit sie ihre hübschen Sachen nicht bekleckert. Die Buchhandlung, in der ich Lotta als Baby in der halbrunden Sitzecke gestillt habe, während Ben die Kinderbuchabteilung auseinandernahm. Die Kinderboutique um die Ecke, in der die Besitzerin sagt: »Bei dem Kleid habe ich an Lotta gedacht.« Das Pfannkuchenhaus in Holland, dessen Koch jeden Sommer sagt: »Da seid ihr ja wieder.«

Es sind sichere Orte. Hier müssen wir nicht erklären, wie stark Lottas Essen püriert werden soll, welche Schuhe weich genug sind für ihre zarten Füße, hier reden sie mit Lotta, nicht über sie. Hier sind wir normal. All diese Orte haben gemeinsam, dass sie laut sind, voller Kindergewusel, dass die Menschen dort uns schon in die Augen sahen, als wir das erste Mal zur Tür reinkamen. Hier ist uns noch nie etwas Unangenehmes passiert, kein Blick, kein Kommentar. Als würden die Menschen, die über diese Orte bestimmen, kontrollieren, wer sie betreten darf. Als würde ihr Verhalten auf andere abfärben.

Vielleicht reicht das. Wer braucht schon ein Museum in München, wenn er das hier haben kann?

Harry hebt sein Glas, um mit mir anzustoßen.

»Wie war denn der Tag der offenen Tür?«, fragt er.

»Nichts für uns!«, sage ich. »Vergiss es.«

Warum heißen diese Veranstaltungen eigentlich immer »Tag der offenen Tür«? Ich finde das mittlerweile sehr ironisch. Wenn Lotta kommt, scheinen sich die Türen schnell zu schließen.

»Entscheidest du das alleine, Mama?«, fragt Ben. »Woher weißt du, ob eine Schule gut ist?«

»Nein«, sage ich. »Wir entscheiden das gemeinsam …«

Ich halte inne.

»Ich finde, beim nächsten Mal sollte ich doch nicht alleine gehen«, sage ich zu Harry. Bislang habe ich sein Angebot, mitzukommen, abgelehnt. Ich schaffe das alleine, wir sind sowieso meistens einer Meinung, die Kinder sollten am Wochenende lieber was Schönes unternehmen, habe ich gedacht. Aber vier Augen sehen mehr als zwei und außerdem hätte ich gerne gesehen, wie Harry sich mit dem Rektor anlegt, der sagte: »Gewickelt wird hier nicht.«

»Klar«, sagt er. »Sehr gerne.«

»Wir sollten alle gehen!«, sagt Ben. »Ich weiß mehr über Schule als ihr.«

Als ich am nächsten Tag die Eingangstür zur Kita aufdrücke, fängt mich eine Erzieherin ab.

»Hast du einen Moment Zeit? Wir sollten etwas besprechen.«

Wir gehen ins Büro, ich setze mich auf die Kante des Stuhls, sie hinter den Schreibtisch.

»Ist alles in Ordnung mit Lotta? Ist etwas passiert?«

»Lotta hat Schwierigkeiten mit dem Mittagsschlaf.«

»Schwierigkeiten?«

»Sie möchte ganz offensichtlich nicht mit den Kleinen hingelegt werden, sie schreit und weckt die anderen. Sie ist ja auch schon sechs, vielleicht ...«

»Nachmittags schläft sie zu Hause meistens noch mal ein. Und wenn sie nicht genug Schlaf kriegt, steigt die Wahrscheinlichkeit für Anfälle.«

Sie lächelt mich an. »Ja, müde ist sie mittags, das sieht man, aber schlafen will sie nicht.«

»Natürlich geht es auch nicht, dass sie alle weckt ...«, sage ich. »Soll ich sie schon direkt nach dem Mittagessen abholen?«

Dann käme ich wahrscheinlich kaum noch zum Arbeiten.

»Wir überlegen mal. Wir finden schon eine Lösung.«

Wieder auf dem Flur, öffne ich die Tür zum Gruppenraum, doch ich finde nur Claudi, die am Tisch sitzt. Lächelnd zeigt sie auf die Tür zum kleinen Nebenraum, die offen steht. Dahinter finde ich Lotta in ihrem Rollstuhl, daneben Jakob auf ihrem Sitzsack. Sie hören ein Hörspiel und halten Händchen.

»Sehen wir uns Freitag?«, lautet die SMS von Melanie ein paar Tage später. Als Ben und Luca klein waren, waren wir zusammen beim Pekip und beim Kinderturnen. Wer konnte zuerst krabbeln

(Luca), wer zuerst laufen (Ben), wer schlief zuerst bis um sieben Uhr morgens (Luca, angeblich). Spätestens mit Lottas Diagnosen wollte ich raus aus diesem Wettrennen. Wir haben uns aus den Augen verloren. »19 h vor der Aula«, schreibt Melanie noch. Info-Abend am katholischen Gymnasium.

Ich sollte hingehen, auch wenn Ben erst übernächstes Jahr auf die weiterführende Schule kommt. Ich will nicht zu spät dran sein. Melanie mag Kindererziehung als Wettbewerb verstehen, aber sie war immer gut informiert, sei es über Kitas, Sportkurse oder Babymassage, bei Schulen wird es nicht anders sein und vielleicht hat sie sich ja geändert.

Wenn Harry und ich ausgehen, kommen sonst Tanja oder Julia, um zu Hause aufzupassen. Tanja arbeitet als Sozialarbeiterin im Krankenhaus und zaubert aus dem wenigen in unserem Vorratsschrank mal eben so eine leckere Sauce Hollandaise, Julia beendet gerade ihre Ausbildung als Krankenschwester und ist eine der wenigen, die Ben in »Super Mario Cart« schlagen kann. Beide kommen vom »familienentlastenden Dienst« der Lebenshilfe, ihr Gehalt wird mit der Krankenkasse abgerechnet. Wenn wir ausgehen, freuen sich die Kinder fast mehr als wir. Doch so kurzfristig hat keine von beiden Zeit und so gehe ich alleine zum Info-Abend. Die erste Überraschung ist, dass Philip, Melanies Mann, dabei ist, in Anzug und Krawatte. »Kommst du gerade erst aus dem Büro?«, frage ich, Küsschen rechts, Küsschen links.

»Nein«, grinst er. »Aber kann ja nicht schaden, oder?«

Melanie hat sich ebenfalls in Schale geworfen, sie trägt sogar High Heels. Ich zupfe an meinem bunten Schal, den ich eben auf dem Weg zur Haustür noch schnell über meinen grauen Lieblingspulli geworfen habe. Teenager stehen vorne am Eingang und verteilen Programmhefte für den heutigen Abend und den kommenden Tag der offenen Tür. Ich nehme eines.

»Schnell«, sagt Melanie. »Da vorne sind noch Plätze frei.«

Wir drängen uns durch eine Reihe. »Entschuldigung!« – »Ach, hallo, ihr auch hier?« Küsschen rechts, Küsschen links, ein Winken hier, ein Winken da. Ich kenne so einige Gesichter hier, weiter vorne sehe ich meine Nachbarin und Freundin Clara. Sie winkt. Ihre Tochter Greta kommt nächstes Jahr in die Schule, ihr Sohn Fritz hat noch ein Jahr länger Zeit als Ben.

»Willkommen beim Info-Abend!«

Schlagartig verstummt das Gerede, wir setzen uns. Ich schäle mich aus meiner Jacke und blicke mich um. So viele Paare, so viele Anzüge. Die Broschüre in meiner Hand ist auf glänzendem dickem Papier gedruckt, lachende Kinder vor einer kunstvoll mit Graffiti verschmierten weißen Wand. Farbdruck.

»Ich weiß, dass Sie alle nervös sind, wegen des Auswahlverfahrens«, sagt die Dame am Mikro, die sich nicht mit Namen vorgestellt hat, aber wahrscheinlich die Rektorin oder die Konrektorin ist.

»Zunächst einmal: Bitte geben Sie mit den Anmeldeunterlagen keine Bündel von Geldscheinen ab. So eine Schule sind wir nicht.«

Das Publikum lacht. Wer mag, kann noch heute Abend einen Termin für das Auswahlgespräch vereinbaren. Die Eltern dürfen dabei sein, aber sie sollen sich stumm hinter die Kinder setzen. Nur die Schüler sollen die Fragen des Auswahlgremiums beantworten. Hinten in der Broschüre finde ich die Kontaktdaten des Fördervereins und ein Formular zum Ausfüllen. Eine Einzugsermächtigung: »*Ich möchte monatlich/jährlich spenden*«, dahinter eine gestrichelte Linie für den Betrag. Sie ist ziemlich lang.

Nach der Rektorin reden die Lehrer, je zu zweit, pro Team genau zehn Minuten. Hinter ihnen leuchtet eine PowerPoint-Präsentation. Es gibt nicht eine einzige Panne, kein Hakeln, keine falsche Folie, jede Menge Lacher. Perfekt. Die Lehrer sind fast alle jung und gut aussehend, fast gleich viele Männer und Frauen. Es gibt Hausaufgabenbetreuung durch Fachlehrer, Beten vor dem Unterricht – »selbst geschriebene Gebete, jeder ist mal dran. Das letzte lautete: Bitte lieber Gott, lass schnell Wochenende sein« – eine Longboard-AG, in der die Schüler selbst die überlangen Skateboards bauen – »wir sind eine coole Schule, wenn Sie unsere Schüler fragen«. Wie in NRW üblich bilden die fünfte und sechste Klasse die sogenannte Erprobungsstufe, das heißt, man kann nicht sitzen bleiben. Ohne die entsprechenden Noten droht allerdings am Ende der Schulformwechsel, also die Herabstufung auf die Realschule.

Als der Vortrag endet und zu Fragen aufgefordert wird, gehen die Hände sofort nach oben. Auch Melanie meldet sich. Als sie das Mikro hat, stellt sie sich mit Namen vor und fragt nach der Vereinbarkeit der Unterrichtszeiten mit dem katholischen Chor, in den Luca geht.

»Das ist gar kein Problem, wir haben hier viele Kinder, die dort singen. Sie können dafür an einem Langtag pro Woche eine Freistellung beantragen.«

Ich habe das untrügliche Gefühl, dass Melanie das schon wusste.

Nach ihr melde ich mich: »Der Wechsel aufs Gymnasium ist ja eine große Umstellung für die Kinder. Wie funktioniert das denn mit der Erprobungsstufe für Kinder, die sich vielleicht erst noch eingewöhnen müssen …«, ich merke, wie Melanie etwas von mir abrückt, »… die vielleicht etwas langsamer lernen. Haben Sie da …?«

»Machen Sie sich keine Sorgen«, unterbricht mich die Dame, die ich für die Rektorin halte. »Wir wählen unsere Kinder schon so aus, dass sie alle die Erprobungsstufe schaffen.«

Ich wollte eigentlich nach unterschiedlichen Lerngeschwindigkeiten fragen, nach Fördermöglichkeiten. Als der Vortrag vorbei ist, schaue ich mir die Eingangshalle an. An einer Wand hängt ein Flachbildschirm, sehr viel größer als unser Fernseher zu Hause, auf dem man die Vertretungsstunden für den nächsten Tag ablesen kann. Neben einem Foto des Papsts hängen gerahmte Auszeichnungen. Die Schule hat schon mehrere Mathematik-Wettbewerbe gewonnen.

»Ist so eine strenge Auswahl eigentlich christlich?«, fragt eine Stimme in mein Ohr. Clara steht hinter mir.

»Denk an die Jesuiten«, sage ich. »Aber stell dir vor, dein Kind ist das erste, das nach der sechsten Klasse die Versetzung nicht schafft. Dieser Druck!«

»Mein Kind wäre aber nicht das erste. Das stimmt gar nicht,

dass alle das schaffen«, meint Clara. »Ich habe gehört, die sieben hier ganz schön.«

»Klar, soll keiner den Schnitt nach unten ziehen.«

Ich zeige auf die gerahmten Auszeichnungen.

»Und dennoch sind wir beide hier«, sagt sie lächelnd.

Ich umarme sie.

»Es ist so schön, dich endlich mal wiederzusehen!«

»Ich habe dich schon oft an unserem Haus vorbeilaufen sehen, aber du hast mein Winken nie gesehen.«

»Nein?«

»Du schaust in letzter Zeit so durch alle hindurch. Ist alles okay?«

Melanie stößt zu uns, breit lächelnd. »Das ist es, oder?«

Clara zuckt mit den Achseln. »Mal sehen, Greta will nur hierhin, weil ihre Freundinnen das auch wollen.«

»Oh, ich hoffe bloß, Luca versemmelt das Gespräch nicht.«

»Es gibt ja noch andere Schulen.«

»Aber dann landet er womöglich auf der falschen Rheinseite.«

Die kirchlichen Schulen laufen – genau wie die freie Schule, die ich für Lotta besucht habe – außerhalb des zentralen Verteilungsprozesses der Stadt. Wer eine städtische weiterführende Schule wählt, kann einen Erst- und einen Zweitwunsch angeben. Eine Garantie, auf eine der beiden zu kommen, gibt es nicht.

»Es landet doch nicht wirklich ein Kind auf der anderen Rheinseite, oder?«

»Valentin schon«, sagt Melanie. »Das Kind meiner Nachbarn, 90 Minuten Schulweg, einfache Fahrt. Das gilt als zumutbar, und das in einer Stadt wie Köln. Der wäre jeden Tag drei Stunden unterwegs gewesen. Valentin hat nur noch geheult, weil seine ganzen Freunde auf eine andere Schule gingen und er glaubte, es läge an ihm, dass er die Schule nicht bekommen hat. Die Eltern wollten klagen und am Ende hat sich noch ein anderer Platz gefunden, der näher dran war. Aber das Risiko gehe ich lieber nicht ein. Wer weiß, welches Einzugsgebiet man sonst kriegt.«

Die Entfernung zur anderen Rheinseite ist ein Problem, aber vielleicht geht es Melanie auch um die Menschen, die dort leben.

»Auf der falschen Rheinseite« – das kann in Köln ähnlich vernichtend klingen wie »auf der falschen Seite der Elbchaussee« in Hamburg oder »on the wrong side of the tracks« in einer amerikanischen Kleinstadt. Melanie hat nie verstanden, warum ich Ben auf eine »heterogene« Grundschule geschickt habe, wo wir doch schon im »richtigen« Stadtteil wohnen. »Wir sind doch auch eine heterogene Familie«, habe ich ihr geantwortet.

Als sie sich abwendet, um jemanden zu begrüßen, flüstert mir Clara zu: »Meinst du, sie freut sich heimlich, wenn wir uns nicht anmelden? Bessere Chancen für sie.«

Der Stadt Köln fehlen laut der Schuldezernentin rund 40 Schulen, die Klassen sind überfüllt, viele Schulen müssen mehr Klassen bilden, als sie im Gebäude unterbringen können, und Container im Schulhof aufstellen. Die Dezernentin hat den Schulnotstand ausgerufen. Nicht nur Gymnasien, auch Gesamtschulen haben riesigen Zulauf, sie lehnen bis zu einem Drittel der Bewerber ab – später werde ich lesen, dass 2018 mit fast 1000 Abweisungen von Erstwünschen einen neuen Rekord darstellt.

Wen sie aufnehmen, entscheiden die Rektoren anhand von Kriterien, die zum Teil vorgeschrieben, zum Teil selbst gewählt sind: Ein ausgewogenes Verhältnis zwischen Mädchen und Jungen ist ein Muss, die Weite des Schulwegs nicht. Der Geschwisterbonus wird meistens eingehalten, das heißt, wer ältere Geschwister an der Schule hat, wird wohl einen Platz bekommen. Die Noten dürfen in NRW bei städtischen Schulen kein offizielles Kriterium sein, so wie in den allermeisten anderen Bundesländern auch. Im vierten Schuljahr erhalten die Kinder vom Klassenlehrer eine Empfehlung: uneingeschränkt fürs Gymnasium geeignet, mit Einschränkung oder für die Realschule. Bindend ist das nicht. Die Eltern entscheiden, auf welcher Schule sie ihr Kind anmelden wollen – und nur aufgrund der Empfehlung darf offiziell kein Kind abgelehnt werden.

Wer seinen Erstwunsch nicht erfüllt bekommt, der wird bei einer stadtweiten Konferenz zugeteilt, möglichst auf die Zweitwunsch-Schule. Da viele Eltern klagen, greifen immer mehr Rektoren auf ein anderes Mittel der Schülerauswahl zurück: das Los.

»Losen?«, sagt Melanie und malt Anführungszeichen in die Luft, während sie das sagt. »Wir wissen ja, was das heißt.«

In der Zeitung stand, die Rektoren könnten »Gesichtskontrolle« betreiben und sich die Eltern aussuchen, die zur Schule passen.

»Du musst halt in den kleineren Lostopf kommen, wie auch immer«, sagt Melanie. »Da ist das Katholische doch wenigstens ehrlich. Hier brauchst du nur eine uneingeschränkte Empfehlung und sehr gute Noten.«

»Und dein Kind darf das Gespräch nicht versemmeln«, sagt Clara und grinst mir zu. Wir drängen uns mit der Menge der Eltern durch die Glastüren. Die meisten bleiben noch kurz draußen auf dem dunklen Schulhof stehen, wie früher bilden sich sofort kleine Gruppen.

»Gehen wir noch was trinken?«, fragt Melanie. Ihr Mann Philip verabschiedet sich nach Hause, um seine Mutter abzulösen, doch Clara und ich schließen uns an.

Beim zweiten Glas Wein stöhnt Melanie: »Wir schreiben übermorgen eine Deutscharbeit.«

»Wir?«, fragt Clara mit hochgezogenen Augenbrauen.

»Ja, klingt blöd, aber so fühlt sich das an«, sagt Melanie. »*Wir* müssen noch lernen für Deutsch.« Sie lacht etwas gekünstelt.

Schon damals war es nicht Luca, der die erste Etappe unseres kleinen Wettrennens gewann und zuerst krabbelte. »Wir können jetzt krabbeln.« Und: »Wir schlafen schon durch – ohne Pamperswechsel.« Auch mir rutscht ab und zu ein »wir« heraus, ich habe immer versucht, es zumindest ironisch auszusprechen. »Wir haben eine Hüft-OP« und »Wir können den Kopf schon viel besser halten«.

Das dampfgegarte Biogemüse aus Bens Babyzeit ist sehr lange her, mittlerweile püriere ich für Lotta ab und zu einen Hamburger Royal mit Käse. Alleine schlafen oder im Elternbett, Dinkel oder Weißmehl – wen schert's? Ich kann mir nicht um alles Sorgen machen.

Aber auch ich mache Dinge, die mich in den Augen anderer zur »Helikopter-Mutter« machen könnten – doch zu meiner Verteidigung, ich mache es nicht ganz freiwillig, wie viele andere Eltern auch nicht. Die meisten Schulen bauen darauf, dass Mütter zu Hause sind, die mit anpacken können, auch bei Kindern wie Ben, die eigentlich in der Schule Hausaufgaben machen. Ich wollte nie Nachhilfelehrer werden, doch nun heißt es in manchen Mails an mich: »Die Schüler sollten mittlerweile im Buch bis Seite 110 gekommen sein. Holen Sie das ansonsten bitte gegebenenfalls in den Ferien nach.«

War das schon so, als ich ein Kind war? Ich erinnere mich nicht daran, dass meine Mutter oder mein Vater mit mir in den Ferien gelernt hätten. In der ersten Klasse hatte Ben einen Zettel in der Mitteilungsmappe: »Liebe Eltern, bitte achten Sie darauf, dass Ihr Kind immer gespitzte Stifte dabeihat, wir verlieren sonst so viel Zeit beim Spitzen.« An den ersten zwei Abenden habe ich mich noch mit Ben hingesetzt und ihm beim Spitzen zugesehen. Am dritten habe ich erst an die Stifte gedacht, als er schon im Bett war. Da habe ich es eben allein gemacht. Von diesem Abend an wurden aus »seinen« Stiften ganz schnell »unsere«, das Aufpassen, ob sie gespitzt waren, zu meiner Aufgabe. Und plötzlich ist Ben in der dritten Klasse und ich spitze immer noch seine Buntstifte an. Ich sollte wirklich damit aufhören.

Ich nippe an meiner Weißweinschorle und höre zu, wie Melanie mit Clara diskutiert, ich nehme noch einen Schluck und denke wieder an Bens Buntstifte. Sollte ich nicht andere Angewohnheiten haben, mit denen ich aufhören will? Welche, die um mich kreisen statt um die Kinder? Vielleicht sollte ich mit dem Rauchen anfangen.

»Es fühlt sich schlimmer an als damals, als ich selbst Deutsch geschrieben habe«, sagt Melanie. »Damals wusste ich wenigstens, dass ich das schaffen kann, wenn ich mich auf den Hintern setze und lerne. Aber jetzt? Wenn Luca nicht gut schläft in der Nacht vor der Arbeit … Jetzt kommt es doch darauf an. Dieses Zeugnis und das nächste entscheiden womöglich über seine Schullaufbahn.«

Melanie sieht müde aus, fällt mir auf. Ihr Make-up ist immer noch makellos, ihre Handtasche passt zum Gürtel, passt zu den

Schuhen, passt zu ihrem Armband und doch ähnelt sie in ihrem roséfarbenen Kaschmirpulli einem Boxer, der einen Schlag kommen sieht, den er nicht abwehren kann.

Es ist leicht, sich lustig zu machen über Mütter wie Melanie, und ich habe das, als Lotta klein war, auch häufig getan. Du machst dir Sorgen, weil dein Kind noch Windeln braucht? Ich mache mir Sorgen, ob meine Tochter ihre nächste OP überlebt. Du regst dich über den vielen Zucker in Kinderjoghurts auf? Er wird schon nicht das Zahnfleisch anschwellen lassen, so wie das erste Epilepsiemedikament, das wir Lotta gegeben haben. Lotta sticht in jeder Runde Kinderquartett. Ich habe sie alle zum Schweigen gebracht. Ich war gemein – und ich fand, das stand mir zu. Mittlerweile ist meine Wut verraucht. Ich mag mir nicht so viele Sorgen machen um Zucker oder Noten, aber ich kann mit Melanie mitfühlen. Egal, ob es um Leben und Tod geht oder nur darum, dass dein Kind die Deutscharbeit vergeigen könnte – es ist nie leicht.

Ich kenne das Gefühl, das sie beschreibt, nur kenne ich es von OP-Tischen, Krankenhausbetten, von epileptischen Anfällen. Aber auch vom Spielplatz, als Ben mit vier Jahren auf der Kletterspinne bis ganz nach oben kletterte oder als ich den Fahrradsattel losließ und er zum ersten Mal alleine trat. Ohmacht. Angst. Doch bei der einen Situation geht es um Leben und Tod, bei der anderen nur um blaue Flecken oder in Melanies Fall: um Noten. Ein gutes Zeugnis garantiert noch keinen guten Job, Karriere machen nicht automatisch die Klassenbesten. Und selbst wenn es so wäre – ist das alles, was wir unseren Kindern vermitteln wollen?

Wann müssen wir unsere Angst aushalten – und wann sollten wir kämpfen? Auf dem Oberarzt bestehen, Ben zurückrufen, selbst nach oben klettern. Eine andere Schule suchen, mehr Druck machen, damit Luca besser lernt, die Verabredung mit dem Freund streichen und lieber noch was üben. Wann sind die Gefahren, von denen wir unsere Kinder bedroht sehen, real – und wann machen wir sie erst schlimm, indem wir gegen sie ankämpfen? Erst als ich »Vorsicht« rief, kam Ben damals auf der

Kletterspinne erschrocken ins Wanken. Wenn Melanie Luca zum Lernen zwingt, könnte er die Lust daran endgültig verlieren. Und was bringen wir unseren Kindern bei, wenn uns ihre Deutscharbeit so wichtig ist? Dass Leistung der Maßstab ist, an dem wir sie messen. Wenn ein Leben, ohne laufen zu können, lebenswert sein kann, dann kann auch ein Leben ohne Abitur so schlimm nicht sein. Und auch Umwege können schön sein.

»Harrys Patenkind war erst auf der Realschule und hat danach ein super Abi gemacht«, setze ich an, doch Melanie schaut mich an, als hätte ich gesagt, man könnte den Kindern ja auch Crack in die Brotdose packen, weil das so schön wach mache.

»Klar«, sagt sie.

Clara sagt: »Dann meld dich doch am besten schon mal für den Förderverein an.«

Melanie hebt ihr Glas und prostet uns zu. »Haben wir längst.«

»Und wenn ihr dann nicht genommen werdet?«, frage ich. »Meinst du wirklich, die gucken nach, ob einer spendet, wenn sie entscheiden, wen sie nehmen?«

»Schaden kann es nicht. Und es lässt sich von der Steuer absetzen.«

Später werde ich lesen, dass in Köln 96 Prozent der Kinder ihren Erst- oder Zweitwunsch erfüllt bekommen, nur vier Prozent werden aus ihrem sozialen Umfeld gerissen. Die Chance liegt also bei 1:25, das heißt, ein bis zwei Kinder pro Klasse sind betroffen.

»Fühlst du dich nicht«, ich zögere, »komisch dabei? Das ist doch fast wie Schmiergeld.«

»Im Krieg und in der Liebe ist alles erlaubt«, sagt Melanie.

»Krieg? Hier geht es doch nicht um Krieg.«

»Nein. Aber um Liebe.«

Ist das Liebe, wenn wir unsere Kinder zu Höchstleistungen anspornen? Wenn wir ihr Leben darauf ausrichten, dass sie es in die Privatschule schaffen? Sicher liebt Melanie Luca so wie ich Ben und Lotta. Doch das Gefühl, dass sie dazu treibt, sich vorsorglich beim Förderverein anzumelden, ist nicht Liebe. Es ist Angst.

Wir ordern noch eine letzte Runde.

»Lasst uns doch mal über was anderes als die Kinder reden«, sagt Clara. »Ich rede in letzter Zeit mehr über die Schule als damals, als ich drin war. Habt ihr irgendwelche guten Serien gesehen?«

»›Gilmore Girls‹«, sage ich. »Kennt ihr schon die neue Staffel?«

»Wann schafft ihr das nur, das zu gucken?«, fragt Melanie. »Das dauert so ewig, bis Luca im Bett ist. Und wie viel Medienzeit gebt ihr den Kindern eigentlich so? Wir sind bei einer halben Stunde.«

»Eine Stunde«, sagt Clara. »Und ich gucke immer abends im Bett.«

Ich sage nichts.

Den Rest des Abends reden wir über Donald Trump und warum Hillary Clinton verloren hat, ob es peinlich ist, auf Ü-30-Partys zu gehen, und über Claras Joballtag als Richterin. Ich sollte das öfter machen.

Melanie und ich laufen zu zweit nach Hause. Clara hat ein Taxi genommen, weil sie sich wegen der Babysitterin beeilen muss, doch ich wollte lieber laufen, um einen klaren Kopf zu kriegen, nach dem Wein und den langen Gesprächen. Melanie hat sich mir angeschlossen.

»Was ist eigentlich mit Ben? Sorgst du dich gar nicht?«

»Er hat gute Noten«, sage ich. »Und ich vertraue seiner Lehrerin, Frau Lehmann, die hat ihn gut im Blick. Ich warte erst mal die Empfehlung ab.«

»Das klingt, als wärest du dir sicher, dass er eine Gymnasialempfehlung kriegt.«

Ich zucke die Schultern. »Ich glaube schon.«

»Sei dir da mal nicht so sicher. Die Schule wird in nächster Zeit ganz schön anziehen. Soll ich dir mal meine Literaturempfehlungen schicken?«

»Literatur?«

»Ihr nutzt doch auch die Cornelsen-Bücher, oder? Da gibt es

extra Übungshefte zur Vorbereitung auf Klassenarbeiten und eine App für Mathe.«

»Echt?«

Melanie kichert. »Aber kauf die nicht im Buchladen und erzähle, dass ich die empfohlen habe. Das sind die einzigen Bücher, die ich bei Amazon bestelle, sonst steht man ja gleich als überbesorgte Helikopter-Mutter da.«

Hefte, die lieber anonym im Netz bestellt statt in der Nachbarschaft gekauft werden, die in unverfängliche braune Pappe gehüllt nach Hause geliefert werden – das sind heutzutage also Schulunterlagen.

»Alles klar.«

»Es ist so unfair, dass man direkt in diese Ecke gestellt wird, wenn man sich kümmert«, sagt Melanie. »Neulich hieß es doch schon wieder, dass die Herkunft der Kinder ihre schulische Laufbahn bestimmt, oder?«

Melanie hat recht: In Deutschland machen laut WDR von 100 Kindern, deren Eltern nicht studiert haben, nur 15 einen Hochschulabschluss. Dagegen schaffen das von 100 Kindern, deren Eltern Akademiker sind, ganze 83.

»Und du weißt, was das im Umkehrschluss bedeutet, oder? Wir entscheiden über die weitere Laufbahn unserer Kinder, nicht die Schule. Ich weiß ja nicht, wie das mit Harry ist, aber bei uns zu Hause bin ich diejenige, die Hausaufgaben kontrolliert. Und das heißt: Ich bin schuld, wenn das Kind nicht auf die Uni geht.«

Wir laufen schweigend weiter, bis sie sagt: »Aber wenn Ben so gut ist, wäre dann das Katholische nichts für euch?«

»Ich werde ihn fragen, was er von der Schule hält. Er muss da hingehen, nicht ich.«

Melanie lacht. »Du bist verrückt.«

»Ich sorge mich irgendwie mehr um Lotta, was die Schule angeht.«

»Wirklich?« Melanie schwankt leicht gegen mich, während wir laufen. »Aber jetzt mal ehrlich – bei Ben steht doch viel mehr auf dem Spiel. Bei Lotta …«

»… ist sowieso nichts mehr zu machen, meinst du?«

»Nicht böse gemeint.«

Wir laufen durch die Dunkelheit, als wären wir die letzten Menschen auf der Welt. Wie kann ich das so erklären, dass Melanie mich versteht?

»Die Jungs werden ihren Weg schon gehen, sie holen sich selbst, was sie brauchen. Lotta dagegen – sie ist viel abhängiger davon, wer sie fördert und wie. Da ist noch viel möglich und das meiste davon wird nie zum Vorschein kommen, wenn wir ihr es nicht rauslocken. Sie hat nur krabbeln gelernt auf diesem Rollbrett, weil die Kita sich das ausgedacht und es ausprobiert hat. Weißt du, sie liegt bäuchlings auf dem Brett und schiebt sich vorwärts …« Ich erkläre umständlich, wie genau Lotta krabbelt.

»Toll«, sagt Melanie, doch ihr Tonfall sagt: »Schrecklich.«

Ich würde so gern mal wieder mit Lotta angeben. Wir können jetzt krabbeln! Aber andere finden das bestenfalls rührend. Schlimmstenfalls haben sie Mitleid so wie Melanie. Neidisch ist keiner. Melanie wird wohl nie verstehen, dass ich auf Lotta genauso stolz sein kann wie auf Ben und wie sie auf Luca.

»Aber …«, Melanie stockt, »… meinst du, Lotta wird durch die richtige Förderung mal einen Schulabschluss schaffen?«

»Wer weiß? Dafür müssten wir sie erst mal zum Reden kriegen«, sage ich. Wir laufen schweigend weiter durchs Dunkel. Melanie verabschiedet sich an ihrer Straßenecke: »Mach's gut.«

»Du auch. Viel Glück bei eurer Deutscharbeit!«

Ich laufe weiter. Vernachlässige ich Ben? Bin ich zu entspannt? Nicht nur Melanie sagt, dass die Schule in der letzten Klasse so richtig anzieht, ich habe das schon öfter gehört. Vielleicht sollte ich Melanie eine SMS schreiben und nach dieser Mathe-App fragen.

Übertreibe ich, wenn ich mir Sorgen wegen der Schule für Lotta mache? Lotta wird nie selbstständig leben können, sie wird immer Hilfe brauchen. Ich weiß, was Melanie sagen wollte und doch nicht ausgesprochen hat: Ist es wichtig, ob Lotta krabbeln kann oder nicht? Es macht sie glücklich und stolz, genau wie uns – aber macht es einen Unterschied dafür, wie ihr restliches Leben verläuft? Ist es wichtig, auf welche Schule Lotta geht, wo sie doch so viel weniger kann als andere Schüler?

# 10

## *»So behindert«*

### Von wem lernen wir am meisten?

Was stört mich am Katholischen? Der Leistungsdruck? Am nächsten Samstag fahre ich Ben mit drei Freunden zu einer Geburtstagsparty. Als wir auf den Parkplatz vor der Fußballhalle fahren, springen uns Bens Klassenkameraden entgegen und ich kann mit Händen greifen, was ich auf dem Info-Abend vermisst habe: Eymen, Kevin und Hassan. Ihre Eltern habe ich gestern Abend nicht gesehen. Die Schule hat auch Plätze für »konfessionsfremde«. Gekommen waren allerdings nur die evangelischen Eltern aus Bens Klasse, nicht die, deren Kinder Türkisch lernen, wenn die anderen Religion haben.

Mit den Eltern von Fritz, Luca oder Charlotte werde ich noch oft zusammensitzen, sei es in der Aula einer Montessori-Schule oder in der schicken großen Turnhalle eines städtischen Gymnasiums direkt um die Ecke. Die Eltern von Eymen, Hassan, Cindy und Kevin treffe ich auf den Info-Abenden der Gymnasien in der Innenstadt, wo der Unterricht schon mal ausfällt, weil die Heizung nicht geht. Der Übergang in die weiterführende Schule scheint nicht nur die Trennung von Bens Klassenkameraden in Gymnasial- und Realschüler zu markieren.

In der Gesellschaft »vollzieht sich klammheimlich eine soziale Entmischung«, warnen die Bildungsforscher Werner Helsper und Heinz-Hermann Krüger, sie leiten die Arbeitsgruppe »Mechanismen der Elitebildung im deutschen Bildungssystem« der Deutschen Forschungsgemeinschaft. In manchen Städten gehen bis zu 80 Prozent der Schüler aufs Gymnasium, es sei »die neue Hauptschule«, so Helsper in der *Süddeutschen Zeitung*: »Damit wächst der Wunsch, sich innerhalb des Gymnasialsystems abzugrenzen.« Privatschulen wie beispielsweise konfessionelle Schulen liegen seit Jahren im Trend, inzwischen besucht fast jeder zehnte Schüler eine nicht staatliche Schule. Sie und auch die städtischen Gymnasien in begehrten Wohnlagen, die mithalten wollen und beispielsweise mit dem deutschen Abi auch das französische Bac anbieten, ziehen nicht einfach die besten Schüler aller Schichten an, so die Wissenschaftler: »Auch die Kinder, die ein Sportgymnasium besuchen, kommen hauptsächlich aus dem mittleren oder gehobenen sozialen Milieu. Der Helmut-Rahn-Mythos, also der Aufstieg aus der Arbeiterklasse, hat sich hier erledigt.« Eine Barriere bilden nicht nur Schulgebühren oder die Beiträge an den Förderverein, die zwar offiziell freiwillig sind, aber allgemein erwartet werden. Frühe Förderung etwa in Sport oder Musik oder eine Auswahl nach Noten und auch »die Wohnlage nimmt die Auswahl vor«, so Helsper. An öffentlichen Schulen in NRW hat jeder dritte Schüler einen Migrationshintergrund, an Privatschulen nur jeder sechste. Nicht nur Melanie wünscht sich für ihr Kind eine kleine heile Welt, die aus möglichst vielen Gleichgesinnten und Gleichgestellten besteht. Es fände eine Hierarchisierung statt, so Krüger und Helsper, »und am Ende der Kette stehen Haupt- und Gesamtschulen, an denen sich alle Probleme ballen, die man sich in der Schule vorstellen kann«. Auch die Inklusion wird zum größten Teil von diesen Schulen gestemmt.

Wird Ben wählen müssen – zwischen einer Schule, auf die Hassan oder Kevin gehen, und einer, auf die Pepe oder Luca gehen? Was ist mit Lotta? Hat sie überhaupt eine Wahl?

Traditionell und strukturell setzt das deutsche Schulsystem auf homogene Lerngruppen, und die Entmischung, die Krüger und Helsper anprangern, verschärft dies noch. Die Gesamtschulen dagegen setzen auf Vielfalt und sind, wie der Andrang beweist, eine gefragte Alternative.

Auch die Inklusion ist eine Gegenbewegung. Sie läuft den

Traditionen des deutschen Schulsystems zuwider, auch deswegen wird die Debatte über sie schnell ideologisch. Inklusion stellt, wenn sie zu Ende gedacht wird, regelrecht revolutionäre Fragen. Wenn Kinder mit geistiger Behinderung und Kinder ohne Behinderung gemeinsam unterrichtet werden, warum dann nicht gute Schüler und weniger gute? Können wir die äußere Differenzierung in Gymnasium, Real- und Hauptschule durch eine innere ablösen, innerhalb einer Schule oder sogar innerhalb einer Klasse?

Als Eymen zum ersten Mal Ben besuchte, staunte er über das Klingelschild, auf dem nur unser Name stand: »Ein Haus für euch alleine? Krass.« Als Konstantin zum ersten Mal in Bens Kinderzimmer stand, staunte er: »Warum ist das alles von Ikea? Das tut man doch nur in den Keller.«

Von wem lernen Kinder am meisten? Von denen, die so sind wie sie selbst – oder von denen, die anders sind, seien sie nun behindert, anderer Herkunft oder anders sozialisiert? Ich fand immer gut, dass Bens Grundschule ihm einen Ausschnitt der Welt zeigt, wie sie ist. Manche Mütter mit Kopftuch, andere ohne, manche Kinder mit Apfelschnitzen in der Brotbox, andere mit in Plastik eingeschweißten Donuts, wieder andere ganz ohne Frühstück.

Es gibt Forschungen, die belegen sollen, dass schwächere Schüler von stärkeren profitieren können – und umgekehrt. Allerdings nicht allein dadurch, dass sie gemeinsam lernen. Inklusion ist kein Automatismus, der einsetzt, sobald Kinder mit und ohne Behinderung gemeinsam in einem Raum sitzen. Schließlich herrscht auch nicht automatisch Gleichberechtigung, bloß weil Frauen und Männer gemeinsam in einem Büro sitzen. Der Unterricht muss den unterschiedlichen Lerngeschwindigkeiten der Schüler gerecht werden – doch das ist nicht nur in inklusiven Klassen so.

In Bens Klasse sitzen keine Kinder mit offiziell festgestelltem Förderbedarf, aber sie arbeiten nach dem Prinzip der sogenannten Binnendifferenzierung: Wer beispielsweise in Mathe schon weiter ist, nimmt sich ein schwieriges Arbeitsblatt, andere wählen ein leichteres. Hausaufgaben sind nicht mehr wie früher für alle dieselben, jeder kriegt seine eigenen. Was für eine perfekte Ausgangslage für Inklusion. Wie meine Freundin Merle sagt, sollen Lehrer heute jedes Kind individuell fördern, am Ende sollen sie alle dasselbe Mindestziel erreichen.

Einen Schritt weiter geht das zieldifferente Lernen: Dabei müssen nicht mehr alle Schüler demselben Lehrplan folgen. Ein Kind mit Lernbehinderung etwa soll den Stoff erreichen, den seine Klassenkameraden vor einem Jahr geschafft haben. Wenn so unterschiedliche Kinder in einer Klasse sitzen, muss der Unterricht wirklich individuell sein. Wer diesen Kindern gerecht werden will, braucht Zeit, für jedes einen individuellen Plan auszuarbeiten, und Unterstützung durch Kollegen, wie beispielsweise Sonderpädagogen. Anderes Lernen erfordert auch anderes Lehren, wirklich inklusiver Unterricht ist immer individuell und davon würden alle Schüler profitieren.

In Bens Klasse müssen bei der Gruppenarbeit schnelle und langsamere Schüler zusammenarbeiten, um eine Aufgabe zu lösen. In vielen Schulen werden sogar die Jahrgänge gemischt, etwa die erste mit der zweiten Klasse gemeinsam unterrichtet. Die älteren Schüler, auch die schwächeren, werden zu Helfern, die Kinder lernen nicht nur vom Lehrer, sondern voneinander. Kooperation und soziales Lernen sind die Stichwörter dazu. Auch die stärkeren Schüler profitieren davon, denn wer etwas erklären will, muss es wirklich verstanden haben.

Und doch fürchten Eltern wie Melanie, dass Kinder wie Luca von anderen »heruntergezogen« werden könnten, wie sie einmal gesagt hat. Denn hinter der Angst vor einem viel zu langen Schulweg und einer Schule, auf der das Kind keinen kennt, steckt ja noch eine andere: die Angst vor Kindern, die andere Schuhe tragen, andere Spiele spielen, andere Schimpfwörter kennen und später vielleicht andere Drogen. »Da lungern auf dem Schulhof die Türkenjungs in ihren Jogginghosen rum«, habe ich einmal einen Vater über eine Schule sagen hören. »Oder die Cindys, wo zu Hause den ganzen Tag der Fernseher läuft.« Was ist so schlimm an Eymen oder Cindy? Dass der eine das Zuckerfest feiert *und*

Weihnachten? Dass beide anfangs nur schlechtes Deutsch sprachen und mehr Aufmerksamkeit von den Lehrern brauchten? Ben hat es in drei Schuljahren nicht geschadet, dass Eymen neben ihm saß oder Kinder wie Jason, der bereits in der ersten Klasse Filme ab zwölf kannte. Jason wunderte sich, als er bei Ben übernachtete und ich Gespenstergeschichten vorlas, Ben lernte von ihm, wie man einen ordentlichen Luft-Kung-Fu-Kampf aufs Parkett legt.

Auch wir haben ein Kind, das mehr Aufmerksamkeit als andere braucht. Auch wenn Lotta nicht greifen kann, andere fürchten bestimmt, sie könnte ihre Kinder »herunterziehen«.

An der Eingangstür von Bens Schule hängen viel zu oft Schilder, auf denen steht: »Achtung, einige unserer Schüler haben Kopfläuse!«

Oder: »Vorsicht, wir haben einen Fall von Ringelröteln!«

Vielleicht sollten daneben Schilder hängen, auf denen steht: »Achtung, einige unserer Schüler haben Migrationshintergrund!«

Oder: »Vorsicht, wir haben Fälle von Behinderung unter den Schülern!«

Anscheinend halten viele Menschen sozialen Status, Herkunft oder Behinderung für ähnlich ansteckend wie Läuse. Oder warum halten sie sonst so einen Abstand?

Nachdem ich Ben und seine Freunde abgesetzt habe, hole ich Lotta von der Kita ab. Hoffentlich hat sie heute Mittag die anderen im Schlafsaal nicht wieder geweckt, weil sie keine Lust auf Mittagspause hat.

Claudi kommt mir strahlend mit Lotta entgegen: »Wir haben eine Lösung für das Schlafproblem!«

»Ja?«

»Katzenyoga.«

»Wie bitte?«

Beim Katzenyoga darf Lotta bis zu drei Freunde mitnehmen, »das ist nur was für Große, das hat sie sehr gefreut.«

Claudi nimmt die vier Kinder mit in einen kleinen Nebenraum, jeder bekommt ein Sitzkissen oder eine Decke.

»Dann verwandele ich mit meinem Zauberstab die Kinder in Katzen, die in ihrem Körbchen, also auf ihrem Kissen, bleiben müssen. Zu schöner ruhiger Musik machen wir ganz langsame Entspannungsübungen, dehnen und recken uns. Es ist dunkel und ruhig und …«

Sie grinst und sagt zu Lotta: »Dabei bist du ganz aus Versehen eingeschlafen, nicht wahr, Lotta? Jakob auch. Und den anderen Kindern tut die Ruhepause auch gut.«

Nicht Lotta muss sich den Strukturen der Kita anpassen, sondern die Strukturen passen sich Lotta an. Das ist Inklusion. Immer wieder müssen die Erzieher neue Antworten finden auf dieselbe Frage: Wie können wir etwas für alle ermöglichen? Sei es nun Mittagsschlaf oder der Besuch bei der Feuerwehr. Im Grunde folgt auch Bens Klasse bereits diesem Grundgedanken mit ihrer Binnendifferenzierung: Nicht die Schüler passen sich dem Unterricht an, sondern der Unterricht den Schülern.

Will ich, dass Lotta nur mit ihresgleichen zur Schule geht? Lernt Lotta nicht auch viel von Nelly, Ida und Jakob? Und die von ihr?

Abends lasse ich Lotta bei Harry und hole die Jungs wieder vom Geburtstag ab. Zu dritt sitzen sie auf der Rückbank.

»Das ist so behindert«, stöhnt Konstantin. »Hausaufgaben am Wochenende!«

»Behindert ist doch kein Schimpfwort«, werfe ich von vorne ein.

»Mama!«

Auch wenn ich ihn nicht sehe, weiß ich, dass Ben die Augen verdreht.

»Behindert ist behindert. Blöd ist blöd. Kein Grund, das zu vermischen.«

Aber die Jungs sind längst bei einem spannenderen Thema.

»Stell dir vor, du wärest verheiratet!«, sagt einer. »Dann müsstest du jeden Tag Sex machen.«

Kollektive Würgegeräusche von der Rückbank.

»Sex sagt man nicht!«, berichtigt Konstantin.

»Nicht?«, entfährt es mir, vorne hinter dem Steuer.

»Nein, das haben wir in der Schule gelernt. Das heißt Geschlechtsverkehr.«

Als er kleiner war, hat Ben eine schwangere Bekannte gefragt: »Wird das ein Junge oder ein Mädchen? Und wird das behindert oder nicht behindert?« Für ihn war behindert nur ein Wort unter vielen, die seine Schwester beschreiben. Lotta ist behindert und sie ist blond, hübsch, spitzbübisch. Ich habe lange gebraucht, bis ich nach Lottas Diagnose das »B-Wort« aussprechen konnte, danach habe ich mir Ben zum Vorbild genommen. Ich wollte es anderen Menschen nicht noch schwerer machen, mit mir über Lotta zu reden – es fällt den meisten sowieso schon schwer genug. Ändern wir wirklich die Welt, wenn wir die Wörter ändern, mit denen wir über sie sprechen? Auch »besonders« oder »beeinträchtigt« können zu Schimpfwörtern werden, solange Behinderung ein Stigma ist. »Hast du Förderbedarf?« wäre dann nur das neue »Bist du behindert?«. Wir sollten die Einstellung ändern, nicht die Wörter. Aber was wird Lotta denken, wenn sie hört, dass Bens Freunde »behindert« als Schimpfwort benutzen? Dass sie so ist wie Hausaufgaben am Wochenende – blöd?

Ich denke an Lara, wir kennen uns von der Arbeit, Freundinnen sind wir nur auf Facebook. Sie hat studiert, einen guten Job, ist immer freundlich. Ihr letzter Post: ein Bild von ihr mit drei anderen, auf einer Party, vielleicht beschwippst, grimassenschneidend. Darunter schrieb sie: »#spastis.« Ich habe überlegt, das zu kommentieren, und es dann gelassen. Wie kann ich Lara und Konstantin verständlich machen, warum ihre Wortwahl nicht in Ordnung ist? »Das sagt man nicht« ist so ein schwaches Argument. Verbote führen bei denen, die alles richtig machen wollen, zu noch mehr Unsicherheit und überzeugen die anderen sowieso nicht. Was nicht von Herzen kommt, sondern nur antrainiert ist, bleibt ein Korsett, das die meisten irgendwann abschütteln wollen. Man muss doch nicht alles auf die Goldwaage legen, heißt es dann. Nun sei doch nicht so empfindlich.

Lottas Spastik bedeutet nicht, Grimassen auf Partys zu ziehen. Sie bedeutet verkürzte Sehnen, bis zu zehn Botox-Spritzen alle vier Monate, um ihre Muskeln zu lockern, es bedeutet tägliche Physiotherapie, eine Hüft-OP, vielleicht sogar noch eine, denn auch die andere Seite ist betroffen. Eine Spastik, die so ausgeprägt ist wie Lottas, bedeutet Schmerzen. »#spastis«? Bin ich eine Spaßbremse, weil ich nicht darüber lachen kann?

Ich bin jetzt ein Mensch, der andere anzeigt, wenn sie auf dem Behindertenparkplatz vor unserer Haustür parken. Der Leute anspricht, wenn sie es in der Innenstadt tun. Unter Facebook-Posts mit »#spastis« schreibe ich dennoch keine aufklärenden Kommentare. Vielleicht hätte ich es tun sollen, dann müsste ich jetzt nicht mehr darüber nachdenken.

Ida und Nelly wissen, dass behindert nicht blöd bedeutet. Dass Lotta anders ist, aber deswegen nicht gleich doof, muss ihnen keiner erklären. Hätte Lara mit mir nachts im Krankenhaus an Lottas Bett gestanden und sie nach der Hüft-OP weinen sehen, sie würde wohl nicht »#spastis« unter ihre Posts schreiben. Nicht, weil sie weiß, dass man das nicht macht, sondern weil sie es fühlt. Weil sie selbst erfahren hat, dass eine Behinderung etwas anderes ist als Blödheit. Nicht »Das sagt man nicht«, sondern »Das stimmt nicht«. Dass es für dieses Verständnis nicht ausreicht, Menschen mit Behinderung ab und zu mal zu sehen, zeigt Konstantins Kommentar. Er ist kein Junge, der rumpöbelt. Er wollte nicht gemein sein, er weiß es nur nicht besser. Er kennt Lotta einfach nur im Vorbeigehen, auf dem Weg zu Bens Kinderzimmer.

Wenn jeder sich in seine Nische zurückzieht, begegnen wir uns vielleicht noch im Supermarkt oder in der Einkaufspassage, aber wir kennen uns nicht mehr. Wir wissen nicht mehr, was den anderen bewegt, warum er anders redet oder anders wählt. Wenn ich schon so weit weg bin von Lara, obwohl wir doch so viel gemeinsam haben – wie weit weg sind dann andere, mit denen wir weniger gemein haben? Wir verstehen uns nicht mehr. Wir verlieren uns.

Was wird stärker sein – die Entmischung und Hierarchisierung oder die Inklusion und die Vielfalt?

Als wir auf dem Rückweg von der Geburtstagsparty das letzte Kind abgesetzt haben, lasse ich das Radio ausgeschaltet. Die Stille ist fast laut nach dem aufgeregten Kindergeplapper, wie die Stille nach einem Rockkonzert. Auch Ben schweigt, er sitzt nun ganz alleine auf der Rückbank. Wir fahren los. Mittlerweile ist es dunkel geworden, die Scheinwerfer gleiten über Häuserfassaden und parkende Wagen. Nach ein paar Metern muss ich aus einer kleineren Straße in eine größere einbiegen, doch Auto reiht sich an Auto. Keiner lässt mich rein.

»Gib's zu, du hättest dir ein Kind ohne Behinderung gewünscht.«

Ich drehe mich zu Ben auf der Rückbank, doch da hält ein Wagen, um mich reinzulassen. Der Fahrer blendet auf, um mich zur Eile anzutreiben. Ich biege ab.

»Ich habe mir das gewünscht, ja. Ich hätte es Lotta gewünscht, dass sie laufen und sprechen kann oder sehen. Und dir …«

Ich blinke, um die Spur zu wecseln, und ziehe rüber.

»… dir hätte ich eine Schwester ohne Behinderung gewünscht.« Ich blicke in den Rückspiegel. Er sieht aus, als hätte ich etwas Erstaunliches gesagt.

»Warum?«

»Na, es ist doch nicht immer leicht, oder? Du hast es manchmal schwer, weil Lotta …«

»Ich habe es doch nicht schwer!«

Er schaut so, wie er schaut, wenn ich über Star Wars spreche. Ich habe ganz offensichtlich keine Ahnung, wovon ich rede. Vielleicht fragt er sich gerade dasselbe wie ich: Warum sagt sie das? Was denkt er? Ich wünschte, ich könnte in seinen Kopf schauen und dort die Worte finden, die er braucht. Ich wünschte, er wäre wieder klein und ich könnte seine Sorgen sofort verstehen, seine Probleme mit einer Umarmung und einem Keks lösen, seine Fragen alleine mit einem Lächeln beantworten, das alle Worte überflüssig macht. Am liebsten würde ich rechts ranfahren, aber dann würde er wahrscheinlich protestieren. Er blickt wieder aus dem Fenster. Schweigend fahren wir weiter.

»Ben, ich finde schon, du musst dich oft …«

»Hast du dir manchmal gewünscht, ich wäre anders?«

»Was? Nein!«

Vor mir leuchtet es rot auf und ich bremse hart.

»Du bist genau richtig so, wie du bist – genau wie Lotta.«

»Hättest du dir nicht einen Jungen gewünscht, der …«, er zögert, »… öfter sein Zimmer aufräumt?«

Ich greife mit der rechten Hand nach hinten und drücke Bens Knöchel.

»Ich liebe dich so, wie du bist, genau wie Lotta. Und nichts, was du sagst oder machst oder denkst, kann daran jemals etwas ändern. Auch wenn du dich veränderst. Egal, …«

Hinter mir hupt einer.

»… ob du dein Zimmer aufräumst.«

»Ich glaube, du musst schneller fahren, Mama.«

Ich gebe Gas und höre von der Rückbank: »Ich dich auch.«

Als wir zu Hause ankommen, streckt Lotta ihre Zunge raus.

»Hallo, Lotta!«, sage ich und gebe ihr einen Kuss. »Du hast schon Hunger?«

Ben nimmt sich einen Comic und schmeißt sich aufs Sofa.

Harry sagt: »Ich habe frisches Brot mitgebracht. Tisch decken, Ben!«

Ben ruft: »Nicht schon wieder Brote. Können wir nicht Nudeln essen?«

Harry antwortet: »So spät abends noch Nudeln …«

Lotta sagt: »Äääähh!« Mit Nachdruck streckt sie ihre Zunge raus.

»Egal was, Hauptsache, Essen!«, übersetze ich.

Ben steht auf und sagt: »Ja, hallo, mein Lotta-Kind.«

Er schwenkt ihre Arme hoch und runter, sie schenkt ihm ein Lächeln.

»Ich habe sowieso schon Pommes auf Eymens Geburtstag …«

»Äääh!«

»Wir machen ja schon, Lotta«, sagt Harry. »Wie war die Party? Erzähl doch mal, Ben.«

Ich räume Bens Schulsachen vom Esstisch und stecke sie in

den Ranzen. Das Lego auf dem Tisch schiebe ich zur Seite, sodass Platz für die Teller ist. Im Kopf versuche ich, noch einmal zurückzuspulen zu unserem Gespräch von eben. Habe ich das richtig gemacht? Als ich mit Ben schwanger war, habe ich mir vorgestellt, wir würden irgendwann das große, lange Mutter-Kind-Gespräch führen, über den Sinn des Lebens, die Liebe, den Tod. Doch die Fragen kommen immer unvermutet. Nicht bei einem Strandspaziergang, sondern im Berufsverkehr. Meist sind unsere Gespräche vorbei, bevor ich richtig nachdenken kann. Es sind Schnipsel, kleine Chancen, etwas zu erklären, als würde er den Zeh ins Wasser tauchen. Habe ich die richtigen Worte gefunden? Auch Ben ist still beim Abendessen.

Als er hochgeht, rufe ich ihm hinterher: »Soll ich noch ›Harry Potter‹ vorlesen?«

Ich steige vorsichtig im Halbdunkel über Lego hinweg und setze mich auf die Bettkante, die Klebesterne schimmern an der Decke. Ben dreht sich von einer Seite auf die andere, er setzt sich wieder auf, nimmt sein Kopfkissen und knufft es zurecht.

»Wegen dem, was wir im Auto besprochen haben, ich weiß nicht, ob ich das gut erklärt habe«, sage ich. »Als ich schwanger war, hatte ich ja keine Ahnung. Das ist ein bisschen so, wie man sich als Kindergartenkind die Schule vorstellt. Es ist dann ganz anders, als man dachte. Ich wusste ja nicht …«

Ben unterbricht mich: »Ich finde das nicht schlimm, dass Lotta behindert ist.«

»Ich doch auch nicht.«

»Ja, aber …« Er zögert und schüttelt noch mal sein Kissen. »Ist das nicht irgendwie gemein?«

»Wieso gemein?«

»Alle …«, Ben zögert, »… alle haben doch Mitleid mit Lotta, weil sie nicht laufen kann und so. Ich mag sie aber so, wie sie ist. Ich kann mir Lotta einfach nicht anders vorstellen. Ist es fies, wenn ich sie toll finde so, wie sie ist? Ich mag ihr Lachen, das ist ganz anders als bei allen anderen, das ist halt so …« Er überlegt und grinst im Dunkeln. »Da muss ich immer direkt mitlachen. Wäre ihr Lachen anders, wenn sie nicht behindert wäre?«

»Oh, Ben, das ist eine schwere Frage. Das weiß ich nicht. Ich kann mir ihr Lachen auch nicht anders vorstellen.«

»Aber ich hab ihr ja deswegen nicht gewünscht, dass ihr das in deinem Bauch mit der Ader passiert!«

»Natürlich nicht. Das ist doch klar. Du musst dich nicht schlecht fühlen, weil du sie magst, wie sie ist. Ich würde sie auch nicht anders haben wollen.«

Ich lege mich neben ihn und strecke meinen Arm aus, sodass er seinen Kopf darauflegen kann. Wir starren an die Decke. Der Mond hat sich gelöst und hängt nur noch an einer Spitze, bald wird er runterfallen.

»Liest du jetzt vor?«

Er ist fast neun. Bald wird er die Klebesterne abmachen und sich nicht mehr vorlesen lassen. Wann wird dann Gelegenheit für einen Gesprächsschnipsel sein? Ich nehme mir vor, ihn auch später noch zu allen Verabredungen mit dem Auto zu fahren und das Radio ausgeschaltet zu lassen. Ich schlage das Buch auf und lese vor. Harry Potter entdeckt den Spiegel, der jedem, der hineinschaut, seine Herzenswünsche zeigt – und wird von Professor Dumbledore erwischt.

*»Was sehen Sie, wenn Sie in den Spiegel schauen?«*

*»Ich? Ich sehe mich da stehen, ein Paar dicke Wollsocken in der Hand haltend.«*

*Harry starrte ihn an.*

*»Man kann nie genug Socken haben«, sagte Dumbledore. »Wieder einmal ist ein Weihnachtsfest vergangen, ohne dass ich ein einziges Paar Socken bekommen habe. Die Leute meinen dauernd, sie müssten mir Bücher schenken.«*

Ben dreht sich um und unterbricht mich. »Manchmal hätte ich auch gerne so einen Tarnumhang wie Harry.«

»Einen, der unsichtbar macht? Oh ja, ich auch. Was würdest du damit als Erstes anstellen?«

»Er wäre ja nicht für mich.«

Wir liegen schweigend im Dunkeln. Jeder einzelne Mensch,

der uns jemals angestarrt hat. Jeder, der schnell weggeguckt hat, so wie ich das selbst früher getan habe. Jeder, der gesagt hat: »Das arme, arme Mädchen« oder »behindert« statt »blöd«. Jeder, der fragt: »Was hat sie denn?«. Der Mann im Museum mit dem ausgestreckten Zeigefinger. Sie alle erzählen Ben so viel über seine Schwester. Ich möchte ihnen allen entgegenschreien, dass sie still sein sollen. Seht ihr nicht, was ihr anrichtet?

»Mich nerven die Fragen auch manchmal«, sage ich.

»Fragen sind okay«, sagt er. »Ich finde die Blicke schlimmer. Mit dem Umhang könnte ich sie beschützen. Und es wäre alles einfacher, sie könnte heimlich überall mit rein, wäre das nicht cool? Sogar ins Planetarium.«

Ich gebe ihm einen Kuss und überlege. Als ich sagte, ich hätte Lotta gewünscht, dass sie laufen kann, habe ich Ben gleichzeitig etwas ganz anderes gesagt, unausgesprochen. Was erzähle ich Ben sonst noch, ohne es zu wollen? Ohne Worte, einfach indem ich den Blick senke, wenn andere starren, indem ich mich innerlich und äußerlich zurückziehe, indem ich Lotta bei Harry zu Hause lasse, statt sie mitzunehmen. Vielleicht wurden wir in diese Nische gedrängt, von Blicken und Verboten. Aber ich habe es mir darin auch gemütlich gemacht.

»Ich finde, wir sollten morgen nach der Schule ins Römermuseum fahren.«

»Nach Xanten? Aber hast du denn jemanden, der Lotta …«

»Wir nehmen sie mit, wir kriegen das hin. Mach dir mal keine Sorgen, ich mach das schon. Lotta mag doch auch Römer, oder?«

Lotta verdient mehr als eine Nische, genau wie Ben.

»Und wenn einer guckt, dann mache ich das schon.«

»Dann …« Ben macht eine Geste wie Darth Vader, wenn er per Gedankenkraft jemanden würgt: eine Hand ausgestreckt um einen imaginären Hals geschlossen.

»Genau!«, sage ich und halte beide Hände genau wie er. Ben lacht.

»Du machst das total falsch, Mama.«

# 11

## *»Du hast mich sehr glücklich gemacht, junge Dame«*

Von Gesang und Grübchen

Wovor habe ich mich gefürchtet? Ich lächele einfach zuerst, als wir über den Parkplatz gehen, und das Paar, das gerade aus seinem Wagen steigt, lächelt zurück. Der Mann, der uns die Tür aufhält, hat kaum den Mund geöffnet, da beuge ich mich zu Lotta und sage: »Ist das nicht ein herrliches Wetter, Lotta?«

»Guten Tag, junge Frau«, sagt er zu Lotta. »Viel Spaß im Museum.«

Wie konnte ich das vergessen? Man kann Normalität ausstrahlen wie eine Flamme Wärme, man muss sich nur ein bisschen anstrengen. Es liegt auch an mir, ob ein Ort zu einem wird, an dem wir uns wohlfühlen. Ich kann ihn dazu machen, ich muss mich nur trauen. Nicht mehr beobachten, wie andere auf Lotta reagieren, nicht mehr Ausschau halten nach seltsamen Blicken oder nach Köpfen, die sich etwas zu schnell zur Seite drehen. Ich mache es vor und die anderen dann nach. Hier kommt ein kleines Mädchen mit seiner Familie und geht ins Römermuseum, mehr gibt es hier nicht zu sehen, gehen Sie bitte weiter.

»Ein Erwachsener, zwei Kinder, bitte.«

Die Kasse ist umgeben von Spielzeug und Büchern über Römer, Ben ist mit Lotta zwischen den Regalen verschwunden.

»Wir gucken später, Ben, ja?«, rufe ich. »Ich kaufe jetzt nichts!«

»Gleich ist eine Kinderführung, wollen Sie sich dafür anmelden?«

»Gerne.«

Ben kommt mit Lotta aus der Reihe mit den Plastikfiguren.

»Es tut mir leid, aber das ist leider nicht unsere inklusive Führung.«

»Wie bitte?«

»Brauchen Sie einen Gebärdendolmetscher? Das hätten wir leider anmelden müssen.«

»Äh, nein, den brauchen wir nicht. Wir würden einfach gerne bei der normalen Führung mitgehen, ist das okay?«

Ich gebe Ben seinen Klebepunkt, auf dem »Kinderführung« steht, und klebe je einen auf mich und Lotta. Ich bin die einzige Erwachsene außer der Führerin, mit einer Gruppe von zehn Kindern machen wir uns auf den Weg durch die Ausstellung. Keine Treppen, keine Stufen, alles ist barrierefrei, doch einige Vitrinen sind zu hoch für Lotta. Die Dame, die unsere Führung leitet, stockt.

»Soll ich das rausholen, damit sie es besser sehen kann?«

»Danke, das ist sehr nett, aber sie kann nicht sehen.«

»Dann will sie es vielleicht anfassen?«

Sekunden später hat Lotta ein antikes Schwert auf dem Schoß, das gefährlich scharf aussieht. Staunend reißt sie die Augen auf. Später darf sie das Gewicht eines Legionärsgepäcks spüren. Ihr Kopf verschwindet unter dem Helm eines Centurios. Ich führe ihre Hände und sie zeichnet mit den Fingern die Rillen eines Reliefs nach. Nichts ist verboten, auch nicht für Ben und die anderen Kinder.

»Das war so toll, oder?«, sagt Ben, als er einsteigt und sich hinten im Auto anschnallt.

»Ja«, sage ich. »Das war das Schönste seit Langem. Und keiner hat gestarrt, oder?«

»Nicht?«, sagt Ben. »Ich habe gar nicht darauf geachtet.«

Es kann so einfach sein. Und es wäre beinahe nie passiert.

»Warum kann es nicht überall so sein?«, sage ich zu Nina. »Aber vielleicht war das Planetarium ja auch eine Ausnahme.« Es ist Samstagmorgen, wir schlendern gemeinsam über den Markt im

Stadtwald. Eigentlich waren wir zu viert verabredet, erst auf den Wochenmarkt einkaufen, Kaffee trinken und danach in den Streichelzoo. Doch »Leon wollte nicht«, wie Nina entschuldigend sagte, als sie ankam. So viel Mühe Nina und ich uns auch gegeben haben, unsere Kinder sind keine Freunde geworden. Leon findet Lotta langweilig und ich fürchte, das beruht auf Gegenseitigkeit. So schiebe ich nur mit Lotta und Nina über den Markt.

»Ausnahme?«, fragt Nina. »Hast du nicht vom Phantasialand gehört?«

Der Vergnügungspark lässt Menschen mit Behinderung zwar vergünstigt rein, sie dafür aber auch auf kaum eine Attraktion. Selbst zwei junge Männer, denen nichts weiter fehlte als das Gehör, durften 2017 nicht mit der Achterbahn fahren, die Mitarbeiter holten die zwei aus der Warteschlange, als sie sahen, dass sie mit Gebärden kommunizierten – sie könnten die Evakuierungsdurchsagen im Notfall nicht verstehen, so die Begründung von offizieller Seite.

»Aber Kleinkinder in das Karussell mit den hüpfenden Fröschen lassen«, sagt Nina. »Als ob die sich selbst evakuieren könnten.«

Dass Lotta mit ihrem Rollstuhl nicht ins Planetarium durfte, ist kein Einzelfall, das weiß ich selbst. Andere Rollstuhlfahrer berichten regelmäßig davon, wie sie nicht in Klubs gekommen sind, ins Theater oder auf Konzerte, selbst wenn sie sich von anderen Besuchern die Treppe hätten runtertragen lassen. Fluchtwege und Brandschutzvorschriften. Von den Treppen vor Arztpraxen, Apotheken oder Bäckereien gar nicht zu reden. Nicht immer findet sich jemand, der tragen will – und wenn es ein schwerer E-Rolli ist, könnten es sowieso die wenigsten. Wie Raul Krauthausen mal über das Piktogramm eines Rollstuhlfahrers geschrieben hat: »Wir müssen leider draußen bleiben.«

Nicht nur wir hatten die Idee, hier an diesem Samstag das schöne Wetter zu genießen. Die abgesperrte Straße, auf der unter der Woche Autos fahren, ist nun voller Kinder auf Laufrädern und Babys im Kinderwagen. Alle paar Meter gibt es ein Knäuel von Menschen, die sich unterhalten. Neben den Obst-, Blumen-

und Käseständen steigt von einer Kaffeebude Dampf in die kalte Luft auf. Es gibt selbst gemachte Biscotti zu kaufen, sorgsam verzierte Cupcakes oder handgemachte Ravioli. Nina und ich setzen uns Lotta zu Füßen, auf ein freies Stück Bordstein, jede mit einem Kaffee in der Hand und der Sonnenbrille auf der Nase. Noch ist es Winter, wir sind in dicke Jacken gehüllt, aber man kann den Frühling schon erahnen.

»Und bei Ikea durfte Leon nicht ins Bällebad«, erzählt Nina. »Dabei wäre ich sogar dabeigeblieben, um aufzupassen«.

»Wieso das denn?«

»Das ist nicht für behinderte Kinder, haben sie gesagt, der wäre im Bällebad nicht versichert. Aber ich habe nach dem Geschäftsführer des Small-Lands gefragt und dann ging es plötzlich doch.«

Nina erzählt von etwas, was sie neulich erst gelesen hat. Weil sie im Urlaub gemeinsam mit Menschen mit Behinderung einen Speisesaal benutzen sollte, klagte eine Frau gegen ihren Reiseveranstalter. Sie bekam recht und Schadensersatz, 50 Prozent des Reisepreises. Die Urteilsbegründung: »Es ist nicht zu verkennen, dass eine Gruppe von Schwerbehinderten bei empfindsamen Menschen eine Beeinträchtigung des Urlaubsgenusses darstellen kann.«

»1980 war das«, sagt Nina.

Das Urteil war Anstoß für Demonstrationen und Proteste, einer der Anfänge der Behindertenbewegung. Zurückgenommen wurde es nicht.

»Heute wäre das nicht mehr möglich«, sage ich und schiebe Lotta mit dem Finger einen Rest Milchschaum in den Mund.

»Nein«, sagt Nina. »Heute verstecken sie sich hinter Brandschutzvorschriften und Versicherungsrichtlinien.«

»Komm, das ist jetzt überzogen«, widerspreche ich und stehe auf. »Lass uns noch ein bisschen gehen, meine Beine werden steif.«

»Du wirst alt.«

Lachend stehen wir auf, meine Knie knacken und wir gehen noch ein paar Schritte über den Markt. Da klingelt mein Telefon, eine unbekannte Nummer. Ich hebe ab und lausche. »Klar, warte einen Moment«. Ich halte Lotta den Hörer ans Ohr. »Ist für dich, mein Schatz.«

Nina schaut mich fragend an.

»Jakob«, sage ich leise.

»Hast du die Mutter mittlerweile kennengelernt?«

Ich schüttele den Kopf, ich wüsste wirklich gerne, ob Susanne weiß, wer von den vielen Mädchen in der Kita Lotta ist. Oder ruft Jakob nicht nur unsere Tochter an?

»Äähh!«, sagt Lotta lachend und dreht so plötzlich den Kopf Richtung Hörer, dass sie mir fast das Handy aus der Hand schlägt. Aus dem Hörer an ihrem Ohr höre ich unverständliches Geplapper, dann ein Tuten, Jakob hat aufgelegt.

»Na, was hat er dir erzählt?«, fragt Nina Lotta.

Doch sie grinst und schweigt.

»Was macht eigentlich eure Schulsuche, Nina?«

Sie zeigt mir den Daumen nach oben. »Ich glaube, wir haben was gefunden.«

Eine städtische Grundschule, seit zwei Jahren inklusiv.

»Ein Rektor, der *mit* Leon gesprochen hat – nicht nur über ihn. Super Haltung und eine sehr nette Sonderpädagogin. Und das Beste: Die wollen uns.«

»Das klingt aber toll.«

»Und ihr?«

»Nichts bis jetzt, aber morgen ist der Info-Abend an der Sternstraße.«

»Was riecht denn hier so gut?«

Ein Reibekuchenstand, wir bleiben stehen. Wir sind nicht die Einzigen, die den Duft verlockend finden. Die Schlange davor ist endlos.

»Das dauert zu lange, oder?«

Wir schieben weiter.

»Stopp!«, hören wir im Weggehen. »Warten Sie doch mal kurz!«

An wartenden Eltern und Kindern, an der ganzen Schlange vorbei rennt der Reibekuchenverkäufer, in seiner Hand eine Serviette mit zwei Reibekuchen. Strahlend beugt er sich zu Lotta runter.

»Hier, meine Hübsche, das ist für dich.«

»Oh«, sage ich abwehrend. »Das ist total nett, aber …«

»Vielen Dank«, unterbricht Nina und nimmt ihm die Reibekuchen aus der Hand. Sie strahlt ihn an und zufrieden geht er zurück. Die ganze Schlange Menschen vor uns lächelt, viele gerührt, andere so, als sollte ja kein Zweifel aufkommen, dass es ihnen überhaupt nichts ausmacht, noch ein bisschen länger auf ihren Reibekuchen warten zu müssen.

»Aber«, sage ich leise zu Nina, als wir weitergehen und den Markt Richtung Streichelzoo verlassen, »Lotta kann doch nur Püriertes essen.«

»Na, und?«, sagt Nina und beißt ab. »Willst du auch einen?«

Ich schüttele den Kopf.

»Na, komm«, sagt sie und hält mir den Reibekuchen hin. »Das ist deine Entschädigung fürs Planetarium und meine fürs Bällebad. Das ist ein Behindertenbonus – da sagt man nicht Nein. Und wie glücklich der war, hast du das gesehen? Ich krieg einen Reibekuchen und er fühlt sich als guter Mensch. Nur Gewinner.«

Ein Behindertenbonus ist alles, was andere Kinder nicht kriegen. Ein Reibekuchen ohne Anstehen, Omas, die uns die Tür aufhalten, ein Mann, der in der voll besetzten Bahn für Lotta aufstehen wollte – soll ich dann sagen: Danke, aber sie hat ihren eigenen Sitz dabei? Er merkte dann von selbst, dass Rolli und Sitz nicht gut zusammenpassen. Eine eingebaute Vorfahrt, egal, wohin wir gehen. Schaukeln, die schneller geräumt werden als bei anderen wartenden Kindern. »Nun lass doch mal das Mädchen schaukeln, Leonard.« Vielleicht ist das ausgleichende Gerechtigkeit, aber es fühlt sich trotzdem falsch an.

Zugegeben, manchmal genieße ich es auch: Beim Urlaub in Rom brauchten wir genau zehn Minuten vom Petersplatz bis zum Altar. An den langen Schlangen von müden, überhitzten Menschen vor dem Dom konnten wir vorbeigehen und zum Ausgang hinein. Dort nahm uns ein junger Mann in Empfang, im dunkelblauen schmal geschnittenen Anzug, sein strenges Gesicht so schön, dass man es auch hätte in Stein hauen können. Mit herrischem Gestus schritt er uns voran. »Attenzione! Attenzione!«

Er bremste seinen Schritt nicht, er lief einfach entgegen der Richtung und teilte die Menge der wartenden Menschen, die ihm instinktiv auswichen – als wäre Lotta Madonna auf dem Weg zu einer Gala. Seine deutschen Kollegen hingegen, die am Kölner Flughafen einen ähnlichen Dienst versehen und uns zum Flugzeug brachten, trugen orangefarbenen Warnwesten – als wäre Lotta ein Atommülltransporter auf dem Weg nach Gorleben.

Nach einem Skandal hat Disneyland USA 2013 den Behindertenbonus abgeschafft. Vorher gab es extra Eingänge zu den Achterbahnen, an den Warteschlangen vorbei, man durfte bis zu sechs Personen mitnehmen. Es entwickelte sich schnell ein schwungvoller Handel mit »Tourguides«. Miet dir deinen Behinderten.

Nicht jeder Bonus ist angemessen. Behindertenparkplätze haben ihre Berechtigung – aber warum kann ich mit Lotta umsonst mit der Straßenbahn fahren? Wir könnten uns das Ticket leisten. Andere nicht, auch wenn sie keine Behinderung haben. Warum ist die Freistellung nicht an andere Merkmale geknüpft, wie Einkommen oder Vermögen? Das Armutsrisiko steigt mit einer Behinderung, doch wäre es nicht besser, nachzuprüfen, auf wen das wirklich zutrifft? Ein pauschaler Freifahrtschein ist wahrscheinlich einfacher, aber ich würde lieber zahlen. Wenn es umsonst ist, kann ich mich dann beschweren, dass die Linie 13 in unserer Nachbarschaft immer noch Stufen hat?

»Du siehst das zu streng«, sagt Nina. »Andere wären dankbar, wenn man in der Bahn für sie aufstehen würde. Das ist der Rollstuhleffekt. Nein, der Süße-kleine-Mädchen-im-Rollstuhl-Effekt.«

Ich denke an Silke, die sich mal gewünscht hat, dass man Liam seinen Autismus ansehen könnte, »die Leute denken immer, der wäre einfach schlecht erzogen, wenn er austickt«. Sie erklärt immer schon, was Liam hat, *bevor* die Leute fragen. Silke hat einen

Satz gesagt, den ich selten höre: »Ich beneide dich um Lottas Behinderung.«

Mittlerweile sind wir im Streichelzoo angekommen. Auf der einen Seite des Gitters drängeln sich hungrige Ziegen, auf der anderen genauso wild die Kinder. Hinter ihnen stehen die Mütter, Feuchttücher im Anschlag. Wir stehen vor lauter Rücken und Hintern, die Frau vor uns trägt einen Wanderrucksack.

»Grete!«, sagt sie zu dem Kind vor ihr. »Grete, komm, Mami macht dir mal schnell die Hände sauber.«

Wir treten einen Schritt zur Seite, um dem Rucksack zu entgehen, Grete offenbar auch und ihre Mutter hinterher. Als würden wir Ballett tanzen. So kommen wir nicht ans Gitter.

»Grete, das machst du aber toll, wie du die Babyziege fütterst! Genau so, Hand *schön* flach machen. Jetzt komm mal eben, jetzt macht die Mami …«

Gretes Leben hat offenbar einen Livekommentar. Ich sollte wirklich mehr mit Lotta reden.

»Wir warten noch ein bisschen, Lotta!«, sagt Nina. Anscheinend hat sie dasselbe gedacht. Nur warum redet sie so laut? »Gleich sind wir dran, nicht wahr, mein Schatz? Ganz ruhig!«

Die Mutter vor uns blickt sich stirnrunzelnd um, erblickt Lottas Rollstuhl und sagt: »Oh, Entschuldigung!«

Lächelnd zieht sie ihre protestierende Tochter vom Gitter weg, sodass Lotta freie Bahn hat.

»Lass mal das Mädchen schauen, Grete!«

Sie lächelt uns an, Nina stupst mich in die Seite.

»Danke«, sage ich und lächele. »Schau mal, Lotta, die Ziegen!«

Ich schiebe Lotta ans Gitter und drehe sie seitwärts, sodass ihre rechte Hand am Gitter landet. Sie so zu drehen, dass die Innenfläche nach oben zeigt, ist aufgrund der Spastik unangenehm für Lotta, daher nehme ich den Handrücken. Ich streue ihr das Trockenfutter, das wir am Automaten gekauft haben, zwischen die Rillen ihrer Finger. Die Ziegen pressen sich ans Gitter und knabbern an Lottas Fingern, um an das Futter zu kommen. Ihre rauen Zungen gleiten über Lottas Haut. Sie kichert. Die Frau hat ihre Tochter auf dem Arm und wendet den Blick nicht von uns.

»Sollen wir mal Hallo sagen, Grete? Schau mal, das Mädchen hat einen Rollstuhl.«

Grete windet sich.

»Ich will die Ziegen!«

»Komm, Grete, wir sagen dem Mädchen mal schnell Hallo.«

»Möchtest du etwas von unserem Futter?«, frage ich und gebe dem Mädchen etwas ab. Ihre Mutter lässt sie runter, sie schiebt sofort alles auf einmal durch das Gitter und streckt ihre Hand nach mehr aus. Grete ignoriert Lotta, doch ihre Mutter scheint fasziniert zu sein.

»Darf ich fragen, was Ihre Tochter hat?«, fragt sie, während sie die Feuchttücher aus der Tasche zieht und die Finger säubert, die ihr Grete ständig wegzieht.

»Angeboren«, sage ich. »Herrliches Wetter, oder?«

»Ja, aber, was genau … Ich meine, konnte man da nichts mehr machen?«

»Und Ihre Tochter«, unterbricht Nina sie, »in welchem Alter haben Sie es gemerkt?«

»Wie bitte?«

Als wir weggehen, stoße ich Nina grinsend in die Seite.

»Du!«

»Hätte doch sein können«, sagt sie grinsend. »So, wie die mit dem Mädchen geredet hat. Und du weißt doch: Es gibt keine Menschen ohne Behinderung. Es gibt nur welche ohne Diagnose.«

Wir sind zu spät. Im Eingang zur Kirche drängen sich die Menschen, ich halte inne. Vielleicht sollten wir wieder gehen, das sieht völlig überfüllt aus. Als die ersten zwei Lotta und mich bemerken, treten sie sofort zur Seite, um uns durchzulassen. Vor uns tippt einer seinem Vordermann auf die Schulter. »Lassen Sie doch mal die Dame mit dem Kind durch.«

»Das ist doch nicht nötig«, setze ich an, doch der Vordermann macht schon den Nächsten auf uns aufmerksam. Lotta und mir bleibt keine Wahl, als schnell und lächelnd durch die entstehende Gasse zu gehen. »Vielen Dank!«

Die Menge spuckt uns aus und Lotta und ich stehen im Mittelgang der voll besetzten Kirche. Hinter uns schließen sich die Reihen wieder. Die Leute hinter mir standen mal ganz vorne, nun sehen sie nur noch meinen Rücken. Schnell blicke ich mich um. Hier ist kein Platz mehr frei, Köpfe drehen sich zu uns. Eine ältere Dame nimmt Blickkontakt mit mir auf, doch ich gehe weiter, bevor sie uns noch ihren Platz anbietet. Ich schreite mit Lotta nach vorne, den Mittelgang hinunter, wie ein Vater mit der Braut. Ich merke, wie die Blicke der Sitzenden uns folgen.

Wir laufen auf den Chor zu, der sich schon vorne aufgebaut hat, ganz kurz habe ich das absurde Gefühl, Teil der Inszenierung zu sein. Ganz vorne links, neben dem Chor, finden wir einen Platz an der Wand, ich lasse mich neben Lottas Rollstuhl mit dem Rücken an der Wand in die Hocke sinken, bis unsere Augen auf gleicher Höhe sind. Ich frage mich, ob der Chor bekannter ist, als ich dachte, oder ob alle aus demselben Grund da sind wie ich – weil sie jemand kennen, der mitsingt. Ich schaue, aber ich kann Anemone nirgendwo entdecken.

Der Chor hebt an, langsam erst, leise, dann immer lauter, der Gesang schwillt an wie eine Flut, die langsam steigt. Der Chor singt »Come what may«, ich kenne es noch aus »Moulin Rouge«. Lotta reißt die Augen auf, als würde sie spüren, wie die Musik an ihr hochkriecht. Die Haare an ihren Unterarmen stellen sich auf, sie hat Gänsehaut. Sie dreht den Kopf in meine Richtung.

*»Never knew I could feel like this, it's like I've never seen the sky before …«*

Lotta reißt den Mund auf, ihr Gesicht ein einziges Lächeln.

*»Come what may …«*, donnert der Chor und ein spitzer Schrei des Entzückens dringt durch den Gesang, der noch lauter wird, als wollte er Lotta übertönen. *»Come what may …«*

»Pssst!«, sage ich leise in Lottas Ohr. Ich bewege ihre Hand auf und ab und sie verstummt. Ich unterbreche nur ungern ihre Konzentration auf die Musik, aber wenn ich sie ablenke, stört sie vielleicht keinen. Ein älterer Herr, der direkt vor uns sitzt, schaut nicht nach vorne, sondern seitwärts. Unverhohlen beobachtet er mich und Lotta.

»Äh!«

»Ich weiß, schön, oder?«, flüstere ich in Lottas Ohr. »Aber wir hören nur zu.«

Die Musik erreicht ihren Höhepunkt, die Sänger jubilieren, ihre Stimmen reißen uns mit.

*»Come what may«,* hallt es durch den Kirchenraum, so laut und kräftig, dass ich nicht mal höre, wie ich schlucke. Die Gänsehaut hat nun auch Lottas Wangen erreicht, ein tiefes Grübchen gräbt sich hinein. Ihre Augen sind weiter offen als jemals zuvor. Auch in meinem Nacken stellen sich die Haare auf, ich muss blinzeln.

*»Suddenly the world seems such a perfect place.«*

Der ältere Herr neben uns schaut immer noch zu der schmachtenden Lotta, langsam hebt er seine rechte Hand und wischt sich die Tränen vom Gesicht. Der Chor beendet das Lied und die Menge beginnt, zu klatschen. Lotta lacht und kreischt. Als das nächste Lied beginnt, lasse ich ihre Hand los und überlasse sie der Musik.

Später verteilt sich der Chor im Publikum und alle sollen mitsingen. Die gesamte Kirche wiegt sich hin und her. *»This little light of mine, I'm gonna let it shine.«* Als am Ende alle aufstehen und die Kirche verlassen, werden wir getragen von der Gemeinschaft. So viele Menschen lächeln Lotta an. Zwischen all den Leuten entdecke ich Anemone. Sie breitet die Arme aus und umarmt erst mich, dann Lotta.

»Ich habe dich schon gehört, meine Hübsche!«

»Hat das gestört? Ich hoffe, das war nicht ...«

»Nein, nein«, unterbricht sie mich. »Wir haben uns alle so gefreut, das ist doch schön, wenn es ihr gefällt.«

Sie verspricht, uns Bescheid zu sagen, wenn sie das nächste Mal auftreten.

Ob das alle Musiker so sehen? Und alle Zuschauer? Ich muss an das Hotel-Urteil denken, von dem Nina erzählt hat. Kann ein schwerbehindertes Mädchen bei empfindsamen Menschen den Musikgenuss erheblich beinträchtigen? Wer will schon Kreischen hören, wenn er ins Konzert geht. Oder sollte mir das egal sein?

Nächster Vorsatz: mehr Musik. Wir werden die besten Freunde aller Straßenmusikanten. Im Einkaufscenter, wo wir eigentlich Hausschuhe kaufen wollten, entdecken wir einen Pianisten neben den Massagesesseln. Während die Menschen vorbeihetzen, beladen mit Tüten und mit dem Handy am Ohr, bleiben wir eine Dreiviertelstunde dort stehen, Lotta lächelt verzückt.

Als wir uns schließlich zum Gehen wenden, bricht der Pianist sein Stück ab und kommt auf uns zu. »Endlich hört mir mal jemand wirklich zu«, sagt er und beugt sich zu Lotta runter. »Du hast mich heute sehr glücklich gemacht, junge Dame.«

Dass Lotta Gospel mag und Hollywood-Schnulzen, wissen wir nach dem Konzert in der Kirche. Bislang liefen bei uns tagsüber hauptsächlich Hörspiele und maximal Kinderlieder. Wir spielen ihr unsere alte Musiksammlung und das halbe Internet vor, auf der Suche nach Musik, die ihr sonst noch gefallen könnte. Chöre, Streicher, Klavier. Die »Jahreszeiten« von Vivaldi, das »Wohltemperierte Klavier« von Bach, überhaupt sehr viel Bach. Sein »Air« ist ein Fest an Gänsehaut. Beethoven – nein, definitiv nicht. Panflöten – ebenfalls nein, zu meiner Erleichterung. Lotta wird Beatles-Fan. »Here comes the sun«, »Pennylane is my ears and in my eyes«. Rap und Hip-Hop ernten nur ein missbilligendes Stirnrunzeln, das eindeutig sagt, dass Musik mehr Melodie als Rhythmus haben sollte. Miles Davis bitte gerne, Dixieland-Jazz – nein. Rock findet Lotta lustig, Punk amüsiert sie, zumindest die Katzenpunkerin eines Kinderliedes, die kreischt: »Ich kämm mir meine Haare nicht, aahaahaaahaah, ich trag sie lieber im Gesicht.« Ed Sheeran kriegt mit seinem Gitarrengeschrammel in »Perfect« einen verzückten Augenaufschlag und ein Grübchen. Aber egal, wie gut die Aufnahme ist und wie laut wir sie hören, Lotta zieht Livemusik vor.

»Wir sollten mit ihr in die Philharmonie«, sagt Harry.

»Oder zu Justin Bieber«, sage ich. »Da kreischen wenigstens alle.«

Verstohlene Blicke und unverhohlenes Starren, hohe Bordsteine und kaputte Aufzüge, Brandvorschriften, Fluchtwege, »Das ist hier aber verboten« und »Gewickelt wird hier nicht«. Es gibt so viele Hindernisse. Lotta sieht weder die Blicke noch die hohen Bordsteine. Sie mag uns stöhnen hören, doch sie liebt es, wenn wir ihren Rolli tragen und er schwankt wie eine Sänfte. Wir haben Glück. Nina hat mir erzählt, wie Leon darunter leidet, wenn andere ihn anstarren, wenn Kinder aus der Kita ihn nicht zu ihrem Geburtstag einladen. Wie wütend er wird, weil andere mit dem Fahrrad fahren und er das große Spezial-Dreirad nehmen soll. Lotta hat, soweit ich weiß, noch nie geweint, weil Kinder sie gehänselt haben.

Doch es gibt schlimmere Barrieren als Treppenstufen: mich. Wenn ich zu feige bin, um mich den Blicken zu stellen. Wenn ich Sorge habe, welche Vorschriften einen Rollstuhl jetzt schon wieder verbieten. Wenn ich sie nur dahin mitnehme, wo alle sie kennen. Wenn ich es mir einfach machen will und sie im Zweifel lieber zu Hause lasse, dann bin ich die höchste Barriere, die Lotta im Weg stehen kann.

Dabei sind die Hindernisse so klein, verglichen mit dem, was dahinter wartet: ein Römerschwert auf Lottas Schoß, ein Flug durch die Sterne im dunklen Planetarium, Gesang, Grübchen, Gänsehaut.

Für dich werde ich sämtliche Brandschutzvorschriften missachten, Lotta. Wenn sie uns rausschicken, werde ich lächelnd sagen, das mache nichts, und es dann an der Hintertür noch mal versuchen. Ich werde stolz neben dir auf Konzerten sitzen, auch wenn du als Einzige mitsingst, in deiner ganz eigenen Sprache. Ich werde mit dir auf dem Arm auf die Rutsche klettern und gemeinsam hinabsausen. Ich werde sogar ins Small-Land einchecken, wenn du das unbedingt willst, und mit dir zusammen ins Bällebad hüpfen. Ich werde jeden einzelnen Behinderten-Bonus mitnehmen. Lass sie gucken. Lass sie fragen. Lass sie sagen, das wäre hier aber verboten. Das wird uns nicht abhalten. Du brauchst keinen Umhang, der dich unsichtbar macht, um zu erleben, wie schön die Welt ist.

Als ich mit Lotta die Buchhandlung betrete, versperrt ein schwarzer Flügel den Weg zur Kinderabteilung.

»Oh, kommen Sie da nicht durch?«, fragt eine Frau um die 30, lehnt sich mit dem Hintern an das Instrument und schiebt es etwas zur Seite, sodass ein Durchgang frei wird.

»Danke!«, sage ich und schiebe Lotta schnell hindurch. »Gibt's hier heute ein Konzert?«

Sie nickt und Lotta sagt aufgeregt: »Äh!«

»Hast du das gehört, Lotta, hier gibt es ein Konzert. Klavier!«

»Gefällt dir das?«, fragt die Frau Lotta und die bejaht mit einem Lächeln.

»Meine Tochter liebt Klavierkonzerte. Sie müssten mal ihre Grübchen sehen, Gänsehaut bekommt sie. Ich kenne niemanden, der Musik mehr genießt. Wann geht es denn los?«

»Um 20 Uhr.«

»Oh, schade, das ist zu spät für uns. Aber viel Freude heute Abend!«

Ich schiebe Lotta weiter.

»Komm, Lotta, wir schauen mal nach neuen Büchern zum Vorlesen.«

Während ich nach etwas suche, das sowohl Lotta als auch Ben gefallen könnte, setzt sich die Pianistin an den Flügel. Sie beginnt mit Tonleitern und Lotta spitzt die Ohren. Ich schiebe sie wieder in Richtung des Flügels und hocke mich neben sie.

»Hör mal«, sage ich. »Wie schön!«

Die Pianistin schaut zu uns rüber, lächelt und greift jetzt richtig in die Tasten. Donnernder Klang, etwas sehr nah, etwas sehr laut. Ich schiebe Lotta ein kleines Stück zurück. Ich weiß nicht, was sie spielt, aber es ist auf jeden Fall sehr laut und modern. Und düster. Lotta runzelt die Stirn und zieht die Mundwinkel nach unten.

Die Pianistin schaut lächelnd zu uns, ich lächele, etwas gezwungen. »Wunderschön!«

»Uuuh«, sagt Lotta klagend.

»Das ist so schön, oder, Lotta?«

Lotta verdreht die Augen. Jetzt bin ich nicht mehr ganz so froh, dass man ihr am Gesicht ablesen kann, was sie denkt.

»Uuh.«

Schnell schiebe ich Lotta an dem Flügel vorbei

»Ich glaub, hier hat jemand Hunger. Vielen Dank und viel Erfolg heute Abend!«

Als sich die automatischen Schiebetüren hinter uns schließen und wir draußen auf dem Bürgersteig stehen, beuge ich mich zu Lotta hinunter.

»Weißt du, ich geb dir ja recht, aber manchmal …«

Ist es schlimm, wenn ich einem Kind, das nicht reden kann, das Lügen aus Höflichkeit beibringe?

# 12

## *»Deiner Mutter liegt wirklich 'ne Menge an deiner Einschulung«*

### Von Forrest Gump und der Förderschule

Die Förderschule riecht nicht nach Krankenhaus, sondern nach Chlor. Fast möchte ich nach dem Snackautomaten Ausschau halten, der immer am Eingang jedes Schwimmbads steht, so stark ist der Geruch. Jetzt habe ich Hunger auf Zwiebelringe.

Bodentiefe Fenster, sonnengelbe Fensterrahmen, durch die man auf kleine begrünte Innenhöfe blickt. Endlose breite Flure. Ein Ehepaar überholt mich und folgt dem Pfeil auf einem Plakat: »Info-Abend der Sternstraße – Konferenzraum im ersten Stock«. Ich blicke auf die Uhr, noch habe ich Zeit. An den Wänden hängen Fotos von Schulfeiern, Kinder in Rollstühlen bei einem Karnevalsumzug, Kinder um ein Lagerfeuer, die Stockbrot über die Glut halten, ein Kind auf einem Mono-Ski am Berghang, vor sich einen Lehrer im Schneetreiben. Noch eine Mutter geht an mir vorbei und wirft mir einen Blick zu. Ich lächele – und als sie vorbei ist, biege ich schnell in einen dunklen Seitenflur ab.

Hier sind die Klassenzimmer. An den Türen hängen Plakate: »Hier lernen: Luis, Martha, Denise, Theo, Ajda, Leonie, Hassan«. Bis zu zehn Namen auf einer Klassentür, darüber Fotos. Ich komme mir wie ein Einbrecher vor, als ich in die lachenden Kindergesichter blicke. Daneben hängen Turnbeutel an Garderoben, die aussehen wie die ins Bens Schule.

Als ich an der Garderobe vorbei bin, lässt mich etwas innehalten. Noch nie habe ich so viele auf einen Haufen gesehen. Eine ganze Armada an Hilfsmitteln. Ein Stehständer in Rosa – ich wusste gar nicht, dass es den in dieser Farbe gibt. Ich schaue mich um und beuge mich schnell runter, um nachzusehen, welches Fabrikat das ist. Ein großes Dreirad, wie Leon eins hat. Ein Rollator in winzigklein, einer so groß, dass er fast für mich sein könnte. Ein riesiges Brett mit Rollen drunter, das Lotta bestimmt gefallen würde, zum Krabbeln. Ein roter Trichter aus Plastik, bestimmt ein Meter Durchmesser, bei dem ich mir nicht sicher bin, welchem Zweck er dient. Ein großes Brett auf einem seltsamen Ständer. Als ich es antippe, fängt es sofort an, sich in alle Richtungen zu drehen. Es knallt gegen einen Stehständer, schnell halte ich das Brett fest. Das Geräusch hallt durch den leeren Flur. Ich blicke mich um, doch der Knall verhallt, ohne dass jemand nachschauen kommt. Wem die wohl alle gehören? Der Schule? Oder parken die Kinder ihre Stehständer an der Garderobe wie Ben seine Turnschuhe für den Sportunterricht?

Ich höre eine Tür zuschlagen und zucke zurück. Im Dunkeln nähern sich Schritte. Ich sollte in den Konferenzraum gehen.

Harry ist wieder nicht dabei, Lotta ist so erkältet, dass lieber einer von uns zu Hause geblieben ist. Mit einer Erkältung kommen immer auch Anfälle.

»Habe ich was verpasst?«, hat er gesagt, als ich die Treppe runtergekommen bin, und mich gemustert. »Hast du ein Date?«

»Zu viel?«

Ich ziehe mein Tuch über den Ausschnitt, bevor ich den Konferenzraum betrete. Die Neonröhren blenden. Der Saal ist schon fast voll, vielleicht 40 Leute sitzen in einem großen U, vorne ist ein Projektor aufgebaut, der eine PowerPoint-Präsentation an die Wand wirft: ein buntes »Einschulung 2016 – Herzlich willkommen!«. Gegenüber sehe ich die Eltern sitzen, die beim Info-Abend damals gefragt haben, ob man Hinken als vorrangigen Förderschwerpunkt definieren lassen kann, um auf diese Schule zu kommen. Ein Blick in die Runde verrät mir, dass hier alle vertreten sind – von Perlenkettenträgerinnen bis zu Männern, die ihre Ärmel hochgekrempelt haben, damit man ihre Tätowierungen besser sehen kann. Hinten liest einer auf seinem Handy, daneben sitzt eine Mutter mit zwei kleinen Kindern, die auf ein Tablet starren. Die vorne sitzen, haben Blöcke und Stifte ausgepackt. Ganz vorne sitzt ein Mann mit grauen Haaren, den ich für den Rektor halte, an einem Computer. Der Stuhl neben ihm ist besetzt von einer Frau mit Block, aber daneben ist noch frei.

»Herr Karls?«

Ich schüttele ihm die Hand. »Roth, wir hatten telefoniert.«

»Ach, wissen Sie, ich telefoniere im Moment mit so vielen Eltern …« Er wendet sich seinem Laptop zu. Und ich dachte, ich übertreibe, als ich mich vorab per Telefon für den Info-Abend angemeldet habe. Anscheinend bin ich längst nicht die Einzige, die auf diese Idee gekommen ist.

Der Vortrag geht direkt in die Details: mit einer langen Erklärung, wie ein AO-SF-Antrag auszufüllen ist, die Feststellung des Förderbedarfs und der Begutachtung, die erfolgen soll durch das Gesundheitsamt, die inklusive Grundschule, die vorgeschlagen wird, die normale Grundschule, auf der wir Lotta pro forma anmelden müssen, und die Förderschule. In fett gedruckten Buchstaben weisen die PowerPoint-Folien darauf hin, dass man das Recht habe, sein Kind auf einer inklusiven Schule anzumelden.

»Und wenn die nicht will?«, sagt meine Banknachbarin leise zu sich selbst, während sie das abschreibt.

»Sie brauchen das nicht zu notieren!«, sagt Herr Karls. »Tragen Sie sich einfach in die Liste ein und ich schicke Ihnen die Folien später per Mail.«

Bei klaren, einstimmigen Fällen, wenn alle Gutachten und der Elternwille übereinstimmen, entscheidet das Schulamt nach Aktenlage, steht an der Wand. Sollten sich die Gutachten widersprechen, wird das Schulamt prüfen. Sollten die Gutachten zu einem anderen Schluss kommen, als die Eltern dies wünschen, kann die Familie Widerspruch einlegen und das Schulamt muss sie anhören, bevor es endgültig entscheidet.

»Mir ist noch einmal wichtig, zu betonen: Sie haben das Recht auf die Wahl zwischen dem System der inklusiven Grundschule und der Förderschule, nicht auf eine bestimmte Schule, die Ihnen gefällt.«

Anschließend geht es um den Bustransport. Gerade als ich mich frage, wann der Rektor eigentlich Werbung für seine Schule machen will oder ob ihm Eltern so die Tür einrennen, dass er das gar nicht nötig hat, kommen die Zahlen, die mich interessieren: Acht bis zehn Kinder pro Klasse, Klassenleitungsteams zu zweit oder dritt, in der Schule 13 Therapeutenstellen: Ergotherapie, Physiotherapie, Motopädie und durch eine externe Praxis Logopädie. »13!«, schreibe ich auf. Selbst in der Reha nach ihrer Hüft-OP hatte Lotta nicht so viel Therapie. Hier hätte sie endlich wieder Logopädie.

Unsere Logopädie-Sitzungen habe ich im letzten Jahr ganz gestrichen. Die Therapeutin hatte so viele Termine, dass sie nicht in die Kita kommen konnte, die Praxis lag im dritten Stock ohne Aufzug und Lotta brauchte nachmittags auch mal Zeit zum Spielen und Ausruhen. Es war besser so. Dennoch habe ich deswegen ab und zu ein schlechtes Gewissen. Fördere ich Lotta genug? Verpasse ich etwas? Sie sollte endlich lernen, aus einem Becher zu trinken, ich habe die Tröpfelei mit den Spritzen so satt und sie wahrscheinlich auch. Sie trinkt zu wenig, an manchen Tagen nur 200 Milliliter.

Erst letzte Woche habe ich entdeckt, dass es bei einigen Fernsehsendungen und Filmen die sogenannte Audiodeskription gibt. Wenn auf dem Bildschirm keiner spricht, erklärt eine Stimme aus dem Off leise, was zu sehen ist – und verwandelt so den Film in ein Hörspiel, dem auch blinde Menschen wie Lotta folgen können. Leider gibt es das nicht für die »Gilmore Girls« oder »Kevin allein zu Haus«, aber immerhin wird ab Januar 2018 »Die Sendung mit der Maus« damit ausgestattet. Fürs Kino gibt es eine App fürs Handy, die viele aktuelle Filme vertont – ich drücke zu Beginn des Films auf »Start« und Lotta verfolgt über einen Kopfhörer das Geschehen, während wir zusammen im Kino sitzen. Ich habe sechs Jahre gebraucht, um das zu entdecken. Was verpasst Lotta meinetwegen sonst noch alles?

Diese Sorge wäre ich hier los. Wie gut Lotta so viel Förderung tun würde. Sogar Schwimmen gibt es ein- bis zweimal wöchentlich.

»Wir haben extra warmes Wasser, wir wissen, dass viele unserer Kinder schnell frieren. Sie können das Schwimmbad beim Hospitieren gerne besichtigen.«

Das Pferd fürs therapeutische Reiten ist leider verstorben. »Wenn Sie jemand mit einem Reitstall kennen, wir sind auf der Suche.« Die Frau neben mir kringelt das Wort »Pferd« ein und schreibt dahinter ein Ausrufezeichen. Als sie sieht, dass ich gucke, zieht sie ihren Block weg.

»Unterstützte Kommunikation ist einer unserer Schwerpunkte.« Ich horche auf. »Viele unserer Schüler kommunizieren mit UK.«

Ich denke an Lottas BigMack und welche großen Fortschritte sie in letzter Zeit macht. Hier gibt es AGs nur für UK-Nutzer, Spielkreise, Geräte zum Ausleihen und neben der Kantine einen Knopf, den man drücken kann, um zu hören, was es zum Mittagessen gibt.

Wir haben in der Kita Beratung durch Experten, engagierte Erzieher und Claudi, die mit Lotta übt – was wir nicht haben, sind andere Kinder, die ebenfalls mit UK kommunizieren, und Lehrer, die schon seit Jahren mit ihnen arbeiten. Wie schön wäre es, wenn in der Schule jemand sagen könnte: »Lotta, willst du mal Lukas' Gerät ausprobieren?« Oder: »Kennen Sie schon dieses UK-Spielzeug, Frau Roth, das könnte Lotta gefallen?« In der Kita denken wir uns Spiele aus, die man mit UK spielen kann – Stopptanz zum Beispiel, Lotta drückt auf ihren Schalter und spielt Musik ab. Sobald sie wieder drückt und die Musik anhält, bleiben alle eingefroren stehen. Hier haben sie wahrscheinlich eine endlose Liste an Spielen, während wir uns zu Hause den Kopf zerbrechen, was man sonst noch machen könnte. Was könnte Lotta hier alles erreichen?

Auf der Wand steht: »Große Bandbreite, was das Leistungsvermögen, die motorischen, sprachlichen, kognitiven Fähigkeiten, die Konzentration, die gesundheitliche Belastbarkeit u. v. m. angeht.« Alle Bildungsgänge können hier im Rahmen einer Klasse unterrichtet werden, die Kinder, die ganz normal die Grundschule beenden wollen, so wie Ben es tun wird, genau wie die, die eine geistige Behinderung haben und nicht das Gymnasium oder die Realschule anstreben.

Es gibt eine Pflegeabteilung, die sich um alle medizinischen Fragen kümmert. Neben dem Unterricht in den regulären Fächern wie Deutsch, Englisch oder Mathe gibt es auch andere Ziele: Orientierung im Gebäude, Strukturierung des Tagesablaufs und Selbstständigkeit. »Toilettengänge und Pflegegänge werden geübt« steht in großen Buchstaben auf der PowerPoint-Folie. Pflegegänge – das heißt wickeln, oder? Geübt wird wahrscheinlich, dass sich das Kind selbst zur Seite dreht oder sonst wie hilft.

Ich lege den Stift zur Seite. Die Schule meiner Kindheit erscheint mir auf einmal sehr weit weg. Warum stelle ich mich so an? Ich habe Lottas Behinderung doch akzeptiert, oder nicht? Ich sollte nicht zurückzucken, wenn ich das lese. Ich wünsche mir doch eine Schule, wo Lotta so angenommen wird, wie sie ist. Anscheinend geht das nur hier. Ich schaue auf meine Notizen: »13! Therapeuten, kleine Klassen, Unterstützte Kommunikation = Schwerpunkt, warmes Wasser, Selbstständigkeit, Pferd = tot«.

Herr Karls beendet die Präsentation, die meisten Eltern applaudieren. Sofort meldet sich meine Banknachbarin: »Wie entscheiden Sie, welche Kinder aufgenommen werden?«

»Seien Sie ganz beruhigt, alle Kinder, die zu uns gehören, werden auch zu uns kommen.«

War das eine Antwort?

Hinten meldet sich ein Vater: »Die Förderschulen werden in NRW ja gegenwärtig geschlossen, wie sieht es mit der Zukunft dieser Schule aus?«

»Wir haben erst mal eine Bestandsgarantie, da wir sehr groß sind. Allerdings ist es wahr, dass Sie auch eine inklusive Schule wählen können. Wenn Sie das interessiert, kann ich Sie nur ermutigen, auch die inklusiven Schulen zu besichtigen. Es ist Ihre Entscheidung, auf welcher Schulform Sie Ihr Kind anmelden wollen.«

Ich denke an »Gewickelt wird hier nicht« – meine Entscheidung? Wirklich?

»Sie können auch später noch wechseln, das hier ist keine Einbahnstraße. Das System soll durchlässig sein.«

Danach spricht die Leiterin der Physiotherapie und verweist nachdrücklich auf die Rezeptpflicht.

»Wenn ich Sie nun einladen dürfte, sich für die Hospitationen einzutragen.«

Herr Karls weist auf die Wand, an der mehrere große Seiten eines Flipcharts aufgehängt sind. Darauf eine Tabelle von Tagen und Uhrzeiten, mit Fächern.

Alle drängen sich vor, ich trage mich für die ersten zwei Stunden am Donnerstag ein, in einer ersten Klasse. Auf dem Stundenplan steht »sensorische Integration«, ich habe keine Ahnung, was das ist, hoffentlich nicht die Übung des Toilettengangs. Harry trage ich fürs Schwimmen ein.

»Herr Karls«, höre ich meine Sitznachbarin von eben. »Dürfte ich Sie noch mal fragen nach den Aufnahmekriterien?«

Ich stelle mich dazu und sage: »Ich habe gehört, es gibt eine Quote für Kinder mit schwerer Mehrfachbehinderung. Stimmt das?«

Herr Karls lächelt das Lächeln eines Türstehers eines sehr beliebten Nachtklubs.

»Nun machen Sie sich mal keine Sorgen. Wie gesagt: Alle Kinder, die zu uns gehören, werden auch zu uns kommen.«

»Was ist mit Sinneseinschränkungen – zum Beispiel …«

Ich zögere.

»Sehbehinderte, nur so rein hypothetisch.«

»Das wären dann natürlich eher die Förderschulen mit Schwerpunkt Sehen.«

Wenn ich Lottas Sehen nicht fördere, passiert gar nichts, außer dass sie keine Fortschritte auf diesem Gebiet macht. Wenn sie nicht genug Physiotherapie bekommt, leidet sie Schmerzen und muss operiert werden. Warum ist Sehen dennoch automatisch ein vorrangiger Förderschwerpunkt?

»Aber seien Sie unbesorgt, die Kinder, die hierhergehören, finden auch ihren Weg zu uns.«

Was genau heißt das? Wenn Gutachten und Eltern übereinstimmen, entscheidet das Schulamt nach Aktenlage, hat er eben erklärt. Das heißt, ich sollte, wenn irgendwie möglich, für diese Einstimmigkeit sorgen. Wenn ich eine Schule für Lotta möchte, sollte ich sie überzeugen, dass sie Lotta auch will. Wenn sie ihr Gutachten entsprechend schreibt, wird schon keine andere Schule, in diesem Fall die inklusive und die reguläre Grundschule, die Lotta ebenfalls begutachten müssen, protestieren. Denn sie haben ja ein Interesse daran, dass Lotta nicht zu ihnen kommt. Wenn eins klar ist, dann, dass keine Schule rufen wird: »Aber Lotta sollte doch zu uns kommen!« Diese anderen Schulen werden sich dem Gutachten der Schule, die uns aufnimmt, wahrscheinlich anschließen. Und wenn dann noch das Gutachten des Gesundheitsamts zum selben Schluss kommt – dann, mit viel Glück, könnte es sein, dass das Schulamt einfach seinen Stempel draufpappt, ohne noch mal zu prüfen, ob nicht doch die Sinneseinschränkung vorrangig sein soll. Hat die Frau auf dem Info-Abend das gemeint, als er sagte, ich solle kämpfen, bei jedem Schritt des Prozesses?

Herr Karls wendet sich zum Gehen, da hält meine Banknachbarin von eben ihn auf: »Noch mal wegen des Pferds, ich reite ja regelmäßig …«

»Herr Karls«, werfe ich ein. »Haben Sie gleich noch einen Moment für mich?«

Als ich nach Hause komme, bleibe ich noch kurz im Auto sitzen. Durch die erleuchteten Fenster sehe ich Harry am Esstisch, vor sich Lottas Akten. Einmal die Woche wühlt er sich durch den Papierkram, den Lottas Behinderung mit sich bringt. Anträge, Kostenvoranschläge, Widersprüche, nachrechnen, ob die Krankenkasse auch wirklich die für den Rollstuhl zugesagten zwei Drittel der Kosten überwiesen hat, nachfragen, warum die Verhinderungspflege, mit der Tanja und Julia bezahlt werden, immer noch nicht überwiesen wurde. Lotta ist privat versichert, doch auch bei Kassenpatienten gibt es diesen Papierkrieg. Manchmal sitzt Harry am Abend über eine Stunde daran. Ich wünschte, er hätte heute Abend mitkommen können. Vielleicht würde ich mich dann jetzt nicht so schämen müssen.

Ich lasse die Tür ins Schloss fallen.

»Wie war's?«

»Ganz gut!«, rufe ich aus dem Flur. »Es gibt eine UK-AG und 13 Therapeuten!«

Müde streife ich die Schuhe ab, gehe ins Wohnzimmer und setze mich zu Harry. Er schaut nicht von seinem Papierkram auf. Ich seufze.

»Alles okay?«

Ich lege den Kopf in meine Hände.

»Du glaubst nicht, was ich gemacht habe.«

Er hebt den Kopf.

»Da war so eine Frau neben mir und die hat ständig von ihrem Pferd erzählt und dass sie es ja gerne bereitstellen würde fürs therapeutische Reiten – als ob sie sich dadurch einen Platz sichern könnte.«

»Pferd?«

»Und ob die nun wirklich eine Schwerbehinderten-Quote haben, konnte ich auch nicht herausfinden, und … «

Ich fische einen Flyer aus meiner Handtasche und lege ihn auf den Tisch.

»Der Rektor war total überrascht«, sage ich. »Und ist mit mir extra noch mal ins Büro gegangen, um ihn zu holen. Er musste sogar die Tür aufschließen.«

Es war ein Prozedere von fast zehn Minuten, dann hatte ich, wonach ich gefragt hatte: die Anmeldeunterlagen vom Förderverein.

»Ich bin ein schlechter Mensch.«

Was ist aus dem Vorsatz geworden, meine Würde zu behalten?

Als ich aufwache, ist es erst vier Uhr morgens. Im Haus ist es still und ich muss plötzlich an »Forrest Gump« denken, erst neulich lief die Wiederholung im Fernsehen. Beim Schauen bin ich gleich mehrfach zusammengezuckt. Forrest hat einen niedrigen IQ und trägt Beinschienen, die ihn nur ungelenk laufen lassen. Der Rektor der lokalen Grundschule will ihn nicht aufnehmen, doch seine Mutter insistiert: »Ich verlange, dass mein Sohn Forrest dieselben Chancen erhält wie alle anderen auch. Ich will nicht, dass er auf eine Sonderschule geht, nur um zu lernen, wie man Flaschen sortiert.«

Sie blickt zum Rektor auf und klimpert mit den Wimpern: »Da wird sich doch ein Weg finden lassen.«

Er lächelt.

»Wir sind ein progressives Schulsystem, wir wollen, dass kein Kind zurückbleibt.«

In der nächsten Szene sitzt Forrest draußen auf einer Schaukel, aus dem Haus hört man Stöhnen und Lustschreie. Der Schulleiter kommt heraus, wischt sich die Stirn mit einem Taschentuch und sagt: »Deiner Mutter liegt wirklich 'ne Menge an deiner Einschulung, Junge.«

»Forrest Gump« spielt in den 1950er-Jahren in Alabama, seine Mutter ist nur eine Figur in einem Film – ganz weit weg. Oder? Gerade fühlt es sich nicht so an. Wie weit gehen wir für unsere Kinder? Wer mehr kämpft, mit welchen Mitteln auch immer, bekommt mehr. Und was ist mit den Eltern, die keine Zeit fürs Kämpfen haben, keine Kraft übrig und vielleicht auch kein Geld für eine Anwältin?

Ich drehe mich um und nehme die Decke zwischen die Beine. Ist eine Förderschule ein Ort, wo man Flaschen sortieren lernt? Hilfsschule, Sonderschule, Klippschule, Dackelschule, im Dunkeln zähle ich die Namen auf, die man früher für sie verwendet hat. Fast alle werden sie abwertend gebraucht. »Der war wohl in der Klippschule«, »die gehört auf die Sonderschule« – so groß ist die Geringschätzung, dass sich eine Schulform sogar als Beschimpfung eignet. Zeigt das einfach, welches abschätzige Bild von Behinderung wir als Gesellschaft immer noch haben? Überträgt sich die Verachtung für »Spastis«, »Mongos«, »Blödis« auf die Schule, die sie besuchen? Wenn die Behinderungen meiner Tochter kein Problem für mich sind, warum sollte es dann eine Förderschule sein?

Spezielle Schulen für Menschen mit Behinderung gibt es schon lange: Im 18. Jahrhundert wurde beispielsweise die erste Schule für Hörgeschädigte in Sachsen gegründet. Es gab Hilfsschulen für Kinder, die Lern- oder Entwicklungsschwierigkeiten hatten. Hans Würtz, einer der bekanntesten und umstrittensten Verfechter der sogenannten »Krüppelpädagogik«, verkündete zu Zeiten der Weimarer Republik: »Jedes schulfähige Krüppelkind gehört in eine besondere Krüppelschule, in der unter Berücksichtigung der verschiedenen Gebrechen nach bestimmten Methoden aufgrund einer besonderen Krüppelseelenkunde unterrichtet wird.« Würtz bezog sich auf Kinder mit körperlichen Behinderungen und unterschied zwischen denen, die dank der »Krüppelpädagogik« dazu gebracht werden konnten, Leistung zu erbringen, und die daher förderungswürdig seien, und denen, die aufgrund der Schwere ihrer Behinderung »Almosenempfänger« bleiben mussten und somit förderunwürdig seien. Die Leistung, sich in die Gesellschaft einzugliedern, musste der Mensch mit Behinderung erbringen, er war in Würtz' Augen der »Minderwertige« – der Lehrer der »Höherwertige«, der den »Krüppel« an die »Kraftwerte des Gesunden« heranführen sollte, mit Nachdruck und Kraft. Diese Schulen existierten nebeneinander, ohne in eine systematische Bildungslandschaft eingebunden zu sein.

Im Dritten Reich wurden Kinder mit Auffälligkeiten in spezielle Schulen und Anstalten eingewiesen, um sie vom »gesunden« Volk zu trennen, diese Schulen sollten die allgemeine Volksschule entlasten und nun auch der »Erb- und Rassenpflege« dienen.

Bis zu 400 000 Menschen ab einem Alter von zehn Jahren wurden in dieser Zeit zwangssterilisiert. Ärzte, Anstaltsleiter und Lehrer sollten Kinder dafür vorschlagen. Wen, das sollte anhand der Bildungsfähigkeit entschieden werden. Die Fähigkeit, etwas zu leisten, sollte nicht mehr wie bei Würtz nur darüber entscheiden, wer Bildung erhalten durfte, sondern auch darüber, wer Kinder haben oder gar am Leben bleiben durfte. Sogenanntes »lebensunwertes Leben« waren in den Augen der Nationalsozialisten auch Menschen mit Behinderung, »erb- und geisteskranke und sozial oder rassisch unerwünschte«. Rund 200 000 Menschen, die in diese Kategorien fielen, wurden damals getötet. Insbesondere schwerbehinderte Kinder wie Lotta wurden aus ihren Familien genommen und in Heimen untergebracht, viele Betroffene wurden ausgeschult und waren, entrissen ihrem bisherigen Umfeld, leichtere Opfer. Anfangs wurden ganze Anstaltsabteilungen geleert. Kirchenvertreter und viele Eltern protestierten sowie auch einige Anstaltsleiter, Lehrkräfte und Ärzte. Daraufhin wurden die Tötungsaktionen dezentraler durchgeführt.

Nach dem Zweiten Weltkrieg wurde das Sonderschulsystem im Laufe der Zeit systematisiert und ausgebaut. Wurden die Schüler zuvor abgesondert, um das restliche Volk zu schützen, sollte es nun zum Besten der Schüler selbst sein. Die Sonderschulen sollten Bildung für alle Kinder mit Behinderung garantieren und ihnen so die gesellschaftliche Teilhabe ermöglichen – unabhängig von ihrer Leistungsfähigkeit. Es entwickelte sich die Schullandschaft, die wir auch heute noch kennen, mit ihrer Unterteilung der Kinder nach der Art ihrer Behinderung. Ziel sollte sein, die Schüler, wann immer möglich, so weit zu fördern, dass sie auf eine Regelschule wechseln konnten. Die Integrationsleistung sollte also immer noch der Einzelne erbringen – nicht wie jetzt die Gesellschaft, die den Einzelnen inkludiert. Heute hört man den Begriff Sonderschule meistens von Gegnern dieser Schulform, da er die Aussonderung betont, der inzwischen gebräuchlichere Begriff Förderschule soll dagegen die Vorteile hervorheben.

Diese Schulen seien ein Hemmnis im Inklusionsprozess, so Kritiker, das Förderschulsystem habe wie alle Systeme die Tendenz, sich selbst zu erhalten. Eine Bertelsmann-Studie hat sie einmal »Isolationsfallen« genannt, nur etwa ein Drittel der Schüler schafft einen Abschluss. Will ich eine Schule, die Lotta absondert aus der Gesellschaft, selbst wenn sie so anscheinend am besten gefördert werden kann? Eigentlich müsste ich einen Ort, an dem es so viel Förderung für meine Tochter gibt, uneingeschränkt gut finden, ohne zweimal darüber nachzudenken, doch vielleicht steckt hinter meinem kurzen Zurückschrecken vor der Förderschule unbewusst auch der Schatten der Geschichte, das Erschaudern vor einem Aussondern, das schon einmal so fürchterlich geendet hat.

Früher wurden Menschen wie Lotta in diesem Land vergast, es

wurden mit ihnen Experimente gemacht oder man ließ sie bewusst verhungern und verdursten. Nach dem Krieg wurden die Überlebenden und die Nachgeborenen morgens mit dem Bus in ihre eigene Schule gefahren. Kein Wunder, dass die meisten Menschen, denen ich heute, Jahrzehnte später, begegne, nicht wissen, wie sie sich Lotta gegenüber verhalten sollen – wo sollen sie denn einen alltäglichen, entspannten Umgang gelernt haben? In der Schule zumeist nicht. Im Büro auch nicht, die meisten Menschen mit Behinderung arbeiten immer noch abseits des regulären Arbeitsmarkts. Dank der UN-Behindertenrechtskonvention hat Lotta nun ein Menschenrecht auf Teilhabe, auch in der Schule. Soll ich das missachten?

Ich schiebe die Decke zur Seite, stehe noch mal auf und öffne ein Fenster. Harry rührt sich nicht hinter mir, ich bin leise, um ihn nicht zu wecken.

Draußen liegt der dunkle Platz, es regnet und der Duft nach nassem, kaltem Asphalt dringt bis zu mir nach oben. Das gelbe Licht der Laternen malt kleine Kreise auf die Straße. Ich beuge mich aus dem Fenster und atme tief ein. Gegenüber im Haus geht ein Licht an, hinter einem Fenster sehe ich unsere Nachbarin als Scherenschnitt auf den Flächenvorhängen, wie sie ihr Baby hochnimmt. Sie zieht die Vorhänge auf und öffnet das Fenster. Eingerahmt vom Licht steht sie da, das Babyköpfchen an der Schulter, und wippt auf und ab. Wahrscheinlich sieht sie mich nicht, ich stehe im Dunkeln.

Der Aktivist Raul Krauthausen hat einmal geschrieben, dass das Recht der Eltern, eine Förderschule zu wählen, auch immer ein Recht auf Diskriminierung wäre. Verletze ich Lottas Menschenrechte, wenn ich eine Förderschule wähle? Bin ich dann die Barriere, die zwischen ihr und der Welt steht? Ich hatte mir doch gerade erst vorgenommen, ihr die Welt zu zeigen – nehme ich das jetzt schon wieder zurück?

In der UN-Behindertenrechtskonvention steht, dass »ein inklusives Bildungssystem auf allen Ebenen« gewährleistet werden soll, doch was ist mit den Förderschulen? 2015 wurde Deutschland vom UN-Fachausschuss für die Behindertenrechtskonvention gerügt, die »concluding observations« lesen sich wie eine Abrechnung in fast allen Bereichen, nicht nur in Bezug auf Schule, sondern auch auf selbstständiges Leben, Einfluss von Menschen mit Behinderung auf Entscheidungen, die sie betreffen, Einsatz von Beruhigungsmitteln in Heimen und vieles mehr.

Unter dem Punkt »School« schreibt der Ausschuss: »*The Committee is concerned that the State party has an education system where the majority of students with disabilities attend segregated special-needs schools.*« Der Ausschuss ist also besorgt, dass Deutschland ein Schulsystem hat, in dem die Mehrheit der Schüler mit Behinderung Förderschulen besucht. Er fordert Deutschland unter anderem auf, sofort eine Strategie, einen Aktions- und Zeitplan sowie Zielvorgaben zu entwickeln, um allen Menschen Zugang zu einem hochwertigen inklusiven Bildungssystem in allen Bundesländern zu gewähren, inklusive der nötigen finanziellen und personellen Ressourcen auf allen Ebenen. Sechs Jahre nachdem Deutschland die Konvention ratifiziert hat, fehlt nach Ansicht der UN hierzulande immer noch ein Plan, wie sie umzusetzen ist.

Der Ausschuss empfiehlt:

> »Scale down segregated schools to facilitate inclusion, and (recommends) that the law and policies uphold the duty that mainstream schools enroll children with disabilities with immediate effect if that is their choice.«

»Scale down« lässt sich übersetzen mit reduzieren, verringern, verkleinern, das Institut für Menschenrechte übersetzt es mit »zurückbauen«. Die Förderschulen sollen also reduziert werden, um Inklusion zu erleichtern. Und das Komitee empfiehlt, dass Regelschulen verpflichtet sein sollten, Kinder mit Behinderung mit sofortiger Wirkung aufzunehmen, falls das ihre Wahl ist.

*Falls das ihre Wahl ist* – wenn es nach den Vereinten Nationen geht, kann ich also durchaus eine Förderschule für Lotta wählen.

Es soll zwar nicht die Mehrheit der Kinder auf separierende Schulen gehen, aber gefordert wird auch nicht, dass keine mehr hingehen. Oder?

Einige Inklusionsbefürworter verstehen »zurückbauen« und »reduzieren« als »abschaffen«. Es gibt zahlreiche Befürworter der Inklusion, die vorrechnen, dass erst mit dem vollständigen Ende des Fördersystems genügend personelle und finanzielle Ressourcen frei werden, um das inklusive System gut ausstatten zu können. Laut einer Studie der Bertelsmann-Stiftung von 2018 fehlen alleine für die Grundschulen bis 2025 bundesweit rund 35 000 Lehrer, das erschwert die Umsetzung der Inklusion zusätzlich.

Wenn es nach der zu diesem Zeitpunkt rot-grünen Regierung von NRW geht, ist die Förderschule ein Auslaufmodell, viele werden geschlossen. Inklusion die Zukunft. Auch wenn die Sternstraße wohl noch länger bestehen bleibt, will ich ein Auslaufmodell?

Im *Spiegel* zieht ein Kommentator eine Parallele zwischen Eltern, die für die Inklusion ihrer Kinder kämpfen, und Rosa Parks, die sich im Bus weigerte, ihren Platz für Weiße zu räumen, und so das Ende der Rassentrennung mit einläutete. Bin ich jemand, der seinen Platz räumt, oder jemand, der sitzen bleibt?

Die schulische Integrationsbewegung war seit den 1970er-Jahren stark geprägt von Eltern, die sich für ihre Kinder einsetzten. Müsste ich mehr kämpfen für Lotta und ihr Recht auf Teilhabe in der Regelschule? Bin ich feige, wenn ich diesem Kampf aus dem Weg gehe und eine Förderschule wähle? Ich könnte ja versuchen, mich einzuklagen in die inklusive Schule, die nicht wickeln wollte. Ich könnte diese Aussage dem Schulamt melden, ich könnte einen der Vereine einschalten, die sich für Inklusion starkmachen, ich könnte kämpfen. Auch ich will doch eine inklusive Gesellschaft für Lotta.

Neben dem Eingang Sternstraße hing ein Plakat mit der großen Überschrift »Unterstützte Kommunikation«, darunter ein Aufruf, sich das neue Spielzeug auszuleihen, das man mit Schaltern bedienen kann. Lotta hätte dort Unterrichtsstunden, in denen sie nicht die Einzige ist, die mit einem Schalter kommuniziert. Wäre es nicht schön, umgeben zu sein von Menschen, die sich schon seit Jahrzehnten damit auskennen? Von Kindern, bei denen man sich nicht nur den Stehständer in Rosa abschauen kann? Hat Lotta nicht eine Schule verdient, die sie optimal fördert? Nicht ich würde ja im Bus sitzen bleiben wie Rosa Parks, sondern Lotta.

Es geht bei dieser Entscheidung nicht darum, welches Bild ich von mir selbst gerne hätte. Es geht nicht um juristische Feinheiten oder die politische Frage, wie stark das Fördersystem reduziert werden soll, es geht nicht um historische Vergleiche und auch nicht um meine Positionierung in einer ideologisch aufgeheizten Debatte – es geht um Lotta. Von welcher Schule wird sie später einmal sagen, dass es die richtige für sie war?

Die Autorin Sabriye Tenberken, die selbst blind ist und unter anderem Tibets erste Blindenschule gegründet hat, hat als Schülerin die Förderschule Sehen in Marburg besucht – und meint, dass diese Schulzeit ihr die notwendigen Instrumente in die Hand gab, um sich später in der Welt durchsetzen zu können. Die Förderschule als Voraussetzung für die spätere Inklusion – wird Lotta das auch so sehen? Im Moment würde sie wahrscheinlich am liebsten mit Jakob und Nelly zur Schule gehen. Welche Freunde wird sie in einer Schule finden, in der alle Kinder Einschränkungen haben, wer wird auf sie zugehen können und sie mitnehmen?

Ich atme noch einmal tief die kalte Luft ein, dann schließe ich das Fenster und lege mich wieder hin. Ich strecke meine kalt gewordenen Füße unter Harrys warme Decke und lasse mich von seinen ruhigen Atemzügen in den Schlaf zurücklocken.

Morgens beim Frühstück entdeckt Ben etwas unter der Zeitung, hält es hoch und fragt, die Stimme voll puren Entsetzens: »Was ist das?«

»Das? Oh, das ist zum Üben. Melanie, die Mama von Luca, hat das empfohlen, und ich dachte, wir können ja mal …«

»Deutsch üben – zum Spaß? Ich habe doch eine Zwei.«

Ben schiebt das Übungsheft hinter eine Reihe Bücher im Regal, sodass es dahinter verschwindet.

»Du spinnst, Mama.«

Vielleicht hat er recht. Warum frage ich bei einer Infoveranstaltung nach den Anmeldeunterlagen des Fördervereins, um dann nachts um vier Uhr wach zu liegen und über Menschenrechte und die Geschichte des Förderschulsystems nachzudenken? Warum kaufe ich für 39 Euro Hefte, die Ben nicht ausfüllen will und von denen eines für Kinder mit Migrationshintergrund gedacht ist? Was kommt als Nächstes? Das Schlimmste an Angst ist, wie ansteckend sie ist.

»So solltest du aber nicht gehen«, sage ich einige Tage später zu Harry, als er in Hemd und Jeans vor mir steht.

»Eine Krawatte ziehe ich nicht an. Das ist doch übertrieben.«

Ich schüttele den Kopf. »Im Schwimmbad ist es sehr warm, willst du nicht lieber ein T-Shirt anziehen? Oder Badeschlappen mitnehmen?«

»Ich gehe doch nicht in Badeschlappen zum Hospitieren. Ich dachte, wir wollen da einen guten Eindruck machen.«

Er bückt sich nach seinen Schuhen. Hinter uns auf dem Küchentresen liegt der Flyer vom Förderverein. Ich habe ihn noch nicht ausgefüllt.

Im Schuleingangsbereich verabschieden wir uns, wir müssen in entgegengesetzte Richtungen. Ich dahin, wo ich abends schon mal herumgeschlichen bin, Harry ins Schwimmbad. In der Aufregung habe ich vergessen, mir die genaue Uhrzeit aufzuschreiben. Anrufen und nachfragen wollte ich nicht. Ich habe schon eine Dankesmail geschrieben, um mich für den tollen Vortrag am Info-Abend zu bedanken – das war schon peinlich genug.

Vorsichtig klopfe ich an die Tür. Dahinter ein leerer Raum voller kleiner Pulte und bunter Basteleien.

»Wir sind hier hinten!«

Hinten im leeren Raum steht eine Tür offen, hinter einer Glaswand sitzen etwa acht Kinder, eine Lehrerin und Herr Karls im Kreis.

»Möchten Sie sich dazusetzen? Wir machen gerade die Morgenrunde.«

Ich ziehe mir einen kleinen Stuhl zu den anderen und setze mich. Ein kleiner blonder Junge mit Harry-Potter-Brille lächelt mich an und nimmt meine Hand in seine. Händchenhaltend sitzen wir da.

»Das ist Frau Roth, sie ist sehr nett, aber wir fassen sie trotzdem nicht an.«

Der kleine Junge lässt meine Hand zögernd wieder los und schenkt mir ein Lächeln, das mich fast dazu bringt, wieder nach seiner Hand zu greifen. Herr Karls nickt den Schülern zu.

»Guten Morgen, Frau Roth«, sagt ein etwas unbeholfener Chor.

»Guten Morgen!«, erwidere ich.

Herr Karls fragt: »Christoph, zählst du an?«

Der kleine blonde Junge sagt langsam: »Eins, zwei, drei, vier!«

»Guten Morgen, guten Morgen, wir winken uns zu, guten Morgen, guten Morgen, erst ich und dann du …«

Wir singen und winken. Die Sonne scheint durch die großen Fenster auf viele bunte Bilder, die an einer Wäscheleine quer durch den Raum hängen, und auf eine Tabelle mit Buchstaben und Tierbildern. A wie Affe. Draußen vor einer Terrassentür sehe ich einen Sandkasten und eine kleine Rutsche. Hinter uns eine Kuschelecke mit Sitzsäcken, so wie Lotta einen hat. Vor uns eine Essecke mit einem großen Tisch. Es ist sehr warm und sehr ruhig und mir wird klar: Ich mag das hier. Ich mag Christoph neben mir, der schon wieder seine Hand auf die Kante meines Stuhls gelegt hat und sich langsam anpirscht. Ich mag, dass die Lehrerin alle Kinder der Reihe nach anschaut, *erst ich und dann du*. Ich mag, dass alles so langsam ist, so ruhig und entspannt. Ich mag, dass die Kinder hier lächeln, während sie singen. Mir gefällt sogar, dass es so wenige sind, obwohl ich immer gedacht habe, dass eine Klasse laut und wuselig sein muss.

Nur – wer hier hat denn überhaupt eine Behinderung? Okay, ein Mädchen im Rollstuhl sehe ich, aber sonst? Winken können schon mal alle. Auf Lotta zugehen, sie rumschieben und mit ihr spielen könnten sie auch. Ich kann doch Christoph nicht fragen: Was hast du denn für eine Behinderung?

Nach dem Lied verabschiedet sich Herr Karls. Er ist nur kurz eingesprungen, weil eine Kollegin krank ist. »Das ist natürlich sehr ungünstig, aber was soll man machen?«, sagt die Lehrerin und stellt sich vor. »Bach, hallo, willkommen!« Sie pustet ihre blonden Haare ungeduldig aus dem Gesicht und drückt fest meine Hand.

Als wir uns im Raum verteilen, benutzt ein Kind einen Rollator, zwei laufen nur ungelenk. Christoph strahlt mich an und bleibt ganz nah bei mir. Ich unterdrücke den Impuls, ihm durch die Haare zu wuscheln.

Sensorische Integration stellt sich als ein Rundgang mit verschiedenen Stationen heraus, die Frau Bach neben der Kuschelecke aufbaut. Unterschiedliche Sinne werden angesprochen – auch das kreiselnde Brett, das ich neulich abends angestupst habe, kommt zum Einsatz. Die Kinder legen sich bäuchlings darauf und strecken Arme und Beine in die Luft. Sie müssen das Gleichgewicht halten, um nicht mit der Nase auf dem Boden zu landen, und kreisen gleichzeitig um sich selbst. Lotta würde das lieben. Frau Bach gibt Hilfestellung.

»Probieren Sie es mal!«

Ich lande direkt mit der Wange auf dem Fußboden. Christoph gibt mir einen Schubs, ich fange an, zu kreiseln, mir wird schlecht. Ich lasse mich über die Seite auf den Boden rollen. Die Kinder lachen und auch Frau Bach sieht sehr amüsiert aus. Egal, wer hier welche Behinderung hat, nun bin ich diejenige, die ihre Motorik am wenigsten unter Kontrolle hat.

Ich rücke an die Stelle von Frau Bachs kranker Kollegin und übernehme die Fühlstation. Ich verteile genoppte Rollen, die Kinder massieren sich damit gegenseitig den Rücken. Ein Mädchen zeigt auf seine Handfläche und ich kitzele es dort erst mit einer Feder, dann mit einem Pinsel. Ein Junge zeigt auf seinen

Nacken. Die verschiedenen Wahrnehmungen sollen verschiedene Areale des Gehirns ansprechen, die Kinder sollen »Futter für ihr Nervensystem« bekommen, so erklärt es Frau Bach. Ich blicke mich um, ein Mädchen hat sich aus seinem Rollstuhl fallen lassen und zieht sich nun über den Fußboden zu dem kreiselnden Brett, zwei andere streichen einander über den Rücken, eines hat sich in die Ruhekissen fallen lassen, Frau Bach ruft: »Nicht schlafen! Jetzt ist Unterricht.«

Unterricht sah in meiner Kindheit ganz anders aus – aber dieser hier würde Lotta sehr gut gefallen. Haben wir zu Hause noch irgendwo Federn?

Wenn ich die Augen schließe, kann ich Lotta hier sehen, zwischen all den anderen Kindern, kichernd, weil die Feder sie kitzelt. Ich kann sehen, wie sie in einer UK-AG sprechen mit Schaltern übt, wie sie in der großen Turnhalle, die ich später besichtige, auf dem großen gebogenen Brett hin- und herschwingt, das allen als Schaukel dient, die nicht sitzen könnten. Sie bekäme hier so viel Therapie wie noch nie in ihrem Leben. Einziger Nachteil: Sie hätte keine Klassenkameraden ohne Behinderung. Einzige Gefahr: dass wir das System Förderschule wählen und sie doch nicht hierhinkommt, sondern in eine weit entfernte Blindenschule mit einem Schwerpunkt auf Techniken, die ihr nichts nützen. Die Schule, von der mir eine Mitarbeiterin des Gesundheitsamts sagte, die Schwerbehindertenklassen dort seien die »für die schweren Fälle«.

Ob das stimmt? Ich habe die Schule nicht besichtigt, allein der Fahrtweg disqualifiziert sie schon in meinen Augen. Doch warum überlege ich überhaupt? Bislang haben wir sowieso keine Alternative zur Förderschule. Keiner wollte Lotta. Aber wir könnten weitersuchen. Oder wir klagen unseren Rechtsanspruch ein, an der inklusiven Schule, die nicht wickeln wollte.

Als ich Harry in der Eingangshalle wiedertreffe, ist sein Hemd feucht, sein Gesicht rot. Seine Jeans ist nass an den Knöcheln.

»Ich habe alles gegeben«, sagt er. »Das war Small Talk unter Wettkampfbedingungen. Wenn wir jetzt keinen Platz kriegen, dann weiß ich auch nicht.«

»Und das Schwimmbad?«

»Super!«, sagt er. »Ich kann mir Lotta da sehr gut vorstellen. Ich hoffe, das klappt hier.« Den Flyer vom Förderverein habe ich zu Hause gelassen. Ich habe ihn nicht ausgefüllt.

# 13

## *»Sie haben ja schon unseren Autisten kennengelernt«*

### Von einer Alternative zur Förderschule

Ben und Pepe schleichen sich an. Ich kann sie schon auf der Treppe hören, sie kichern.

»Oh, oh, Lotta!«, sage ich. »Hör mal, wer da kommt.«

Langsam öffnet sich die Küchentür von unsichtbarer Hand und eine Gestalt robbt herein. Sie versteckt sich hinter der Kücheninsel, ich höre, wie die Schublade mit den Süßigkeiten aufgleitet. Dann ein Knistern.

»Hi, Ben.«

»Mann, Mama! Wir sind Einbrecher.«

»Meinetwegen nehmt euch ein paar Kekse, aber dann ist Schluss, ja?«

Auch Pepe ist jetzt in die Küche gerobbt, sein dunkler Lockenkopf drückt sich an Bens blonden, als gäbe es noch eine Chance auf Verstecken. Ben steht auf.

»Wir wissen nicht, was wir machen sollen«, sagt Pepe, der jetzt auch steht und Ben nur bis zur Schulter geht.

»Malt doch mal wieder was, ich habe euch so lange nichts malen sehen.«

»Ach, nee«, sagt Ben.

»Keine Lust«, sagt Pepe.

Die zwei gucken so synchron auf den Boden, als stände da »Hier stimmt etwas nicht«. Was ist passiert? Hat ihnen irgendein Idiot erzählt, Malen wäre nur was für Mädchen? Mir waren die

Star-Wars-Comics, die auf Bens Schreibtisch entstanden sind, immer etwas zu blutrünstig, aber mit einem Mal bin ich bereit, sie als Gipfel der Comic-Kultur zu verteidigen.

»Was ist los?«

»Nix.«

Ist Pepe gerade rot geworden? Ich kenne ihn nun seit drei Jahren. Wenn ich Pepe die Haustür öffne, streift er sofort seine Schuhe ab und rennt hoch in Bens Zimmer. Ich rufe dann: »Hi, Pepe, schön dich zu sehen!« hinterher. Und er ruft von oben zurück: »Tschuldigung, hallo!« Er weiß, in welchem Schrank die Legokisten sind und wo die Süßigkeiten, er kennt den PIN-Code fürs Tablet und ist so oft bei uns, dass ich an manchen Tagen erst weiß, ob er da ist oder nicht, wenn ich die Tür zum Kinderzimmer öffne.

»Ben, Pepe, ist alles okay?«

»Lass uns, Mama«, sagt Ben und zieht an Pepes Arm.

Die zwei schnappen sich die Kekse und sind wieder weg.

Als die zwei raus sind, folgt Lotta ihren Schritten auf der Treppe mit den Ohren. Sie lauscht auf das Gekicher der Jungs und grinst.

»Wollen wir Jakob mal eine SMS schicken, Lotta?«, frage ich. Als ich neulich in den Garten der Kita kam, war Jakob mit Ida im Spielhaus. Lotta war alleine mit Claudi auf der Schaukel. »Vielleicht sollten wir ihn mal zum Spielen einladen?«

Auch Lotta sollte einen Pepe haben, ich sollte auch Ida und Nelly mal wieder einladen.

Auf meiner Mailbox finde ich zwei Nachrichten. Die erste ist von einer unbekannten Nummer.

»Guten Tag, Frau Roth«, sagt eine Frauenstimme. »Hier ist Mülling von der Christiani-Schule, ich habe Ihre Nachricht erhalten. Wir sind, fürchte ich, nicht die richtige Schule für Ihre Tochter, aber ich würde Ihnen sehr gerne helfen, die richtige zu finden. Vielleicht möchten Sie sich noch mal melden?«

Die zweite ist von Merle: »Ich war heute hospitieren in der Schule, von der ich dir erzählt habe. Weißt du noch? Die inklusive in der Südstadt. Und das war so super, das könnte euch gefallen.

Da gibt es auch ein schwer mehrfachbehindertes Kind. Die haben dieses Wochenende Tag der offenen Tür, geh doch mal hin!«

»Harry«, rufe ich. »Was haben wir Samstag vor?«

Eigentlich wollten wir Ben zu Pepe schicken, doch morgens kommt eine SMS mit nur einem Wort: »Magendarm.«

»Nein, danke«, schreibe ich zurück. »Gute Besserung!«

Die Schule ist zu weit weg und es würde zu lange dauern, um Ben alleine zu lassen.

»Ben, los, wir nehmen dich mit. Du wolltest doch sowieso mitkommen.«

»Aber nicht an einem Wochenende!«

»Du dachtest, du kriegst dafür schulfrei?«

Wir machen uns auf den Weg, mit einem grummelnden Ben – »am Samstag jetzt auch noch in die Schule, ihr spinnt doch« – und einer strahlenden Lotta, fast meine ich, ihren inneren Gesang zu hören – »ich gehe in die Schule, ich gehe in die Schule!«. Doch zuerst geht es auf den Friedhof. »Nur kurz nach dem Grab gucken«, hat Harry gesagt. »Wir kommen doch sowieso da vorbei.«

Er fegt ein paar Blätter zur Seite, ich reinige mit einem Taschentuch die kleine Laterne und zünde eine neue Kerze an. Ben rast mit Lotta um die Gräber herum, sie kreischt und lacht. Ihre Arme fliegen hoch in die Luft, ihr blonder Pferdeschwanz flattert hinter ihr her.

»Noch ein Hubbel!«, ruft Ben.

Je wilder und schneller, desto besser, finden beide. Schade eigentlich, dass es keine Achterbahnen für Menschen gibt, die ihren Kopf nicht halten können, Lotta würde das gefallen. Keuchend kommt Ben neben mir zum Stehen. Lotta hat vom Kreischen ganz rote Wangen, ihre Augen glänzen.

»Wie lange ist Großvater jetzt schon tot?«, fragt Ben schnaufend.

»Etwas mehr als ein Jahr«, sage ich.

»Meinst du, er wusste, dass er stirbt? Und hatte er Angst?«

Ich richte mich auf und drücke meine Knie durch.

»Ich glaube schon, dass er das wusste, es ging ihm ja am Ende sehr schlecht. Weißt du noch, wie wir ihn besucht haben und er eingeschlafen ist, während wir geredet haben? Vielleicht ist das mit dem Sterben so ähnlich. Wenn man sehr alt ist und ein sehr langes, erfülltes Leben hatte, dann ist Sterben wahrscheinlich wie Einschlafen – nichts, wovor man große Angst haben müsste.«

»Meinst du, Lotta stirbt als Nächstes?«

»Was? Nein! Natürlich nicht. Hier stirbt keiner.« Ich streichele Lotta über den Kopf und sie grinst. »Hast du gehört, Lotta? Du stirbst nicht.«

»Kinder können auch sterben.«

Ben schaut zu einem Grab, nur ein paar Schritte weiter. Es ist mit bunten Windrädern geschmückt, die sich bei jeder kleinen Brise drehen. In einem winzigen Baum hängt ein Windspiel, das vor sich hin klimpert. Auf dem Grabstein ist ein Foto von einem Mädchen zu sehen, das in die Kamera lacht. Fiona, sie wurde sechs Jahre alt.

»Der Arzt hat gesagt, Lotta kann 80 werden«, sagt Harry gebückt über das Grab, während er Blätter zupft. »Lotta, hast du gehört? Du wirst noch eine alte Oma.«

»Noch eine Runde?«, fragt Ben und rennt los, ohne Lottas Antwort abzuwarten. Sie rasen an dem Grab des kleinen Mädchens vorbei.

Als wir zurück zum Auto gehen, lasse ich mich mit Ben etwas zurückfallen und lege ihm den Arm um die Schultern.

»Wie kommst du denn auf solche Ideen?«, frage ich sehr leise.

Ben passt jetzt fast genau unter meinen Arm, so wie ich unter Harrys.

»Manchmal, wenn sie sich verschluckt und so feste hustet oder wenn sie einen Anfall hat und so komisch atmet, dann …«

Oh, Ben, ich auch. Ich bleibe stehen und ziehe ihn an mich. Ich habe immer versucht, keinen merken zu lassen, wie kalt mir in solchen Momenten wird, wie leicht mein Kopf. Wie die Welt kurz stehen bleibt, bis Lotta wieder einatmet und alles vorbei ist. Ich dachte immer, ich verstecke das ganz gut, vor mir selbst, vor Lotta, vor Ben. Aber vielleicht habe ich diese Angst auch nicht auf ihn übertragen. Vielleicht packt ihn einfach dieselbe Kälte.

»Ich verspreche dir, das passiert nicht. Hier stirbt keiner, weder Lotta noch du oder ich oder Papa.«

»Das kann man nicht versprechen«, sagt eine dumpfe Stimme in meine Brust, aber Ben umarmt mich zurück.

Als Lotta noch sehr klein war und ihre Behinderungen unüberwindlich schienen, wusste ich nicht, ob ich meiner Tochter ein langes Leben wünschen soll oder lieber ein kurzes. Nun weiß ich es. Sie darf nicht sterben, genau wie Ben es nicht darf. Ohne sie wäre die Welt ein unerträglicher Ort. Aber wenn Lotta nicht stirbt, darf ich es auch nicht. Ich habe Ben angelogen. Vielleicht ist Sterben wie Einschlafen für manche Menschen, hoffentlich können sie versöhnt aus dem Leben scheiden. Ich werde das nie können. Wenn ich gehe, lasse ich Lotta zurück, allein, ausgeliefert. Ich habe jetzt schon Angst davor. Ich werde niemals aufhören können, ihre Mutter zu sein. Sie braucht mich doch.

Ich drücke Ben noch ein Stück fester. Er reibt sein Gesicht an mir hin und her und zieht die Nase hoch.

»Putzt du dir gerade dic Nase an mir ab?«

Angewidert lasse ich ihn los, er grinst und rennt weg. Mein T-Shirt ist etwas nass, da, wo eben noch seine Nase war.

»Nun wartet doch mal!«, schreit er hinter Harry und Lotta her, die schon fast am Ausgang angekommen sind. Langsam gehe ich hinter den dreien her.

Ich muss irgendwie unsterblich werden.

Die Südstadt ist noch schlimmer als unser Viertel: so gut wie keine Parkplätze. In einer endlosen Karawane von Autos, die ebenfalls mit Familien gefüllt sind, kreisen wir um die Schule, die Bürgersteige schon voller Kinder und Eltern.

»Stell dich doch dahin!«, sage ich und zeige auf den freien Bürgersteig direkt vor dem Eingang der Schule. Daneben steht ein Verkehrsschild: eingeschränktes Halteverbot. »Mit Lottas Ausweis haben wir immerhin drei Stunden.«

»So lange wollt ihr bleiben?«, kommt Bens erschrockene Stimme von der Rückbank.

Langsam fährt Harry auf den Bürgersteig, damit die Familien darauf ausweichen können. Ein Vater zieht seinen Sohn zur Seite und mustert uns grimmig. Er wartet, während Harry einparkt.

»Der sagt uns gleich, dass wir hier nicht stehen dürfen.«

Wir fahren immer noch ein Auto, das nicht schon von Weitem nach Behindertentransporter aussieht. Ich steige an der Straßenseite aus, gehe um den Wagen und lasse den Kofferraum aufgehen.

»Entschuldigen Sie mal«, sagt der Mann.

Ich wuchte Lottas Rollstuhl aus dem Kofferraum auf den Bürgersteig und blicke auf. »Ja, bitte?«

»Äh«, sagt der Mann.

Der Junge an seiner Seite zieht an seinem Ärmel.

»Wunderbares Wetter, oder?«, sage ich lächelnd. Ich beuge mich runter und montiere die Räder an Lottas Rollstuhl, mit denen er nicht in den Kofferraum passt. Mit einem Pling rastet der Klickverschluss ein. Als ich fertig bin und mich wieder aufrichte, ist der Mann verschwunden.

Am Eingang gibt es eine Rampe, wir betreten die Eingangshalle und sind umringt von einer Menschenmenge. Ich habe uns vorher telefonisch angekündigt, ich möchte nicht noch mal erleben, wie uns jemand wegschickt, vor allem nicht, wenn Lotta und Ben dabei sind. Sie freuten sich auf uns, wurde mir gesagt.

»Wir sollen gleich in die Igelklasse, da können wir uns den Unterricht anschauen. Aber wer will erst mal Kuchen?«

Sie haben sogar etwas Sprühsahne für Lotta. Ein Schulhof mit Hochbeeten, Graffiti-Kunst von den Schülern, ein Gebäudeteil, der etwas angegammelt ist, und ein sehr moderner Anbau. Hunderte von Kindern und Eltern.

»Guten Tag, sind Sie vielleicht Familie Roth? Wir hatten, glaube ich, telefoniert.«

Die Rektorin, sehr jung, blonde lange Haare, Jackett zu Jeans. Fast verpassen wir den Anfang des Unterrichts, so schnell vertiefen wir uns ins Gespräch.

»Ich bringe Sie hin«, sagt sie. »In der Igelklasse sind die erste Klasse und die vierte, wir mischen die Jahrgänge, damit alle voneinander lernen können. Und unsere Inklusionskinder.«

Die Pulte stehen so, dass wir mit Lottas Rolli problemlos hineinkommen. Ganz hinten entdecke ich das Kind, von dem Merle gesprochen hat. Ein großes Mädchen, älter als Ben und von den Behinderungen her Lotta sehr ähnlich. Neben ihr steht eine junge Frau, offensichtlich ihre Schulbegleiterin. Sie lächelt uns zu. Außerdem sehe ich einen Jungen, der ebenfalls einen Begleiter neben sich hat, aber keine auf den ersten Blick ersichtlichen Einschränkungen.

Wir stellen uns an die Wand, zu den anderen Familien. Der Mann mit dem grimmigen Blick vom Eingang schaut schnell weg, als er uns sieht.

»Alle Vorschulkinder möchte ich bitten, in den Erzählkreis zu kommen«, sagt die Lehrerin ganz vorne und zeigt auf einen Kreis aus Stühlen und Bänken hinten im Klassenraum. Neben ihr steht eine Sonderpädagogin, die beiden stellen sich vor. Die Kinder strömen zu den Bänken. Ben schaut zu mir.

»Soll ich?«

»Lass mal«, sage ich. »Ich mach das schon. Guck du mal zu.«

Ich will Lottas Rolli nach vorne schieben, da schnappt Ben sich den Haltebügel. Er stellt sie in eine Lücke zwischen zwei Bänken und stellt sich dahinter. Ich bleibe bei Harry an der Wand stehen.

»Als Erstes singen wir gemeinsam ein Lied, das die Igelklasse schon kennt und ihr bestimmt auch. Ich habe hier mal den Text kopiert für die, die schon lesen können.«

Alle Kinder und ein paar Erwachsene singen »Alle Vögel sind schon da«.

Die Sonderpädagogin geht zu dem Mädchen, das Lotta so ähnelt, und wuchtet sie in die Höhe. Sie stellt sich hinter sie, greift ihr unter den Armen durch, verschränkt die Hände vor ihrer Brust und schiebt mit ihrem Fuß ihren rechten nach vorn, dann den linken. Ich beobachte, wie sie gehen.

»Immer, wenn wir singen, üben wir gehen«, sagt sie leise zu mir, als sie vorbeikommen.

»Amsel, Drossel, Fink und Star …«

Harry stupst mich an und deutet auf Ben. Er singt aus voller Kehle. Lotta lässt langsam den Kopf zur Seite gleiten, bis er total schief hängt, an ihrer Kopfstütze vorbei.

»… und die ganze Vogelschar …«

Ben greift, ohne hinzusehen, zur Seite und schiebt ihren Kopf mit einer Hand in eine aufrechte Position.

»… wünschen dir ein frohes Jahr …«

Lotta lässt den Kopf schon wieder zur Seite hängen, Ben rückt ihn abermals gerade und lässt dann die Hand auf ihrem Schopf liegen, damit sie nicht noch einmal abrutscht. Ohne hinzusehen, ohne einmal im Liedtext zu stocken. Zwischen all den Kindern stehen sie da und sind eine kleine Einheit.

Mein Wunsch, dass Bens Kindheit so wenig wie möglich von Lottas Behinderungen beeinflusst wird, konnte wahrscheinlich gar nicht in Erfüllung gehen. Wir alle sind geprägt von Lotta, als hätte ihre Spastik nicht nur ihre Gliedmaße über die Jahre in neue Haltungen gezwungen, ihre Knochen verschoben und ihre Sehnen verkürzt, sondern auch uns verformt. Meine linke Schulter tut mir ständig weh, weil ich Lotta zu viel auf dem Schoß halte. Ihr Kopf fällt immer wieder zurück, intuitiv schiebe ich meine linke Schulter nach vorne, um ihren Kopf zu halten, und bleibe in dieser Haltung, bis ich Lotta wieder ablege. Ich mache das jetzt seit sechs Jahren. Eine Sehne ist dadurch herausgesprungen, ich gehe zur Physiotherapie deshalb.

Wenn ich Auto fahre und bremsen muss, greife ich mit dem rechten Arm automatisch neben mich, um meinen Beifahrer festzuhalten. Ob das nun Lotta ist, die nach vorne kippt, wenn ich nicht so plötzlich bremse, dass die Haltegurte einrasten. Oder Harry, der amüsiert sagt: »Sehr fürsorglich, danke!«

Neulich stand ich im Supermarkt und sagte zu Lotta: »Nudeln brauchen wir noch, nicht wahr? Mmh, welche nehmen wir denn? Vielleicht noch mal die bunten?« Der Mann neben mir warf uns einen seltsamen Blick zu und rückte ein Stück weg. Erst da merkte ich, dass Lotta nicht neben mir war, sondern in der Schule.

Als Harrys Vater sich an unserem letzten gemeinsamen Weihnachten an einem Stück Brot verschluckte, langte Harry über den Tisch und zog ihm, schwupps, den Kopf nach vorne, während ich auf seinen Rücken klopfte und ihm einen leeren Teller unterschob. Automatisch. Als wäre er Lotta. Er war leicht erstaunt, sich mit dem Gesicht über einem Teller wiederzufinden, die Hand seines Sohnes im Nacken.

Wenn Ben sich abends aufs Sofa setzt, um »Wissen macht Ah« zu schauen, lässt er immer einen kleinen Spalt zur Armlehne und breitet seinen Arm aus. Passend für Lotta, die genau in diese Lücke passt und deren Hinterkopf dann auf seinem Arm landet. Er lehnt sich dann an sie, als wäre sie die Armlehne. Sie gibt ihm fast so viel Halt wie er ihr.

Wir sind kein Trio, wie ich anfangs dachte, wir sind ein Quartett von Tänzern. Wir halten einander, wir stützen uns und lösen uns wieder, nur um uns wieder ineinander zu verflechten. Vielleicht ist das auch nicht so schlimm. Vielleicht ist es schön.

Anschließend liest die Lehrerin noch eine Geschichte vor, über einen Igel und einen Hasen. Die Schüler gehen wieder an ihre Plätze, alle kriegen Arbeitsblätter. Die Vorschulkinder sollen einen Igel malen, die Erstklässler versuchen, zu schreiben, »Hase« und »Igel«. Die Viertklässler bekommen ein Arbeitsblatt mit Fragen zu der Geschichte, die sie schriftlich beantworten. Das schwer mehrfachbehinderte Mädchen hat auch eine Aufgabe: Die Sonderpädagogin legt auf ihren Tisch eine Plastik-Matte und ein Kunstfell. Das eine stachelig wie ein Igel, das andere weich wie ein Hase. Sie soll sich eins aussuchen. Schon nach zehn Sekunden hält sie die stachelige Matte hoch.

»Sie nimmt nie das weiche«, sagt ihre Schulbegleiterin zu uns. »Das mag sie nicht.«

Die anderen Kinder arbeiten mehr oder weniger still vor sich hin, während das Mädchen die Matte in die Höhe hält. Bestimmt eine Viertelstunde lang. Manchmal winkt sie mit dem Material, ihre Schulbegleiterin sagt leise: »Gleich, wir müssen warten.«

Dann sammelt die Lehrerin die Blätter ein. Die Fragen der Viertklässler werden an alle gestellt.

»Und kann mir einer sagen, was Lisa sich ausgesucht hat – das stachelige oder das weiche?«

Alle melden sich, auch Ben.

»Das stachelige!«

Die Lehrerin nimmt die Matte dem Mädchen ab, und das strahlt.

Es gibt noch eine Abschiedsrunde. »Wir wünschen allen Vorschulkindern eine schöne Zeit im Kindergarten – und dann eine ganz tolle Einschulung«, und dann ist Pause.

»Jetzt haben Sie ja auch unseren Autisten kennengelernt«, sagt die Lehrerin, als wir uns verabschieden, und nickt zu dem Jungen mit Begleiter. »Der macht das auch ganz toll.« Auf dem Schulhof schiebt die Begleiterin des Mädchens ihren Rollstuhl unter ein Vordach, wo schon zwei andere Schulbegleiter stehen. Die Begleiter quatschen, die Kinder, die sie betreuen, stehen daneben. Das Mädchen im Rollstuhl gähnt. Die anderen Kinder strömen auf den Schulhof, auch Ben will jetzt rennen.

»Wir warten hier, ja? Komm einfach wieder hierhin.«

»Und?«, fragt Harry.

»Lass uns lieber später reden, ja? Wenn wir alleine sind.«

Wir stehen zwischen all den Kindern, die rennen und schreien und Fangen spielen, als stünden wir am Meer, umtost von den Wellen. Ich schließe die Augen und lausche dem Toben. Früher war ein Schulhof für mich neben allem anderen auch Stress. Wer steht wo, wer spielt mit wem, wie sage ich meiner Freundin, dass ich kein Tischtennis mag? Jetzt ist es wie ein Bad in einer Vergangenheit, die schöner ist als in echt. Das ist Kindheit – dieses Brüllen, Toben, Schreien. Diese ausgelassene Freude. Es ist Pause! Was kann es Schöneres geben? Lotta macht ein Nickerchen, mit geschlossenen Augen liegt sie in ihrem Rollstuhl.

»Cooler Rolli!«, ruft ein Junge, als er vorbeirennt. Er hat Ähnlichkeit mit Jakob.

»Fällt dir auf, dass keines der Kinder Lotta anstarrt?«, frage ich Harry.

»Klar, die kennen das ja auch.«

»Soll ich Ihnen gleich noch die anderen Räume zeigen?«, fragt uns von hinten die Rektorin. »Vielleicht möchten Sie den Pflegeraum sehen?«

Der Gong ertönt, Ben kommt zu uns gerannt und wir besichtigen den modernen Anbau.

»Das ist unser Inklusionsgebäude, hier sollen später mal alle I-Klassen unterkommen.« Es gibt sogar einen Aufzug, auch wenn er nicht in den ersten Stock, sondern ins Untergeschoss fährt. Die Lehrerin entriegelt ihn mit einem Schlüssel. Unten wartet ein Gang im Neonlicht, die Wände grün bemalt. Unsere Schritte hallen in dem leeren Flur.

»Und dies ist unser Pflege- und Therapierraum.«

Sie klopft an eine Tür und steckt den Kopf hinein.

»Oh, Moment, hier ist gerade besetzt.«

Wir warten auf dem Flur, bis das Mädchen von eben mit ihrer Begleiterin aus dem Raum kommt. Als wir den Raum betreten, öffnet die Lehrerin das Oberlicht. Hinten in dem großen Raum sehe ich eine Kletterwand, dazu Matten und große Gymnastikbälle. Vorne eine Liege, die man rauf- und runterfahren kann, daneben ein Windeleimer.

»Auf diesen Raum sind wir besonders stolz. Er wird nur von unseren I-Kindern genutzt. Das ganze Gebäude ist neu.«

»Das heißt, hier kann auch Physiotherapie stattfinden, oder? Wie läuft das denn? Haben Sie eine an der Schule oder sollen wir unsere Physiotherapeutin fragen? Sie kommt im Moment auch in die Kita.«

»Nun«, sagt sie. »Das ist ein etwas schwieriges Thema. Da ist gerade viel im Umbruch.«

»Was meinen Sie?«

»Nun ja, das ist ja vielleicht ein Thema, das wir noch später klären können.«

»Das wäre kein Problem für uns, unsere Therapeutin kennt Lotta schon seit Jahren, und wenn das Rezept auf Hausbesuch ausgestellt ist, ist der Krankenkasse auch egal, ob das nun hier oder zu Hause stattfindet.«

»Nein, Sie verstehen nicht.«

Externe wie die Physiotherapeutin dürfen in den Schulräumen nicht unterrichten oder Therapie durchführen, erklärt sie uns. Sie müssten dafür offiziell Räume mieten – und bewegen sich insgesamt in einem gesetzlichen Graubereich, nahe an der Illegalität. Das ist an vielen inklusiven Schulen ein Problem.

»Auch was die Versicherung angeht, wissen Sie. Man will das ja nie hoffen, aber falls etwas passiert.«

»Das heißt, es gibt keine Physiotherapie?«

»Ich kann Ihnen das zum jetzigen Zeitpunkt nicht zusagen, nein.«

Ich habe es damals nachrecherchiert, nach Lottas OP. Es ist fraglich, ob sich eine Hüftluxation durch genug Physiotherapie und Methoden wie Botoxinjektionen, um die Muskeln zu entspannen und die Spastik zu dämmen, gänzlich verhindern lässt. Darüber streiten sich Mediziner auf Kongressen, und das hat mich erleichtert: Ich war nicht schuld an Lottas Schmerzen. Aber eine Hüftluxation lässt sich hinauszögern. Wenn Lotta nicht genügend Physiotherapie bekommt, wird sie sehr viel schneller wieder auf dem OP-Tisch liegen als sonst. Durch mangelnde Bewegung entstehen Schmerzen. Lotta war erst drei Monate nach der OP wieder ganz die alte.

Als wir alle im Auto sitzen und Harry sich wieder in die Karawane der Autos einfädelt, sage ich: »Dann müssten wir das nachmittags machen.«

»Die Physio?«

Die Schule in der Südstadt ist eine offene Ganztagsschule, der Unterricht geht an manchen Tagen bis 15 Uhr, um 16.45 Uhr werden die Letzten aus der Betreuung abgeholt. Man wird dazu ermutigt, das Angebot zu nutzen, um das Gemeinschaftsgefühl zu stärken. Fast alle Kinder bleiben lange.

»Vielleicht könnten wir Lotta dafür früher abholen?«

Ich drehe mich zu den Kindern um.

»Lotta, wie hat es dir gefallen?«

Sie schaut aus dem Fenster und gibt nicht zu erkennen, was sie denkt.

»Ben, wie fandest du's?«

»Toll! Aber mehr so für mich.«

»Wieso?«

»Na, da war nur ein Kind wie Lotta. Und das ist zu alt.«

»Ja, aber in der Kita ist sie auch das einzige Kind, das …«

»Aber das ist doch nicht gut so.«

Ben überlegt.

»In der Kita spielen sie mit Lotta, aber … Hast du nicht gesehen? Das Mädchen im Rollstuhl war ganz alleine in der Pause. Schule ist brutal.«

Claudi hätte sich wahrscheinlich nicht mit Lotta in eine Ecke zu den anderen Schulbegleitern gestellt. Sie wäre mit Lotta über den Hof gerannt und hätte versucht, sie in Spiele einzubinden. Oder geht das nicht mehr, wenn Kinder älter werden und keine Erwachsenen mehr dabeihaben wollen? Was, wenn es Kinder wie Ida wären? Sie würde Lotta einfach mitschleifen und Claudi könnte aus der Ferne aufpassen.

Während wir nach Hause fahren, schaue ich aus dem Fenster. Bislang ist Lotta in ihrer Welt ein Exot. Etwas Einzigartiges. Niemand lacht wie sie, niemand krabbelt oder redet wie sie. In der Schule in der Südstadt wäre sie »unser schwer mehrfachbehindertes Kind«, so wie der Junge »unser Autist« war. Braucht Lotta Kinder um sich, die so sind wie sie?

Vielleicht lege ich zu viel Wert auf Äußerlichkeiten. Auch wenn Lottas ganze Art sich von anderen Kindern unterscheidet, wie sie ihre Hände hält, wie sie isst, wie sie lacht, ist sie doch, was alle sind: ein Kind. Eine gemeinsame Behinderung macht noch keine Freundschaft. Ich schließe auch nicht automatisch Freundschaft mit jeder blonden kurzhaarigen Frau, der ich begegne. Was haben Leon und Lotta schon gemeinsam, außer dass sie wissen, was Physiotherapie ist und wie es sich anfühlt, etwas nicht zu können, das so gut wie jeder andere kann. Oder mache ich es mir zu einfach?

Bislang trifft Lotta andere Kinder am ehesten im Krankenhaus oder bei Terminen in der Rolli-Werkstatt. Als wir einmal das Lagerungselement, in dem sie nachts schläft, an ihr Wachstum anpassen lassen mussten, warteten wir in einem kleinen Raum mit Liege, vom restlichen Wartebereich abgetrennt durch einen Vorhang. Wir hörten, wie neue Patienten ankamen. Eine Frau, für uns unsichtbar, sagte: »Komm, Schatz, ich nehme dich raus.«

Man hörte ein leises Ächzen und dann aus dem Nichts ein freudiges Kreischen, wie es auch von Lotta hätte stammen können. Noch nie habe ich ein anderes Kind gehört, das genau so klang wie meins. Lotta riss die Augen auf, genauso erstaunt wie ich.

»Äääh?«

»Iiiiih«, kam es von der anderen Seite des Vorhangs.

»Äääh!«

»Oooh.«

Die zwei riefen sich ihre Laute zu, wie zwei Wale, die sich in den Weiten des Ozeans begegnen. Noch lange sprachen die zwei in ihrer ganz eigenen Sprache. Wie ist das, wenn man zum ersten Mal merkt, dass es noch andere gibt, die so sind wie man selbst?

Ich wünschte, Lotta könnte reden. Die Entscheidung, auf welche Schule sie geht, kann sie nicht alleine treffen, nicht mit sechs Jahren. Aber ich würde sie so gerne fragen: Was ist dir wichtig? Sollen da andere sein mit Behinderungen, so wie du? Möchtest du Lehrer haben, die sich mit UK auskennen? Wie fandest du die Schule?

Ich stelle ihr diese Fragen später, doch sie sind zu komplex, um sie mit Mimik und Körperhaltung zu beantworten. Sie hat sich nicht unwohl gefühlt in der inklusiven Schule, das konnte ich sehen, doch begeistert war sie eher davor als währenddessen. In der Sternstraße war sie leider nicht dabei. Wie würde es ihr dort gefallen?

Als wir ankommen und Harry Lotta ins Haus trägt, um sie in ihren Sitzsack zu legen, trödelt Ben noch bei mir rum, während ich den Rollstuhl aus dem Kofferraum hole.

»Sag mal, Ben, was war da eigentlich neulich los, mit dir und Pepe? Warum malt ihr nicht mehr?«

»Der neue Kunstlehrer ist so …« Er stoppt.

»Ihr habt einen neuen Kunstlehrer?«

Sollte ich das nicht wissen?

»Aber du darfst es nicht Pepes Mutter sagen, was ich dir jetzt sage. Du musst schwören!«

Ben ist kein Kind, das sich über Lehrer beschwert, über unfaire Noten oder eine strenge Ansage – und keiner, der Geheimnisse vor anderen hat. Also schwöre ich.

»Der findet alles immer …«, er wird leise, »… scheiße. Besonders die Bilder von Pepe.«

»Der sagt, die Bilder von Pepe wären *scheiße*? In diesen Worten?«

Irgendwie kann ich mir nicht vorstellen, dass jemand Kinderkunst so abkanzelt, schon gar kein Grundschullehrer.

»Nicht so direkt. Aber er hält sie hoch, vor der Klasse, und daneben hält er sein eigenes Bild. Und dann fragt er: Wer kann mir sagen, was Pepe alles falsch gemacht hat?«

»Bei Kunst kann man doch nichts falsch machen.«

»Klar kann man. Zu klein gemalt, nicht dick genuge Striche …«

»Ach, du meinst, er hat die Aufgabenstellung nicht erfüllt. Sagt er das auch über deine Bilder?«

»Die findet er auch nicht super, aber es ist schon okay. Pepe dagegen … Weißt du noch, unser Weihnachtsgeschenk? Das Bild von dem Haus bei Nacht, mit den Sternen?«

»Klar, das habe ich in den Flur gehängt.«

»Herr Backhaus hat zu Pepe gesagt: ›Ich hoffe, deine Eltern können sich über dein Bild freuen. Ich könnte das nicht.‹«

Ben schaut auf den Boden.

»Pepe hat es dann seinen Eltern lieber nicht geschenkt.«

»Ben, das sollte ich Pepes Mutter sagen.«

»Du hast geschworen!«

»Ja, aber das ist doch Quatsch, was der erzählt. Eure Bilder sind so wunderschön, und außerdem ist das auch gar nicht wichtig, ob ein Bild schön ist. Man merkt euren Bildern an, dass ihr sie gerne gemalt habt und …«

Ich verheddere mich hier in einen Diskurs über Kunst und woran man ihren Wert bemisst.

»Ein Lehrer darf nicht so gemein sein, er darf euch nicht die Freude daran nehmen. Wir sollten da was machen.«

»Nein, Mama, nein.« Ben zieht an meinem Arm, bis ich mich runterbeuge. Er legt mir beide Hände auf die Wangen, sieht mir fest in die Augen und sagt nachdrücklich: »Du hast es versprochen. Wenn du das nicht hältst, erzähle ich dir nie wieder was.«

»Ist was?«, fragt Harry aus der offenen Tür. »Kommt ihr?«

»Nein, nix«, sagt Ben. »Nicht wahr, Mama?«

Ich schüttele den Kopf.

»Wir kommen schon!«

»Pepe und ich haben schon einen Plan«, zischt er mir zu, als er reingeht.

»Könnten wir nicht mit Frau Lehmann …«

»Jetzt vertrau mir mal. Wir kriegen das alleine hin.«

# 14

## *»Ich werde sterben«*

### Vom Tod und einer Entscheidung

Es spricht viel für die Förderschule: gezielte Förderung, allumfassend. Die Atmosphäre dort hat Harry und mir gefallen. Die Lehrer, die wir getroffen haben, waren herzlich und zupackend, die Kinder offenbar glücklich. Die Räume sind hell und groß, es gibt Pflegeräume und sogar ein Pflegeteam, falls Lotta einen Anfall hat. Ein Rundum-sorglos-Paket. Einziges Risiko wäre, dass Lotta vielleicht doch der Blindenschule zugeteilt wird.

Das stärkste Argument für die Schule in der Südstadt sind die vielen Kinder ohne Behinderung. Kinder, die Jakob und Nelly zumindest sehr ähnlich sind. Die Normalität. Eine Schule wie die Schulen, die Harry und ich besucht haben, trotz aller Neuerungen wie jahrgangsübergreifenden Unterrichts. Auch hier waren die Räume hell, die Kinder glücklich, die Basteleien an den Wänden bunt. Es gibt einen Pflegeraum – und die Bereitschaft, es zu versuchen. Reicht das nicht?

»Aber was hätte Lotta davon, zum Beispiel im ganz normalen Mathe-Unterricht danebenzusitzen? Das würde doch über ihren Kopf hinwegfließen«, meint Harry, als wir abends zu zweit in einem französischen Bistro sitzen.

Auch in der Sternstraße gibt es Mathe und Deutsch, doch dort sind wesentlich mehr Kinder, denen man diese Inhalte anders vermitteln muss, langsamer, leichter, die Schüler antworten auch mithilfe von Schaltern und Sprachcomputern. In der Schule in der Südstadt wäre Lotta womöglich die Einzige, die nicht schreiben und lesen kann. Wie viel kann die eine Sonderpädagogin in der inklusiven Schule auffangen? Sie ist nicht bei jeder Stunde dabei. In der Sternstraße wären es zwei, die gleichzeitig im Klassenraum sind. Neben Lotta sitzen dort sieben bis neun Kinder statt 25 wie in der Schule in der Südstadt, natürlich lässt sich Mathe unter diesen Bedingungen individueller vermitteln.

Mit Ben und Lotta waren wir auch schon mal in diesem Restaurant, tagsüber. Außer uns waren nur Paare da, das Lokal ist klein und intim. Bens Fragen und Lottas Quietschen unterhielten den ganzen Raum, egal, wer darauf Lust hatte. Wir waren das halbe Mittagessen damit beschäftigt, die Kinder zu ermahnen, leiser zu sein. Es hat keiner was gesagt, aber seitdem gehen wir hier nur noch alleine hierher.

Harry hat Bœuf bourguignon bestellt, ich eine Tarte mit Lachs und Lauch. Das Lokal ist romantisch, mit seinen dunklen Holzmöbeln, dem gedimmten Licht und dem vielen Rotwein, der hier ausgeschenkt wird. Doch wir halten nicht Händchen und wir flirten auch nicht. Wir reden.

Zu Hause gibt es die Kinder, die Wäsche, E-Mails, Fernsehen. Freitagabends gibt es nur uns und alles, was wir zu klären haben. An einem Freitagabend haben wir entschieden, welchen Sarg der Großvater bekommt und wann Ben ein Handy kriegen soll, wir diskutieren über Aufzüge und Treppenlifte, damit wir Lotta endlich nicht mehr die Treppe hochtragen müssen, und gleichen Kalender ab, um festzulegen, wer mit Ben zum Spiel seiner Fußballmannschaft fahren kann. Manchmal habe ich Sorge, wir könnten Menschen, die direkt neben uns gerade ihr erstes Date haben, die Romantik verderben. Vor allem, wenn wir über epileptische Anfälle oder die Vorzüge bestimmter Sargmodelle reden.

»Claudi würde ja nicht einfach danebensitzen, die würde Lotta schon fördern, während die anderen Stillarbeit machen«, sage ich. »Das hängt ja auch immer sehr stark vom Schulbegleiter ab.«

»Aber etwas wenig war es schon, oder?«, sagt Harry und ich brumme zustimmend. Gehen üben, während die anderen singen, ein Material aussuchen und dann eine Viertelstunde warten. Was hätte man in dieser Zeit alles mit Lotta machen können!

»Und das war der Vorführunterricht – der ist meist extra gut, weil er ja Eindruck machen soll«, sage ich.

Gefühlte 30 Zentimeter neben uns nimmt ein anderes Paar Platz und bestellt erst mal »was zum Anstoßen«. Sie lächeln sich schweigend an. Gut, dass Harry und ich gerade nicht über Beerdigungen reden. Ich nicke ihnen lächelnd zu, doch sie bemerken mich gar nicht.

»Ob du nachmittags mit Lotta noch Physio machen willst, musst du natürlich entscheiden. Ist ja auch dein Nachmittag.«

»Ich würde schon, ich weiß nur nicht so genau, wann. Ben muss zweimal die Woche zum Fußballtraining und in der vierten Klasse sollen noch mehr Hausaufgaben kommen. Wir sind ständig beim Arzt oder in der Rolli-Werkstatt. Lotta muss auch fit sein für Physio, ab 16 Uhr hat das keinen Sinn mehr. Eigentlich muss das morgens stattfinden. Und es ist ja nicht nur das, auch Logopädie sollte sie kriegen und Ergotherapie. So eine dichte Förderung wie in der Förderschule kriege ich auf keinen Fall hin.«

Wir müssen wählen: gezielte Förderung – oder eine Schule, auf die auch Kinder ohne Behinderung gehen. Was ist uns wichtiger? Der soziale Aspekt oder der Bildungsaspekt? Im Grunde stehen wir vor derselben Wahl wie beim katholischen Gymnasium – nur dass hier nicht Kinder wie Eymen oder Dennis fehlen, sondern Kinder wie Jakob oder Nelly, die keine Behinderung haben.

»Hätten wir denn an der Schule in der Südstadt überhaupt eine Chance?«, fragt Harry.

Es ist so still neben uns, stören wir vielleicht? Ich linse aus dem Augenwinkel rüber. Der Mann neben uns legt seine Hand auf den Tisch, sie ergreift sie. Schweigend sitzen sie da und halten Händchen.

»Ich hatte schon den Eindruck, dass diese Schule Lotta nehmen würde, die kennen das schon, und das andere schwer mehrfachbehinderte Kind kommt jetzt auf die weiterführende.«

»Welche weiterführende?«

»Keine Ahnung, vielleicht die Hauptschule?«

Gymnasien halten sich mit der Inklusion noch zurück, in Bremen wird 2018 sogar eine Gymnasialdirektorin gegen den Senat klagen, weil sie gezwungen werden soll, fünf Kinder mit körperlichen oder geistigen Einschränkungen aufzunehmen. Wie würde es für Lotta nach der Grundschule weitergehen? In der Sternstraße könnte sie bis zu ihrem Abschluss bleiben. An die Grundschule schließt sich direkt eine Hauptschule an, sie ist sogar im selben Gebäude untergebracht, allerdings haben die Älteren einen eigenen Schulhof. Wer die entsprechenden Leistungen hat, kann auch auf das benachbarte Fördergymnasium wechseln. Die Entscheidung für die Sternstraße würde wohl viele weitere Entscheidungen überflüssig machen. Wahrscheinlich kooperieren auch Werkstätten, Ausbildungsfirmen, Wohnstätten mit ihr, sodass auch der erste Schritt nach der Schule leichterfallen würde. Die Fördergrundschule ist die Eintrittskarte in eine Parallelwelt.

Die Frau neben mir steht auf, geht um den Tisch, beugt sich runter und flüstert dem Mann etwas ins Ohr. Er grinst und schaut ihr hinterher, als sie auf die Toilette geht.

»Ich glaube, bei der Schule in der Südstadt gäbe es ein anderes Problem«, nehme ich das Thema von eben wieder auf. »Wir wohnen nicht im Einzugsgebiet. Etliche inklusive Schulen lägen näher dran – und eigentlich kriegt man die nächstgelegene inklusive Schule, die die meisten Voraussetzungen für Lotta mitbringt. Die Stadt muss ja auch den Bustransport zahlen.«

»Und das hieße?«

»Gewickelt wird hier nicht.«

»Da gehen wir auf keinen Fall hin.«

Ich stimme Harry zu. Eine Schule, die Lotta nicht will, wollen wir auch nicht. Lotta freut sich so sehr auf die Schule – es sollte kein Ort sein, an dem sie unerwünscht ist.

»Eventuell würde uns diese Schule aber zugeteilt, sollten wir uns für eine inklusive anmelden. Auch wenn die sich sperren, vielleicht *müssen* sie uns nehmen. Ich frage mich, ob wir die Schule in der Südstadt kriegen könnten, wenn wir auf den Bustransport verzichten?«

Unser Essen kommt. Der Duft von Harrys Bœuf bourguignon lässt mich meine Wahl bedauern. Die Frau vom Tisch nebenan kommt zurück und nimmt sofort wieder die Hand ihres Begleiters. Er lässt seinen Zeigefinger langsam über ihren Handrücken streichen. Starre ich etwa? Schnell schaue ich wieder zu Harry.

»Möchtest du?«

Er hält mir seine Gabel hin, ich beuge mich vor und lasse mich füttern.

»Mmh«, sage ich. »Ist das gut.«

Genießerisch schließe ich die Augen. Als ich sie öffne, hat er diesen Blick und sagt lächelnd: »Wollen wir vielleicht mal über was anderes reden?«

Wir beschließen, unsere To-do-Listen an Freitagabenden zu Hause zu lassen. Kein Abstimmen mehr, keine Entscheidungen, keine Diskussionen über Schulen oder den Job. An diesen Abenden sind wir außer Dienst.

Am nächsten Freitag gehen wir ins Kino und reden danach über den Film. Wir gehen auf Museumspartys und suchen uns die Bilder aus, die wir zu Hause aufhängen würden, wenn wir ein paar Millionen übrig hätten, wir fahren mit den Rädern durch die Innenstadt und lassen uns treiben. Mit Freunden gehen wir aus und diskutieren bei Tapas und Wein über Dinge, die nichts mit Lotta, Ben oder unseren Jobs zu tun haben. Wir machen uns schick, wir lachen, wir flirten. Freitagabende sollten Dates sein, keine Teambesprechung.

Es ist 14 Uhr – noch eine halbe Stunde, dann muss ich Lotta von der Kita abholen. Ich sitze auf dem Sofa und weiß nicht, was ich machen soll. Die Arbeitsmails sind geschrieben, die Wäsche im Trockner durchgelaufen, ich sollte sie in den Schrank räumen. Netflix? Nicht genug Zeit. Ein Kaffee? Besser nicht, ich hatte schon vier. Ich starre ins Leere. Ich sollte etwas Sinnvolles tun.

Der Flächenvorhang vor dem Fenster zum Platz hängt schief, die Klettaufhängung hat sich an einer Ecke gelöst. Das mache ich noch und dann zur Kita. Die Leiter ist im Keller, das ist mir zu umständlich. Ich ziehe mir den Hocker vom Sessel ans Fenster und steige hinauf. Ich strecke mich, um an die Oberkante des Vorhangs zu kommen, wahrscheinlich muss ich doch die Leiter holen. Ein letzter Versuch, meine Socken gleiten etwas zu schnell über das Leder des Hockers, ich lehne mich zurück, um nicht in den Vorhang zu fallen – ein heißer Schreck fährt in mir hoch, als ich ins Rutschen komme und vergeblich mit den Armen rudere, auf der Suche nach Halt. Das war eine blöde Idee, denke ich noch, dann falle ich rückwärts.

Ich komme auf dem oberen Rücken auf, knalle hart mit dem Hinterkopf aufs Parkett. Kurz ist keine Luft zum Atmen da. Als ich wieder atmen kann, tue ich es nur flach. Ich traue mich nicht, mich zu rühren. Sollte ich jetzt aufstehen oder besser liegen bleiben? Kann ich meine Füße noch bewegen, meine Arme? Ich blicke nach oben und sehe die Metallkante des Couchtisches. Sie ist direkt über mir. Ein paar Zentimeter weiter und ich wäre mit dem Genick darauf aufgeprallt.

Ich setze mich stöhnend auf. Zögernd fasse ich an meinen Hinterkopf, meine Finger tasten über meine Haare. Ich fühle nichts Feuchtes. Mein Handy piept, ich muss los. Ich komme hoch, nehme die Autoschlüssel und schlüpfe in meine Turnschuhe, die so ausgelatscht sind, dass ich, ohne Schnürsenkel zu binden, hineinkomme. Ich entriegele das Auto mit einem Piepen und steige ein.

Als ich an der Ampel halte, merke ich, dass mir schwindelig ist. Ich öffne das Fenster. Nur ein paar Zentimeter weiter, da war die Kante. Wer hätte mich gefunden? Hat Ben seinen Schlüssel mit? Hätte die Kita Harry im Büro angerufen? Wo hätten sie mich beerdigt – neben dem Großvater?

Es ist, als hätte ich plötzlich einen Wecker gehört, der schon seit Jahren klingelt. Ich werde sterben. Nicht jetzt, sehr wahrscheinlich, nicht so bald, hoffentlich. Aber irgendwann, und ich kann nicht wissen, wann. Es wird grün, ich fahre los. Harry und ich könnten an einem unserer Freitagabende zu zweit einen Unfall haben. Wir werden beide sterben. Ein Auto hupt mich an, weil ich zu weit auf die Gegenspur gefahren bin. Ich fahre rechts ran und öffne die Fahrertür. Hätte ich besser zum Arzt gehen sollen?

Als ich in der Kita ankomme, hält mich eine Erzieherin auf. »Ist alles okay? Du bist kalkweiß im Gesicht.«

»Alles gut«, sage ich, aber sie lässt sich nicht abschütteln. Ich erzähle dann doch.

»Setz dich erst mal.«

Noch eine Kollegin kommt vorbei, dann Claudi mit Lotta. Sie beraten über mich. Sie weigern sich, mir Lotta mitzugeben.

»Du solltest jetzt nicht fahren.«

Jemand geht ins Büro, um Harry anzurufen. Ich strecke meine Arme nach Lotta aus und Claudi gibt sie mir. Ich halte sie ganz fest, auf meinem Schoß. Ihre Haare kitzeln an meiner Wange, sie dreht ihren Kopf zu mir.

»Hi, Lotta«, sage ich. Sie verdreht ihren Kopf, um mir nahe zu sein, ihr warmer Atem streift über meine Wange. Sie gibt mir einen feuchten Kuss mit knabbernden Zähnen. Sie spürt immer sofort, wenn es mir nicht gut geht.

»Ähh?«

»Ist schon gut, nichts passiert. Danke dir fürs Trösten.«

Lotta. Ich schließe die Augen und sehe sie ohne uns. Alleine, in einer dunklen Ecke, den Kopf schief. Um den Hals ein altes Frotteehandtuch, weil man das nicht so oft wechseln muss wie ihre schicken Halstücher. Ihre Haare kurz geschnitten, denn lange machen Arbeit. So lange sitzend, bis ihre Muskeln schmerzen, weil keiner Zeit hat, sie abwechselnd auf den Rücken, die Seite und den Bauch zu legen, in einem Rollstuhl, der zu klein für sie ist, weil keiner damit in der Werkstatt war. In ihrem weichen Bauch ein Plastikhahn, denn Füttern dauert zu lange. Ihre Augen stumpf, weil keiner mit ihr redet. Lotta – eine Sache, die verwaltet wird, die nach Dienstplänen geduscht und versorgt wird. Ohne Einfluss auf ihr Leben, ohne Entscheidungen, die sie selbst trifft. Lotta ohne uns.

Ich gebe ihr noch einen Kuss. Ich muss unsterblich sein, aber ich werde das nicht schaffen. Ich werde dich allein lassen, Lotta, irgendwann, und es bricht mir jetzt schon das Herz.

»Was machst du denn für Sachen?«, fragt Harry, als er zur Tür reinkommt. Er nimmt mir Lotta ab. »Ist alles gut?«

Wir fahren in die Uniklinik, aber ich habe keine Gehirnerschütterung. Sie lassen mich nach Hause und ich überrede Harry, wieder ins Büro zu fahren. Abends, als er nach Hause kommt, sitze ich mit Lotta am Tisch.

»Oh, übt ihr mit dem Step by Step?«

Der Step by Step ist ein neuer Schalter, auf den man mehrere kurze Nachrichten hintereinander aufsprechen kann.

»Lotta will dir was erzählen. Frag sie mal, wie ihr Tag war.«

»Na, wie war denn dein Tag, Lotta?«

»Hallo, Papa, hallo, Mama, hallo, Ben«, ertönt Idas Stimme. Wann immer möglich, lässt Claudi ein Kind draufsprechen, damit Lotta nicht mit einer erwachsenen Stimme sprechen muss.

»Hallo, Lotta, wie war dein Tag?«

»Heute haben wir in der Kita was Spannendes gemacht.«

»Ja, was denn?«

Lotta grinst. Jetzt müsste sie noch mal auf den Schalter hinter ihrem Ellenbogen drücken, der die nächste Nachricht auf dem Step by Step auslöst. Aber ihr Ellenbogen schwebt in der Luft.

»Lotta, jetzt sag doch mal ...«

»Was gibt's zum Abendessen?«, ruft Ben, als er in die Küche kommt. »Hey, Lotta-Kind, übst mit deinen Schaltern? Du bist aber fleißig.«

Wir müssen üben, wir haben keine Wahl, das ist mir heute klar geworden. Wir mögen Lotta verstehen, meistens zumindest, aber wir werden sterben. Bevor das passiert, soll Lotta sich verständigen können. Sie soll sagen können, wer sie duschen soll, dass sie mal wieder ins Konzert gehen will, dass ihre Muskeln wehtun und jemand sie aus dem Rolli heben soll. Eigenständig wird sie nie leben, aber selbstbestimmt – die Hoffnung darauf werde ich nicht aufgeben.

Heute Nachmittag, als Lotta auf ihrem Sitzkissen eingeschlafen war, habe ich das Internet nach Ideen für später durchforstet. Der Pflegenotstand ist längst ein Skandal, von dem fast jeder gehört hat, und das ist nicht nur für ältere Menschen ein Problem, sondern auch für Menschen wie Lotta. Ein Heim mit zu wenig Personal ist nicht das, was ich mir für meine Tochter wünsche. Doch es gibt Alternativen und sie werden immer mehr. Zum Beispiel inklusive Wohngemeinschaften von Menschen mit und Menschen ohne Behinderung, unterstützt von einem Pflegedienst. Lotta, die *mit* Menschen zusammenlebt und nicht *bei* ihnen, kein Heim, sondern ein Zuhause. Andere Eltern wie wir, die sich für ihre Kinder ein selbstbestimmtes Leben wünschen, haben gerade erst in Köln ein solches Haus eröffnet. Studenten der Heilpädagogik leben dort und unterstützen ihre Mitbewohner bei Aktivitäten, die der Pflegedienst nicht übernimmt. Es gibt fest angestellte Fachkräfte und eine Nachtwache, jeder lebt selbstbestimmt und so selbstständig wie möglich. Auch die großen Verbände, wie die Lebenshilfe, reagieren auf die Wünsche nach neuen Wohnformen und eröffnen WGs oder Apartments, in denen Bewohner unterstützt werden.

»Jetzt mache es doch nicht so spannend, Lotta«, sagt Harry. »Du bist wirklich die Meisterin der dramatischen Pausen.«

Lotta bewegt endlich ihren Ellenbogen.

»Wir waren in der Turnhalle – alleine.«

»Alleine?«, fragt Harry und sieht mich an. »Ohne Claudi?«

»Das dürfen nur die großen Kinder«, sagt Idas Stimme, als Lotta wieder ihren Ellenbogen nach hinten schiebt und grinst. »Und wir haben was Tolles gespielt, ratet mal, was.«

»Claudi war nicht dabei?«, fragt Harry. »Ohne Aufsicht ist das aber ein bisschen riskant, oder?«

Lotta kann auf so viele verschiedene Arten ganz schnell Hilfe brauchen: wenn sie sich verschluckt, wenn sie einen Anfall hat, wenn sie sich übergibt – sie drückt dabei ihren Hals durch und schaut starr nach oben, die Gefahr, dass sie das Erbrochene aspiriert, ist hoch. Lotta drückt wieder.

»Wir haben Krankenhaus gespielt, ich war der Patient und Jakob der Arzt.«

»Ich frag morgen mal in der Kita nach.«

Am nächsten Tag vereinbare ich per Telefon einen Termin für ein Anmeldegespräch in der Sternstraße, ich kopiere alle Unterlagen und schicke sie hin. Die Entscheidung für die Förderschule ist nicht anhand von Pro- und Kontra-Listen gefallen oder weil ich und Lotta zu müde für Physio am Nachmittag sind. Wir entscheiden uns für die Förderschule, weil wir sterben werden. Wenn wir Lotta ein selbstbestimmtes Leben ohne uns ermöglichen wollen, haben wir keine Zeit zu verlieren. Dann sollte sie so viel Förderung bekommen, wie es geht, besonders im Bereich Unterstützte Kommunikation. Wir haben so viel aufzuholen.

Als ich Lotta von der Kita abhole, steht Claudi im Flur und lugt durch einen Spalt in die Turnhalle.

»Psst!«, sagt sie. »Lotta darf alleine mit den anderen spielen.«

Sie lässt mich einen Blick hineinwerfen.

Nelly schiebt Lotta zu Jakob, der hinter einer quer geschobenen Bank hockt.

»Und jetzt wärest du wohl der Bankbeamte«, höre ich sie sagen.

»Ich bleib immer hier stehen und gucke, falls was ist«, sagt Claudi. »Du hast doch nicht gedacht, wir schieben die Aufsichtspflicht auf Nelly und Jakob ab, oder?«

Ich lache und sage: »Ich habe gehört, die haben gestern Krankenhaus gespielt?«

»Ja, das hat Jakob auch erzählt«, erklingt eine fremde Stimme hinter mir. Ich drehe mich um.

»Susanne, hallo«, stellt sie sich vor. Braune Locken, sympathisches Lächeln. »Ich habe euch ja schon ein paarmal per SMS gestalkt. Noch mal sorry für die vielen Nachrichten, Jakob kann sehr hartnäckig sein und ich hatte einfach keine Kraft mehr, Nein zu sagen.«

»Ach, Quatsch, ich habe mich doch gefreut.«

»Und das ist also Lotta.« Susanne drängt sich neben mich und lugt durch den Türspalt. »Hübsches Mädchen, Jakob hat schon so viel erzählt.«

Sie lächelt. »Wegen des Doktorspielens – du musst dir keine Sorgen machen, ich habe Jakob noch mal eingeschärft, dass er auch bei Lotta immer fragen muss, ob sie etwas will.«

»Oh, nein, ich wollte ja auch nicht andeuten, dass …«, sage ich und breche ab.

»Wir sensibilisieren die Kinder hier sehr für nonverbale Kommunikation«, schiebt Claudi ein. »Und Jakob versteht Lotta wirklich gut.«

»Tja, dank Lotta wird Jakob nie ein Mann werden, der die Signale einer Frau falsch versteht«, sagt Susanne. »Vielen Dank, dass ihr eure Tochter hierhinschickt. Ich finde es so schön, dass Jakob sieht, wie bunt die Welt ist.«

Gemeinsam stehen wir vor der Tür und sehen durch einen Spalt unsere Kinder spielen.

»Wegen der Schule«, sagt Claudi. »Ich habe mich noch mal umgehört, wie wäre denn Montessori?«

»Die ist zu weit weg. Wir haben uns jetzt sowieso entschieden«, sage ich. »Sternstraße. Ich hoffe, es klappt.«

Wird Claudi sich an der Förderschule wohlfühlen? Am besten hätte es ihr wahrscheinlich auf der freien Schule gefallen, die ich ganz am Anfang besichtigt habe und die ausschied, weil sie nur ganze Familien nehmen.

»Die Sternstraße hätte ich euch auch empfohlen«, sagt eine Erzieherin von hinten. »Da ist sie gut aufgehoben.«

Wenn schon die Menschen, die Inklusion in der Kita so erfolgreich betreiben, die Förderschule empfehlen – was sagt das über die gegenwärtige Umsetzung der Inklusion in der Schule?

Ein paar Tage später sitze ich bei Herrn Karls im Büro und gebe an.

»Mit Lotta können Sie zwei Stunden in der Kinderoper sitzen und sie hört gebannt zu. Sie ist so ehrgeizig, dass sie beim Krabbeln auf ihrem Brett erst aufgibt, wenn sie so erschöpft ist, dass sie einschläft. Und fast immer so gut gelaunt. Und neugierig, sie freut sich schon so auf die Schule. Und so hübsch, wollen Sie mal ein Foto sehen?«

»Schon gut«, winkt Herr Karls lachend ab. »Vorstellungsgespräch beendet.«

Den Flyer vom Förderverein habe ich zu Hause gelassen, ich werde uns anmelden, so wie wir es an Bens Schule auch getan haben – wenn Lotta hier zur Schule geht. Ich will kein Mensch sein, der besticht, und ich halte Herr Karls nicht für bestechlich. Wahrscheinlich hätte es sowieso nicht funktioniert. Ich sollte mich darauf verlassen, dass Herr Karls dasselbe sieht wie ich: dass Lotta hierhergehört.

»Sie ist ja blind«, sage ich zögernd. »Aber ich finde nicht, dass das ihr vorrangiger Förderschwerpunkt sein sollte. Wie Sie gesehen haben, sieht das Lottas Arzt ähnlich, ich habe Ihnen den letzten Arztbrief beigelegt, in der er sich für eine Schule mit Schwerpunkt körperlich-motorische Entwicklung ausspricht.«

»Ja, das habe ich gesehen. Ich kann mir Lotta hier auch sehr gut vorstellen. Haben Sie Ihren Kalender dabei? Ich würde Sie gerne für eine Begutachtung durchs Gesundheitsamt eintragen, bei der Gelegenheit könnte dann auch unsere Physiotherapeutin Lotta anschauen.«

»Ach, findet das hier statt?«

»Bei den Kindern, die gut hierherpassen, machen wir das manchmal so. Das wäre dann in unserer Turnhalle. Könnten Sie am 14.?«

Ich möchte ihm um den Hals fallen, so erleichtert bin ich. Heißt das, wir haben den Platz?

Am Ende des Gesprächs traue ich mich, zu fragen: »Heißt das, Lotta wird genommen?«

»Meinetwegen ja«, sagt er. »Aber ich kann das nicht entscheiden. Das ist Sache des Schulamts.«

Am 14. treffe ich die Ärztin, die Lotta damals bescheinigt hat, dass sie »charmant« ist. »Wie schön, dass Sie den Weg hierher gefunden haben«, sagt sie. »Und wie schön, dass ich dich noch mal wiedersehe, Lotta!«

Ich lerne die Physiotherapeutin kennen, die Lotta sorgsam untersucht und währenddessen leise und langsam mit ihr redet, ein stetiger Redefluss. »Zeig mir doch mal, ob du deinen Kopf auch selbst halten kannst. Ja, sieh mal, wie toll du das machst, wie ein richtiges Schulkind.«

Lotta lacht stolz auf.

»Und nun dein Rücken, kannst du dich halten, wenn ich dich so stabilisiere?«

»Oi.«

»Ja, wie gut du das kannst.«

Ich stehe daneben und halte mich zurück, um die beiden nicht zu unterbrechen, indem ich dazwischenquatsche. Mein Kind kann seinen Kopf halten – wie ein richtiges Schulkind. Ich fühle mich, wie sich andere Eltern wahrscheinlich beim Aufnahmegespräch am Katholischen fühlen, wenn das Kind sagt, seine Hobbys wären »Klavier« und »Lesen«.

Einige Wochen später besucht eine Lehrerin der Sternstraße Lotta in ihrer Kita und schreibt anschließend ihr Gutachten. Auch die inklusive Schule, die Lotta nicht wollte, weil sie keinen Pflegeraum hat, muss ein Gutachten schreiben, sie schließen sich dem Gutachten der Förderschule an, ohne Lotta einmal gesehen zu haben. Auch Bens Grundschule, an der ich Lotta pro forma anmelden musste, hält es so.

»Nun müssen wir abwarten«, schreibt mir Herr Karls, mit dem ich mittlerweile fast eine E-Mail-Freundschaft führe. Wir haben uns über den Bustransport ausgetauscht und ich halte ihn auf dem Laufenden über den Verlängerungsantrag auf eine Integrationshilfe in der Schule. So gut die Betreuung auch ist, so schwer behinderte Kinder wie Lotta brauchen dennoch eine Eins-zu-eins-Unterstützung und Claudi soll Lotta begleiten. Füttern, bei einem Anfall Hilfe leisten, Lottas Schalter so ausrichten, dass sie ihn drücken kann, ihr Unterrichtsinhalte auf den Schalter sprechen, dafür sorgen, dass Lotta sich nicht verschluckt – all das können nicht einfach die Lehrer übernehmen. Vor allem, wenn Lotta nicht das einzige Kind ist, das Assistenz braucht.

In der Kita dauerte es damals elf Monate, bis die Hilfe bewilligt war. Niemand stritt den Bedarf ab, allerdings wollte kein Amt zahlen. An einem Dienstag um zwölf Uhr hätten wir damals Klage eingereicht, um elf Uhr kam die vorläufige Bewilligung vorab per Fax, die Ämter stritten sich hinter den Kulissen weiter, wer welchen Anteil der Finanzierung übernimmt. Diesmal gehe ich auf Nummer sicher. Den Antrag auf Verlängerung der Integrationskraft lasse ich von einer Anwältin einreichen. Jeden Morgen öffne ich den Briefkasten, in der Hoffnung, Post vom Amt zu finden und die Bewilligung unserer beiden Anträge. Wieder vergehen Wochen, doch nichts geschieht.

Es ist nun wirklich Frühling, Lotta kommt aus der Kita mit Sand zwischen den Zehen und Matsch unter den Fingernägeln und Ben hat ständig braune Knie, weil er draußen auf dem Platz den halben Nachmittag Fußball spielt.

»Was ist eigentlich mit Herrn Backhaus?«, frage ich Ben an einem Tag, an dem auf dem Stundenplan mal wieder Kunst stand. »Ist der immer noch so gemein?«

Ben schaut nicht auf, zusammengesunken auf dem Sofa über einem Computerspiel.

»Ben!«

»Jetzt lass mich doch mal.«

»Leg bitte endlich das iPad weg, die halbe Stunde ist längst um.«

Wider Erwarten lässt er das Tablet sofort sinken.

»Weißt du, was ich gerne hätte? ›Clash Royal‹, das haben jetzt alle. So ein Kartenspiel, da geht es auch gar nicht um Gewalt. Nur Ritter kommen vor.«

»Ritter, die Karten spielen?«

Er lacht. »Nein, die kämpfen gegeneinander.«

»Ohne Gewalt – klar.«

»Die sind aber nur gezeichnet und sterben tut auch keiner. Gar kein Blut. Ich habe das bei Konstantin gesehen, auf dem Handy, nach der Schule. Guck doch mal im Internet nach, das ist auch ab sieben.«

Lotta macht ein Nickerchen auf ihrem Sitzsack. Ich sitze sowieso am Computer.

»Was ist das?«, fragt Ben mit einem Blick auf den Bildschirm. »Ist das die Südsee?«

»Elba«, sage ich. »Eine italienische Insel.«

Ich zeige es ihm: bewaldete Klippen, Blumen, Palmen, türkisfarbenes Meer.

»Ich habe nur mal so geguckt.«

In letzter Zeit surfe ich oft nach Urlaubszielen, die nicht Holland sind, und verbringe Zeit, in der ich arbeiten sollte, damit, mich wegzuwünschen. Wenn ich lange genug auf den Bildschirm starre, kann ich fast den warmen Wind in den Haaren fühlen und das plätschernde Wasser an meinen Füßen. Doch es spricht viel gegen Elba: zu teuer, zu weit weg und ein Badeurlaub mit einem Kind, das noch nie im Schwimmbad war? Ein Urlaub auf einer Insel mit einem Kind, das möglicherweise medizinische Hilfe braucht? Wahrscheinlich würde Lottas Rolli mit den Reifen im weißen Sand versinken, am platt gedrückten Nordseestrand können wir bei Ebbe mit ein bisschen Mühe und Schwung an der Brandung langlaufen.

Schnell gebe ich »Clash Royal« in die Suchmaske ein. Das Spiel ist wirklich ab sieben, aber ich stoße auf einen Artikel mit der Überschrift »Was Eltern wissen sollten«. Man muss online gemeinsam in Clans spielen, und dort spielen nicht nur Kinder, sondern auch Erwachsene, die ein Interesse daran haben, mit Kindern zu chatten. Das Wort »Cybergrooming« ist unterstrichen.

»Ich glaube, das finde ich nicht gut«, sage ich Ben. »Ich lasse dich ja auch nicht alleine in die Innenstadt.«

»Aber hier ins Viertel.«

»Trotzdem, nein.«

»Aber wenn dann ein Mafiaboss sagt, komm Ben, lass uns Sex machen – dann sage ich eben ›Nein danke‹.«

»Der sagt das aber nicht so, weißt du? Das ist ja das Problem, der tut so, als wäre er nett.«

»Aber der weiß doch gar nicht, dass ich ein Kind bin. Und ich wäre ja im Clan von Konstantin, der hat auch einen Geheimnamen: 3b.«

»Nein, dann weiß natürlich keiner, dass ihr in der dritten Klasse seid. Nein, Ben, tut mir leid.«

Ben tritt gegen die Couch. »Ich will aber.«

»Schlechtes Argument.«

»Und wenn ich so gucke?« Er zieht einen Flunsch, legt den Kopf schräg, reißt die Augen auf und klimpert mit den Wimpern. »Biiiittte?«

Ich lache. »Nein. Gar kein Argument. Wenn du älter bist, dann vielleicht.«

»Nie darf ich was. Alle anderen dürfen das.«

»Stimmt nicht. Theos Mutter erlaubt ihm gar kein iPad.«

»Und wenn Theos Mutter aus dem Fenster springt, springst du dann auch?«

Viele sagen: »Ich könnte das nicht«, wenn sie erfahren, dass Lotta nicht reden, laufen, kauen oder sehen kann. Niemand sagt das über Kinder, die diskutieren und Spiele auf dem iPad zocken können – dabei ist es auch nicht einfacher, sich eine Meinung über die neuesten Computerspiele zu bilden, als zu entscheiden, welche Therapie die richtige ist. Und ein Arzt liefert meinen Argumenten längst nicht so viel Widerstand wie ein Neunjähriger.

»Vergiss es, Ben.«

So anstrengend es ist – genau dieses Kämpfen, Jammern, Schimpfen, Charmieren wünsche ich mir für Lotta. Sie soll genauso hartnäckig für sich selbst eintreten können wie Ben. Und sei es für ein Computerspiel.

# 15

## *»Hat die Lotta gerade den Freund ausgespannt?«*

Eine Liebe und ein Abschied

Es ist Sommer geworden und Jakob ist inzwischen Lottas Freund. Er steckt kleine Briefe in ihren Rucksack, mit aufgemalten Herzen. Er schreibt ihr fast täglich SMS voller Emojis, die sie nicht sehen kann, aber über die sie trotzdem lacht, wenn ich sie ihr beschreibe. Bei ihren Videoanrufen giggeln sie um die Wette. Jakob wohnt am anderen Ende der Stadt, wie auch wir fährt er relativ lange zur Kita. Für Susanne waren die langen Betreuungszeiten ausschlaggebend, für uns war es die einzige Kita, die Lotta nehmen wollte. Wir treffen uns selten nachmittags, es findet sich zu wenig Zeit, Susanne arbeitet viel als selbstständige PR-Beraterin. Aber Lotta und Jakob haben ja jeden Tag sechs Stunden zusammen.

»Ist der verknallt?«, fragt Ben angeekelt.

»Weiß ich nicht«, sage ich. »Aber Lotta scheint es zu gefallen.«

»Igitt, Lotta«, sagt er. »Du willst den doch nicht heiraten?«

»Äh.«

»Das heißt nein«, bestimmt Ben. »Schreib das Jakob. Sie will ihn nicht heiraten.«

Er bringt mir mein Handy.

Was mag Jakob an Lotta? Es ist offensichtlich – so angeschmachtet zu werden, gefällt ihm und wem würde das nicht so gehen? Außerdem ist Lotta hübsch und wie Nelly mal gesagt hat, als sie kleiner war: »Die beißt nicht, haut nicht, tritt nicht und sagt nix weiter.« Lotta hat Haarspangen, auf denen Elsa und Anna aus der »Eiskönigin« glitzern, und sie verleiht sie auch gerne. Und sie hat den Rollstuhl, in dem alle gerne rumrasen, wenn Lotta in ihrem Sitzsack liegt. Das allein würde schon reichen, um in der Kita äußerst beliebt zu sein. Und sonst?

»Sie hat die wärmsten Ohren der Welt«, hat Jakob im Winter mal gesagt und seine kalten Hände unter ihre Mütze geschoben.

»Sie schaukelt gerne ganz hoch und hat keine Angst«, sagt er jetzt im Sommer. »Sie kreischt dann so lustig.«

Ich hoffe, Lotta wird auch später noch einen Schwarm haben, der sie wegen ihrer warmen Ohren, ihrer Furchtlosigkeit und ihres Kreischens zu schätzen weiß. Es ist ein Traum, der vielleicht platzen wird, ich weiß, aber Lotta ist ein Mensch so voller Schmachten, Liebe, Anbetung – ich will für sie kein einsames Leben. Auch sie hat das Recht auf einen Jakob, nicht nur in der Kita, sondern auch später. Auch wenn Ben das anders sieht.

Als ich Lotta eines Tages abholen will, höre ich sie schon kreischen, als ich vor dem Gebäude aus dem Auto steige. Sie ist hinten im Garten, nur bekleidet mit Shorts und einem Geschirrtuch, das ihr Claudi um den Kopf geschlungen hat, als Schutz vor der Sonne. Claudi hockt auf dem Boden, auf ihren Knien Lotta. Lottas nackte kleine Füße ruhen in einer riesigen Matschpfütze, ihr Körper ist ganz weiß vor Sonnencreme, durchbrochen von braunen Rinnsalen. Jakob, Ida und Nelly springen in der Pfütze auf und ab und bespritzen Lotta mit brauner Suppe. Claudi lässt ihr aus einem Eimer Wasser über den Bauch laufen und wird dabei selbst ganz nass.

»Uiiiih«, kreischt Lotta, hebt abwechselnd ihre Füße vor Freude und lacht.

Wie werde ich das hier vermissen.

Jakob wird in die Grundschule gehen, die seiner Wohnung am anderen Ende der Stadt am nächsten ist. Er hat bereits nach den Osterferien Bescheid bekommen. Wir warten immer noch. Mittlerweile gehe ich mindestens zweimal am Tag zum Briefkasten. Es ist nun Juni und wir wissen immer noch nicht, auf welche

Schule Lotta ab September gehen wird. Ich schreibe Herrn Karls, schon wieder.

»Wir planen sie fest ein«, schreibt er direkt am nächsten Tag zurück. »Aber die endgültige Entscheidung liegt natürlich beim Schulamt. Ich werde mal nachfragen.«

Die Kita veranstaltet einen Elternabend, den letzten, den wir besuchen werden. Sie zeigen Fotos, die sie in den vergangenen Jahren gemacht haben, von allen Kindern. Lotta, knapp drei Jahre alt, klein und zart, wie sie auf dem Schoß einer Erzieherin auf der Schaukel sitzt. Lotta mit fünf, ein kleiner Dragoner, wie sie im Netz der Nestschaukel liegt, neben und über ihr ein Haufen Kinder, wie ein menschlicher Hügel, bei dem man nicht weiß, zu wem der eine Fuß gehört und zu wem der andere. Lotta und die anderen Vorschulkinder müde, aber stolz in ihren Schlafanzügen in der Turnhalle.

»Wie schade, dass für Kinder wie eures auch die Schulpflicht gilt, oder?«, sagt eine Mutter, als Pause ist und alle sich um das kleine Büfett drängeln. »Du könntest sie zu Hause wahrscheinlich viel gezielter fördern, oder?«

»Du überschätzt mich«, sage ich. »Und Lotta hat ja auch das Recht, andere Menschen in ihrem Leben zu haben als mich.«

»Habt ihr denn überlegt, sie wenigstens für ein Jahr zurückstufen zu lassen?«

»Das geht doch nur, wenn die Kinder in dem einen Jahr, das sie länger in der Kita bleiben, den Vorsprung der anderen aufholen könnten, oder? Und sowieso, ich finde, sie ist so weit. Jedes Mal, wenn es um Schule geht, freut sie sich so sehr. Mehr Struktur und mehr gefordert werden, das wird ihr bestimmt auch gefallen. Sie ist kein Baby mehr, sie ist bereit.«

Nach der Pause veranstalten die Erzieher ein Spiel. Auf anderen Elternabenden haben wir die Lieder gesungen, die sonst die Kinder singen, wenn sie hier sind, oder wir haben den Parcours gemeistert, den sie sonst in der Turnhalle aufbauen. Eine Gruppe Erwachsener, die über Kästen klettert, um den Alltag ihrer Kinder nachzuempfinden – ja, das ist albern. Und ja, es macht tatsächlich Spaß, nach langen PowerPoint-Präsentationen über Sexualerziehung, Bewegung oder die Bedeutung von Selbstständigkeit im Kindergartenalter. Heute sollen wir uns zu je vier bis sechs Personen in einen engen Kreis stellen, die Hand an der Schulter des Nächsten.

»Und nun«, sagt eine Erzieherin. »Geht ihr langsam in die Knie und setzt euch auf den Schoß eures Hintermanns. Und wenn ihr das alle gleichzeitig macht, haltet ihr euch gegenseitig.«

Wir lachen und kippen, aber es geht. Wir sitzen aufeinander, wir halten uns, ein endloser Kreis, bei dem nicht klar ist, wer jetzt wen stützt.

»Das ist der Zusammenhalt, den wir vermitteln wollen.«

Als ich abends mit Harry nach Hause fahre, ziehe ich mein Handy aus der Tasche. Ich surfe herum, auf Facebook finde ich wieder eine der Suchanzeigen, wie es so viele gibt: »Du liest gerne vor, hast viel Geduld und baust gerne Höhlen aus Decken und Sofakissen? Dann suche ich dich! Ich bin Daniel und sieben Jahre alt.«

Die Gesuche lesen sich immer wie Kontaktanzeigen. Daniel bezeichnet sich als fröhlich, ruhig und lieb, daneben lacht er auf einem Foto in die Kamera. Er ist schwer mehrfachbehindert. Manchmal werden über diese Gesuche Betreuungen für nachmittags gesucht. Schlimmer sind Anzeigen mit Fotos von Neugeborenen, mit deren Hilfe frischgebackene Eltern einen Pflegedienst oder eine Pflegekraft für zu Hause suchen, da sie ohne gesicherte Versorgung nicht aus dem Krankenhaus entlassen werden. »Wir haben schon alle Pflegedienste abtelefoniert, doch sie sind ausgebucht!«, schreiben sie verzweifelt, eine Folge des Pflegenotstands. Über 36 000 Kräfte fehlen in der Pflege, auf 100 offene Stellen kommen 21 Bewerber. »Wir wollen nur nach Hause.«

Daniels Eltern suchen eine Begleitung für die Schule. »Ich kann jetzt schon seit drei Wochen nicht zur Schule«, schreiben sie in Daniels Namen. »Und ich würde doch so gerne.«

»Meinst du, Claudi wird sich wohlfühlen in der Sternstraße?«, sage ich zu Harry.

»Na ja, sie hätte wahrscheinlich eher in etwas Alternativeres gepasst«, sagt er. »Aber am Ende ist das eben ihr Job, da kann man sich nicht alles aussuchen.«

»Das sieht sie aber anders, glaub ich«, sage ich. »Für Claudi ist das mehr als ein Job.«

Noch nie habe sie sich so gebraucht gefühlt, hat sie mir mal gesagt. Noch nie habe die Arbeit sie so erfüllt, dass sie auch am Wochenende darüber nachdenke. Wir haben Glück mit Claudi.

Integrationshelfer, Inklusionsassistenten, Schul- oder Kitabegleiter und wie sie sonst noch genannt werden sind ein Herzstück der Inklusion. Auf ihren Schultern lastet ein Großteil der praktischen Umsetzung.

Manche sind Fachkräfte, so wie Claudi, die für ihren Abschluss als Heilerziehungspflegerin eine Ausbildung von über zwei Jahren absolviert hat, andere sind ungelernte Kräfte und waren früher etwa Köchin oder Busfahrer. Lotta wurde ganz am Anfang für zwei Monate von einer Studentin im Urlaubssemester begleitet. Fachkräfte wie Claudi werden bundesweit längst nicht überall bewilligt. Dank ihrer Ausbildung kann Claudi Lotta gezielter fördern und enger begleiten, doch sie verdient auch mehr. Bezahlt werden die Helfer vom Amt, angestellt sind sie bei einem Träger, wie der Lebenshilfe oder der Arbeiterwohlfahrt, Auftraggeber sind die Eltern, Einsatzort ist die Schule oder die Kita.

Es gibt leichtere Jobs, als Kinder mit Behinderung zu begleiten. Die Helfer heben, schleppen, wickeln, füttern, ermahnen, ermutigen, lindern Anfälle, helfen den Kindern, mit anderen zu spielen, sie kriechen über den Boden so wie Claudi, wenn Lotta krabbelt, und sitzen in Matschpfützen, sie bringen erste Wörter bei oder erste Schritte, sie erklären ihren Schülern auch noch zum zehnten Mal die Aufgaben und helfen ihnen, mit dem Unterricht Schritt zu halten. Sie müssen viel Geduld aufbringen, von ihnen hängt so viel ab.

Unter welchen Bedingungen sie arbeiten, hängt auch davon ab, wo sie es tun. Der Rechtsanspruch auf so eine Begleitung besteht bundesweit, doch wie genau er umgesetzt wird, hängt von dem

Umfang der Bewilligung ab, von dem Träger, bei dem der Helfer angestellt ist, von der Schule oder Kita, in der er eingesetzt wird, und von der Lehrerin oder dem Erzieher, mit dem er zusammenarbeitet. Waren Lehrer früher im Klassenzimmer allein mit den Kindern, sitzen dort neben einem Kollegen oder Sonderpädagogen nun auch Integrationshelfer. Wie gut die Zusammenarbeit gelingt, prägt das Klima in der Klasse. Ist ein Integrationshelfer ein bloßer Gehilfe? Einer, der wickelt und füttert, der ausführt, was der Lehrer ihm sagt? Oder ein Mitglied des Teams, das mitreden darf und gehört wird? Es kommt darauf an. In der Kita gelingt die Zusammenarbeit von Claudi mit den anderen Erziehern gut. Wie wird es in der Schule werden?

Jedes Jahr im Frühjahr setze ich mich hin und schreibe mit der Anwältin fünf- bis sechsseitige Begründungen, warum Lotta auch im nächsten Jahr eine Begleitung braucht. Wir schildern, wie Claudi Lotta zu eigenständiger Kommunikation und Teilhabe führt, indem sie ihren Step by Step bespricht und den Schalter hinter ihrem Ellenbogen so positioniert, dass Lotta drankommt – an manchen Tagen ist die Spastik ausgeprägter als an anderen, an kalten am schlimmsten. Wir beschreiben, wie schnell Lotta sich verschlucken kann und wie leicht ersticken. Wir schildern ihre Fortschritte, die uns so groß erscheinen und doch aus Sicht des Amtes klein sind, und schließen mit: »Diagnose: unverändert. Sie kann nicht laufen, selbstständig frei sitzen, greifen, kauen, sprechen, sehen.«

Jedes Jahr wieder müssen wir uns fragen, ob alles beim Alten bleibt. Die Stelle für Lottas Integrationshelfer ist auf ein Jahr befristet – als ob in dieser Zeit eine Wunderheilung einsetzen könnte. Wird Lotta nächsten Herbst plötzlich sehen können, ihren Rollstuhl stehen lassen und laut rufen: »Ab jetzt schaffe ich es allein«? Dabei haben wir noch Glück, für uns ist das Sozialamt zuständig. Bei geistiger Behinderung ist es das Jugendamt, hier laufen die Bewilligungen schon mal nur für drei Monate. Und nach drei Monaten ist die geistige Behinderung verschwunden? Wow.

Sicher gibt es Kinder, die auf der Grenze stehen – auf der einen Seite ist die Begleitung noch notwendig, nach viel Förderung und mit wachsendem Alter schaffen sie es auf die andere.

Schwere Mehrfachbehinderungen wie Lottas zählen sicherlich nicht dazu. Die Befristung rührt auch aus der traditionellen Rolle des Jugendamtes, erfahre ich später. Es soll Familien in Notlagen helfen, mit dem Ziel, sie aus dieser zu befreien. Am Ende sollen sie keine Hilfe mehr brauchen. Die Inklusion stellt nicht nur Schulen vor die Aufgabe, sich zu ändern, sondern auch die Ämter.

Begrenzte Bewilligungen führen zu befristeten Verträgen, führen mit dem eher geringen Verdienst dazu, dass der Job des Integrationshelfers gerade für höher qualifizierte Begleiter oft nur eine Zwischenstation ist, etwas, das man reinquetscht zwischen Studium und Berufsanfang. An vielen Schulen werden die Integrationshelfer nur selten wirklich Teil des Teams, sie sind ja sowieso bald wieder weg und Kinder mit zum Teil schweren Behinderungen müssen oft neue Bezugspersonen verkraften. Warum?

Wie schön wäre es, wenn die Schulbegleitung für Lottas gesamte Schulzeit bewilligt würde, ab und zu unterbrochen durch Überprüfungen wie bei der Pflegestufe. Die Ämter haben sowieso Personalmangel, warum nicht die Arbeitslast verringern? Irgendeiner muss die vielen Anträge ja lesen. Anscheinend sehen die Kölner Ämter das ähnlich: 2018 wird Lottas Schulbegleitung zum ersten Mal für zwei Jahre bewilligt werden.

Doch jetzt ist es Sommer und Claudi weiß immer noch nicht, ob sie in drei Monaten noch einen Job hat.

Als ich Lotta am nächsten Tag von der Kita abhole, finde ich sie nicht im Gruppenraum.

»Schau mal«, sagt eine Erzieherin und deutet auf die fast geschlossene Tür zur Turnhalle. »Aber Psst!«

Ich luge durch den Spalt. Ich sehe Claudi in Leggings und T-Shirt. Sie hat sich Lotta mit einem Tuch auf den Rücken gebunden, Simona steht neben den zweien, die Hand ausgestreckt.

»Jetzt machen wir die nächste Übung«, sagt Claudi.

Dann beugt sie sich vor, mit Kopf Richtung Matte. Auch Lotta hängt nun kopfüber. Ihr Zopf fällt fast senkrecht nach unten. Simona hält sie, damit sie nicht fällt.

»Uiii!«, macht Lotta und spannt ihre Muskeln an.

»Versuch mal, dich nur auf deinen Atem zu konzentrieren«, sagt Claudi und atmet tief ein und aus. Lotta grinst mit hochrotem Kopf.

Als mich Simona und Claudi entdecken, richten sie sich auf und kommen in den Flur. Lotta ist ganz außer Atem vor Aufregung.

»Wir haben Yoga gemacht«, sagt Claudi. »Ich dachte, Lotta will bestimmt auch mal spüren, wie es ist, mit dem Kopf nach unten zu hängen. Aber so richtig vertieft in die Atmung haben wir uns noch nicht.«

Ich umarme sie.

»Ich bin dir so dankbar, dass du das machst. Und dass du mit in die Schule kommen willst! Es war meine größte Sorge, dass du aufhörst.«

Sie löst sich aus der Umarmung und sieht erstaunt aus.

»Ich mache das doch gerne. Meine größte Angst wäre, dass ihr mir Lotta einfach wegnehmt.«

Lotta streckt sich nach mir, ich nehme sie ihr ab.

»Wieso sollten wir das tun?«

»Ihr könntet das. Wenn ihr unzufrieden seid mit mir, weil sie nicht genug trinkt oder weil mir vielleicht ein Missgeschick passiert, Lotta sich stößt und dann einen blauen Fleck hat. Dann könntet ihr vom einen auf den anderen Tag bestimmen, dass Lotta nicht mehr mit mir zur Kita geht.«

»Siehst du und meine Angst ist, dass du eines Tages nicht mehr diesen Job machen willst.«

Und wir dann hoffen müssten, dass die Lebenshilfe eine neue Begleitung für Lotta findet, die uns und ihr gefällt. Wenn nicht, müssten wir vielleicht auch Suchanzeigen im Internet schalten. Bis wir jemanden gefunden hätten, dürfte Lotta an vielen Tagen nicht in die Kita. Wie ist das eigentlich in der Schule? Dürfte Lotta ab und zu ohne Begleitung kommen? Es ist doch eine Förderschule. Da müsste das doch gehen, oder?

»Ich hab euer Kind eben lieb«, sagt Claudi. »Ich habe ja versucht, professionelle Distanz zu wahren, aber, Lotta, du machst mir das unmöglich.«

Sie beugt sich vor und gibt ihr einen Kuss auf meinem Arm, Lotta dreht den Kopf zu ihr, um den Kuss grinsend zu erwidern. Wie kann man eine so nahe Arbeit mit Distanz verbinden? Geht das überhaupt? Mit dem Kümmern kommt die Liebe, hat mir mal Jodi gesagt, unsere Kinderfrau, die früher auf Ben und Lotta aufgepasst hat, wenn ich zu Interviews gefahren bin oder mit Harry essen ging. Sieben Jahre war sie bei uns, dann fühlte sie sich mit 63 Jahren zu alt. Sie kommt immer noch alle paar Wochen, geht mit Ben in den Zoo oder trinkt mit mir Kaffee.

»Jetzt können wir uns endlich duzen«, hat sie nach ihrer Kündigung gesagt. Wenn ich mit den Kindern nicht weiterkomme, hat sie immer gute Tipps.

»Sie ist Wahlverwandtschaft«, habe ich mal zu Harry gesagt. Bis jetzt haben wir alle, die uns nahgekommen sind, auch nah an uns gehalten.

»Wer wird Lotta später eigentlich mal wickeln?«, fragt Ben am Abend und blickt nicht von seinem Comic hoch. »Wenn die 80 wird, seid ihr doch schon tot. Ich kann das nicht machen, ich muss arbeiten.«

Harry schaut von der Spülmaschine hoch, die er gerade einräumt. Wir tauschen einen Blick.

»Das ist auch nicht dein Job, Ben«, sagt er.

»Das würde Lotta bestimmt auch nicht wollen«, sage ich und klappe den Laptop zu. »Du sollst dich nur um dich kümmern.«

Ben blickt nun doch auf. »Aber Claudi?«

»Eher nicht«, sage ich und gehe zu ihm aufs Sofa. »Sie ist nicht viel jünger als ich, wenn ich tot bin, ist sie es wahrscheinlich auch. Aber wir werden dafür sorgen, dass Lotta von Menschen wie Claudi gewickelt wird, sie wird dann vielleicht in einer WG leben …«

»Was ist eine WG?«

»Eine Wohngemeinschaft, in der Freunde zusammenleben, in

Lottas Fall mit Menschen mit und ohne Behinderung. Vielleicht kannst du sie ja ab und zu besuchen, das würde sie bestimmt freuen.«

Ben schüttelt energisch den Kopf.

»Kann ich da nicht leben?«

»Klar, wenn du das dann noch möchtest.«

»Meld mich schon mal an, ja? Und frag Pepes Mutter, ob er auch darf.«

Er schaut wieder in seinen Comic, offensichtlich ist das Thema für ihn geklärt.

So leicht wird es nicht werden. Laut dem neuen Bundesteilhabegesetz liegt es im Ermessen des zuständigen Amtes, zu entscheiden, ob eine Heimunterbringung für Lotta »zumutbar« ist. Dort wäre es wohl günstiger. Wir werden wahrscheinlich dafür kämpfen müssen, dass Lotta in einer WG leben kann. Ich schaue auf das Babyphone, auf dem Bildschirm sehe ich Lotta. Die Einstellung ist etwas zu nahe, ich sehe nur Lottas Stirn und ihre Augen. Sie schläft nicht, sondern blickt starr in eine Richtung, ihre Stirn ist gerunzelt.

»Ich gehe mal nach Lotta sehen. Da stimmt was nicht.«

Als ich im Türrahmen stehe, sehe ich Lotta im Bett, ihre Arme umschlingen ihren Teddy, fast genau in derselben Position, in der ich sie eben hingelegt habe. Als ich näher trete, sehe ich eine Mücke auf Lottas Wange sitzen. Die Mücke pumpt, ihr Körper bewegt sich auf und ab, Lotta verdreht die Augen in ihre Richtung. Sie verzieht den Mund.

Mit zwei schnellen Schritten bin ich am Bett, schnappe mir mit einer Hand ein Buch vom Regal, scheuche mit der anderen die Mücke auf und knalle das Buch über ihr auf die Wand, wo sie in einem dicken roten Fleck zerplatzt. Noch mal lasse ich das Buch auf die Wand sausen und noch einmal. Noch nie war ich so mörderisch wütend auf ein Tier. Ben ist hinter mir, er ist mir gefolgt.

»Oh, nein, bist du gestochen worden?«

Ben küsst Lottas Hand und streicht ihr eine Haarsträhne aus dem Gesicht. Auf Lottas Wange sind zwei rote Flatschen, auch auf ihrem Hals findet sich einer. Ich will ihr einen Kuss auf die Stirn geben, doch Ben hängt über ihr wie ein kleiner Schatten.

»Soll ich dich mal kratzen, Lotta?«

»Lass das lieber«, sage ich. »Dann juckt es nur noch schlimmer.«

»Sie hat ein Recht darauf, sich zu kratzen – zu lassen.«

»Stimmt ja, aber …«

Ich drücke ihn.

»Komm, wir lassen Lotta wieder einschlafen. Schlaf schön, meine Süße, träum was Schönes.«

Ich erwische doch noch ihre Stirn.

»Ich komm gleich, Mama, ich bleib noch kurz.«

An der Tür drehe ich mich um. Ob er sie kratzt? Ben hat das Buch aufgehoben, das ich auf den Boden fallen gelassen habe, und beugt sich über Lotta.

»Du musst dir keine Sorgen machen«, höre ich ihn flüstern. »Ich werde nicht zulassen, dass dir das noch mal passiert.«

Er setzt sich in den Schaukelstuhl neben ihrem Bett, in der Hand das Buch.

Drei Wochen bevor die Sommerferien anfangen, kriegen wir Post. Ich reiße den Brief noch am Briefkasten auf und laufe ihn glücklich schwenkend hinein. Lotta wird in die Sternstraße gehen. Kurz danach kriegt Lotta einen bunten Brief.

*Liebe Lotta,*
*bald gehst du auf unsere Schule, wir freuen uns schon auf dich und bereiten schon den Klassenraum vor. Wir sind schon so neugierig auf dich. Schreib uns doch einen Brief und erzähle uns von dir. Leg bitte ein Foto von dir bei, das wir schon mal in der neuen Klasse aufhängen können. Vielleicht möchtest du auch mit deinen Eltern ein Bild malen?*
*Liebe Grüße*
*Dein Klassenleitungsteam,*
*Frau Bach, Frau Klaas und Frau Luik*

»Deine ersten Hausaufgaben«, sagt Ben, als er das liest. »Jetzt beginnt der Ernst des Lebens, Lotta!«

Sie strahlt, als gäbe es nichts Schöneres auf der Welt als Hausaufgaben. Ich pinne den Brief an die Tafel in unserer Küche und schreibe darüber mit gelber Kreide: »Schulkind!«

»Pepe, deine Mutter ist da!«, schreie ich nach oben, als ich die Haustür öffne. Ich umarme Ute.

»Entschuldige. Hallo, erst mal!«

Sie lacht und schreit: »Pepe, Zahnarzt! Jetzt!«

Während wir reden, hängt hinter Utes Schulter das Bild vom Haus unterm Sternenhimmel, das Ben uns zu Weihnachten geschenkt hat – und Pepe seinen Eltern nicht. Wie sage ich es Ute, ohne mein Versprechen gegenüber Ben zu brechen?

»Hast du schon das Bild gesehen? Toll, oder? Wie ist denn Pepes geworden?«

Was ich an Ute mag, ist, dass sie nie mit ihren Kindern angibt, wahrscheinlich dachte sie von mir bis eben noch dasselbe. Mit gerunzelter Stirn dreht sie sich um und blickt dahin, wo mein Zeigefinger hindeutet. Plötzlich beugt sie sich vor und flüstert mir ins Ohr:»Ich weiß es. Aber ich soll nicht drüber reden. Ich möchte Herrn Backhaus am liebsten sofort die Meinung sagen, aber Pepe will das unbedingt alleine ausfechten. Ich hoffe nur, sein Plan hat nichts mit Pupskissen zu tun.«

Wir hören Gepolter auf der Treppe und unsere Köpfe zucken auseinander.

»Was macht ihr da?«, fragt Ben.

»Nichts«, sagen Ute und ich etwas zu synchron.

»Redet ihr über ›Clash Royal?‹«, ruft Pepe. »O ja, bitte, bitte, bitte!«

Beim Sommerfest der Kita bekommt Lotta einen weißen Ballon, auf dem in roter Schrift »Schulkind« steht. Er ist mit Helium gefüllt und schwebt hoch in der Luft. Wir binden ihn an ihrem Rollstuhl fest. Jakob lässt sich seinen ums Handgelenk binden, nachdem Nelly ihren losgelassen hat und einen tränenreichen Wutanfall hatte, während der Ballon am Himmel verschwand.

Mit einem Mikro halten die Erzieher eine Rede, die mir die Tränen in die Augen treibt. Harry legt seinen Arm um mich. Jakob steht neben Lotta und hält ihre Hand. Ich sehe, wie Ben oben auf der Rutsche angeekelt die Lippen verzieht. Jakob dreht sich zu mir um.

»Wir müssen uns dann aber mal verabreden.«

»Klar«, sage ich. Funktioniert eine Kindergartenliebe auch als Fernbeziehung? Wie oft werden wir es schaffen, uns zu treffen?

»Freust du dich schon auf die Schule, Jakob?«

Statt einer Antwort beugt er sich zu Lotta und küsst sie aufs Ohr. Nelly kommt dazu und küsst Lotta auf die Hand.

»Willst du rutschen, Jakob?«

Schon sind die zwei weg.

»Hat die Lotta gerade den Freund ausgespannt?«, flüstert Harry mir zu.

Gerade als ich Lotta fragen will, ob sie auch rutschen will, tritt eine von Lottas Lieblingserzieherinnen, Katarina, zu uns, in der Hand ein Geschenk.

»Lotta, schau mal, das ist für dich. Vielleicht willst du mir helfen, es auszupacken?«

Sie nimmt Lottas Finger und führt sie in einen Spalt im Papier.

»Und jetzt feste reißen!«

Gemeinsam legen sie ein selbst gebasteltes Buch frei, das sich auffalten lässt wie ein Leporello. Auf jeder Seite sind Fotos von Lotta, mit den Erziehern und anderen Kindern. Daneben klebt jeweils etwas zum Fühlen. Ein geflochtenes Band, wie es Lotta neulich im Haar hatte, eine kleine Cremedose, eine Reihe Glöckchen, die laut klimpern.

»Für die anderen Kinder haben wir das auch gemacht – nur haben wir in deren Buch nichts zum Fühlen draufgeklebt. Und weil du ja die Fotos nicht so gut siehst, Lotta …«, sagt Katarina und zieht ihr Handy aus der Gesäßtasche ihrer Shorts. »Ich schicke deiner Mutter jetzt was – das ist eine Audiodatei, die sie dir vorspielen kann. Jeder Titel entspricht einer Seite. Die erste ist meine.«

Als ich anklicke, was sie mir geschickt hat, hören wir Katarinas Stimme.

»Hallo, liebe Lotta, weißt du noch, wie wir immer mit den Glöckchen gespielt haben? Ich habe das immer so gerne mit dir gemacht ...«

Die Katarina in meinem Handy erzählt Lotta von ihrer Kita-Zeit, die vor uns beugt sich wieder zu Lotta runter und führt ihre Hand zu den Glöckchen im Buch. Ich drehe mich zu Harry um und umarme ihn.

»Jetzt haben wir gar kein Kindergartenkind mehr«, sage ich in seine Brust.

Er drückt mich und küsst mich aufs Haar.

»Das können wir ja ändern, wenn du magst.«

# 16

## *»Bambini!«*

### Ein Paradies und Lottas geheime Superkraft

Als ich mit Lotta auf dem Arm in den Waschraum der Tankstelle trete, wird mir klar, dass ich die Schwierigkeiten unterschätzt habe. Ich dachte, das Problem wären die weiten Strecken im Auto, dass der Akku vom iPad nicht durchhält oder dass püriertes Brot nach sechs Stunden in der Tupperdose eventuell nicht mehr schmeckt. Doch das Problem ist der Wickeltisch: ein klappriges Brett aus Plastik. Als ich Lotta darauflege, stößt sie mit dem Kopf an die Wand und hängt trotzdem gefährlich weit über dem Abgrund. Bis zu wie viel Kilo ist das überhaupt belastbar, bevor es aus der Wand bricht? Vielleicht wäre es auf dem Boden sicherer. Ich werfe einen Blick hinunter und zucke zurück. Da lege ich Lotta auf keinen Fall hin.

»Wird schon gehen, oder, Lotta?«, sage ich, halte sie mit einer Hand fest und lasse mir die offen stehende Handtasche von der Schulter gleiten. Beinahe fallen die Feuchttücher raus, ich balanciere sie gerade noch so zurück in die Tasche. Wohin damit? Nicht auf den Boden, dann lieber ins Waschbecken. Als ich die Tasche hineinplumpsen lasse, macht es leise »Pschhh«. Der Wasserhahn ist automatisch angegangen. Bewegungsmelder.

»Wieso hast du dadrin so geschrien?«, fragt Harry, als ich wieder rauskomme, auf dem Arm die schadenfroh grinsende Lotta, in der Armbeuge eine Tasche, deren Inhalt komplett durchtränkt ist.

»Frag nicht.«

Wenigstens hatte ich mein Handy in der Hosentasche. Wie soll das gehen, wenn Lotta groß ist? Müssen wir dann zu Hause bleiben? Später werde ich lesen, dass es »Toiletten für alle« gibt, Behinderten-WCs, in denen sich große Liegen rauf- und runterfahren lassen. In Großbritannien etwa sind sie Standard. Die Stiftung Leben setzt sich dafür ein, dass es sie auch in Deutschland in allen öffentlichen Gebäuden geben soll, und bietet eine interaktive Karte an, auf der man die nächstgelegene finden kann. Wenn ich »Köln« eingebe, ist die nächste Toilette in Bremen.

Stunden nach diesem Erlebnis legt sich Harry Lotta über die Schulter wie einen Kartoffelsack und steigt vor uns eine schmale Stiege hoch, eine Hand an ihrem Rücken, eine auf einem angerosteten Handlauf. Lotta grinst auf Harrys Schulter.

»Rutsch nicht aus!«, rufe ich.

»Geh doch mal schneller«, ruft Ben von hinten. »Ich will ganz nach oben aufs Deck!«

Zu viert setzen wir uns in den Schatten eines riesigen Schornsteins und strecken die Nasen Richtung Wind. Als die Fähre ablegt, atme ich auf. Jetzt haben wir es fast geschafft. Nach einer Stunde Sonne, Wind und endlosem Blick aufs Meer erscheint Elba am Horizont.

Es ist zu weit weg, zu teuer, zu kompliziert, es ist komplett unvernünftig. Es ist auch das, was ich will. Ich korrigiere immer Bens Hausaufgaben, ich vergesse nie Lottas Medikamente, leere die Brotdosen vom Morgen am selben Tag, gehe abends früh ins Bett, wenn am nächsten Tag Schule ist. Ich habe sogar aufgehört, Bens Buntstifte anzuspitzen – ich bin so fucking vernünftig. Ich will wenigstens in den Sommerferien damit aufhören, auch wenn das heißt, dass ich auf einer Tankstelle fast das Wickelbrett aus der Wand reiße. Das Meer glitzert, die Wälder auf den Klippen wiegen sich in einer sanften Brise. Als wir langsam an der Insel vorbeifahren, erblicke ich kleine Buchten voll weißen Sandstrands, davor ankernd Motorboote und Segeljachten. Schon jetzt war es das wert.

Als wir die Lobby des Hotels betreten und einchecken wollen, schaut die Rezeptionistin entgeistert auf Lotta.

»Die wussten nicht, dass Lotta im Rollstuhl sitzt?«, fragt Harry mich, während sie uns den Zimmerschlüssel raussucht.

»Vergessen«, sage ich achselzuckend.

Die kleinen Hütten liegen quer über die Bucht verteilt, zu unserer müssen wir drei endlose Treppen hinaufsteigen. Die Rezeptionistin bedauert wortreich, dass nun keine nähere Unterkunft mehr frei ist. Als wir gemeinsam am Fuß der zweiten Treppe stehen, stöhnt Harry.

»Wie kann man denn so was vergessen?«

Gar nicht. Oder vielleicht kann man es absichtlich vergessen, ein klein wenig zumindest. Ich hatte Sorge, dass es heißt, das können wir hier nicht leisten. Wir haben leider keine barrierefreien Zimmer, tut uns leid. Ich wollte nicht in einen Betonkasten mit Aufzug, ich wollte hierhin. Zu diesem Pool, nur ein paar Meter vom Strand, zu diesen Palmen, zu diesen Hütten, von denen aus man aufs Meer blickt. Wenn wir erst mal da wären, würde es schon irgendwie gehen, die würden uns schon nicht wieder nach Hause schicken. Ich hatte nicht bedacht, dass es so viele Treppen geben könnte. In unserer Hütte öffne ich die Tür zur Terrasse und blicke aufs glitzernde Meer.

»Ich will schwimmen gehen!«, ruft Ben. Ich auch, sofort, und so lassen wir unsere voll gepackten Koffer stehen, ziehen nur schnell unsere Badesachen raus und rennen zum Pool. Lottas Rolli lassen wir gleich in der Hütte, Harry wirft sie sich wieder über die Schulter. Er lässt sich mit Lotta auf dem Schoß am Rand des Pools nieder und hängt die Füße ins Wasser, während Ben und ich kopfüber hineinspringen.

Als wir am selben Abend um 18.30 Uhr im klimatisierten Speisesaal sitzen, sind wir die einzigen Gäste, außer einem Paar britischer Damen um die 70, die uns missbilligende Blicke zuwerfen. Wir sind umringt von Kellnern, die nichts zu tun haben. Wir haben den Fehler aller ausländischen Touristen gemacht: Wir sind viel zu früh.

Ben versinkt in einem Teller Pasta, während ich unter den spitzen Blicken der Damen Lotta mit einer Portion Lasagnebrei füttere. Als Bens Eis kommt, betreten italienische Großfamilien mit einer Unzahl von Kindern den Speisesaal, zu einer Zeit, zu der die meisten deutschen Kinder längst im Bett sind. Die Mädchen in Tüll und Gloria, die Damen in bunt glitzernden Kleidern mit High Heels. Als wir gehen, brummt der Speisesaal vor rennenden Kindern, brüllenden Babys, klirrenden Gläsern und lachenden Erwachsenen.

»Morgen gehen wir später«, sagt Harry und schiebt die schlafende Lotta Richtung Treppe.

Beim Frühstücksbüfett am nächsten Morgen schnappe ich mir zwei Stück Marmorkuchen und suche mir einen Kellner.

»Purata, prego?«

Er mustert mich ungläubig.

»Purata?«

»Si!«

Mit einer Hand halte ich ein imaginäres Mixgefäß, die andere bewege ich rhythmisch auf und ab, als würde ich etwas pürieren, und mache dazu brummende Geräusche. Eine der britischen Damen läuft kopfschüttelnd mit einer Grapefruit an mir vorbei.

»Der hat mich angesehen, als wäre ich verrückt!«, sage ich, als ich mich wieder an unseren Tisch setze. »Wolltest du auch einen O-Saft?«

Fünf Minuten später kommt der Kellner mit Marmorkuchenpüree im Glas, darin ein dicker Strohhalm. Als er Lotta sieht, beginnt er, zu lächeln. Er sagt etwas Unverständliches auf Italienisch zu ihr, streicht ihr über die Backe und stellt das Glas vor sie hin.

Als er geht, sage ich leise zu Harry: »Der dachte bestimmt, jetzt wollen die Deutschen auch noch Marmorkuchen-Smoothies.«

Ab dem zweiten Tag gehen wir erst nach Mitternacht ins Bett. Wir lassen alles los. Es gibt keine Zubettgehzeiten mehr, Fanta ohne Ende und Eis schon am Morgen, es gibt kein Schimpfen, kein Schelten, kein Müssen. Es gibt nicht mal UV-Schutz-T-Shirts. Wir werden so braun, wie wir noch nie waren, obwohl ich die Kinder morgens mit Sunblocker einschmiere, bis sie aussehen wie kleine Gespenster. Sogar Lotta, die immer so weiß war, dass ihre Haut fast durchscheinend schien, kriegt nun kleine Sommersprossen und braune Schultern. Ihr blondes Haar wird von der Sonne noch heller. Vielleicht liegt es an dem Schlafentzug oder an der Hitze, aber alles wird langsam, ruhig, entspannt. Selbst das Blut in unseren Adern scheint nicht mehr ganz so schnell zu fließen.

In meinem Handy habe ich die Nummer der nächsten Klinik mit einer kinderneurologischen Station eingespeichert, 20 Minuten vom Hotel entfernt. Ich werde die Nummer nicht wählen. Obwohl sie unerhört spät ins Bett geht, hat Lotta auf Elba keinen einzigen Anfall.

Damit keiner mehr Treppen steigen muss als unbedingt nötig, packen wir morgens zwei riesige Strandtaschen und verbringen den ganzen Tag draußen. Nach dem Frühstück liegen wir unter Sonnenschirmen am Strand, wann es zu heiß wird, gehen wir ins Meer. Harry setzt sich mit Lotta in die Brandung, Ben und ich schwimmen so weit raus, bis wir uns an die roten Bojen klammern können, das klare Wasser an unseren Beinen endlich kalt und erfrischend. Wir lassen uns auf den Wellen schaukeln und beobachten die Motorboote, die weiter draußen ihre Kreise ziehen. Ben überredet mich, mit ihm ein Tretboot auszuleihen, mit einer Rutsche hinter den Sitzen. Wir strampeln hinaus in die Bucht und rutschen abwechselnd ins Meer, bis uns das Wasser die Nase hochsteigt. Danach klettern wir auf die großen, warmen Felsen am Rande der Bucht und lassen uns von der Sonne trocknen. Wir liegen in der Hitze wie die Eidechsen, die hier aus jeder Spalte kriechen.

Mittags essen wir Pommes und frittierte Calamari in einer kleinen Strandbude. Für Lotta stampft der Imbissbudenkoch eigenhändig klein, was immer an Gemüse und zu weich gekochten Nudeln da ist. Zum ersten Mal in ihrem Leben mag Lotta das Eis, das ich ihr anbiete. Ich kaufe Magnum und knabbere die harte

Schokolade ab, sie kriegt den Vanillekern und hat den halben Tag einen klebrigen Mund.

Wenn es nachmittags zu heiß wird, ziehen wir um in den großen Garten neben dem Hotel. Im Schatten uralter Bäume schieben wir vier Liegen zusammen und schauen aufs Meer. Neben leuchtend pink und weiß blühenden Büschen, die alles in süßen Duft hüllen, vergraben wir unsere Nasen in Büchern, Ben hat »Spiderman«, Harry einen portugiesischen Kommissar und ich einen französischen. So hören wir nur das ferne Surren eines Motorboots, das Platschen der Wellen am Strand und ab und zu das Umblättern einer Seite, bis aus unserer Mitte ein leises Schnarchen ertönt. Zwischen uns liegt Lotta, in ihr Handtuch gewickelt, mit noch feuchten Haaren und roten Wangen seufzt sie im Schlaf. Ihre Muskeln sind so entspannt, als wären sie aus Gummi.

»Wir brauchen kein Botox«, sage ich leise zu Harry. »Wir brauchen nur den Süden.«

Lotta hat das Schwimmen entdeckt. Trotz 32 Grad im Schatten zwänge ich sie mehrmals täglich in einen Neoprenanzug, der ihr bis zu den Knöcheln geht. Auf ihrem Kopf ein Sonnenhut, im Gesicht eine Sonnenbrille, um ihre Hüfte ein Schwimmreifen, so trage ich sie durch den glühend heißen Sand schnell zum seichten Wasser. Schritt für Schritt verschwinden wir Richtung Tiefe, während sie vor Vorfreude quietscht und strampelt. Zum ersten Mal friert Lotta nicht im Wasser. Wie ein kleiner schwarzer Alien schwimmt sie auf den türkisfarbenen Wellen, der Schwimmring hochgerutscht bis unter ihre Arme, auf ihren Lippen ein zufriedenes Grinsen. Ab und zu sehe ich ihre Beine in dem klaren Wasser strampeln. Sanft schwenke ich sie hin und her.

Ich nehme ihr den Schwimmring ab und lasse sie flach rücklings auf dem Wasser schwimmen. In meinen Händen halte ich ihren Kopf und sie macht sich steif wie ein Brett. Nur am Kopf gehalten, schwebt sie im Wasser. Langsam bewegt sie ihre Halsmuskeln, würde sie jetzt im Rolli sitzen, würde sie den Kopf schütteln. Doch hier, im Wasser, mit festgehaltenem Kopf sorgen dieselben Muskeln dafür, dass sie ihren gesamten Körper von der einen auf die andere Seite dreht. Erst taucht die eine Schulter aus dem Wasser auf, dann die andere. Sie grinst.

»Du kannst dich ja drehen!«, ruft Ben ein paar Meter neben uns und kommt dazu. »Toll machst du das.«

Als Lotta müde wird, greift er unter ihre Arme, zieht sie dahin, wo es weniger tief ist, und schlingt seine Arme um sie.

»Achtung, jetzt geht's los!«

Ben springt in die Luft und reißt Lotta mit sich. Platschend kommen sie wieder auf. Ein Kreischen hallt über den Strand, das noch lauter ist als die gelegentlichen Rufe der Kokosnuss-Verkäufer.

»Vorsicht!«, rufe ich. »Sie kann nicht die Luft anhalten, Ben.«

Lachend und quietschend springen die zwei auf und ab und das Wasser stiebt in alle Richtungen davon, ein kleiner Junge daneben fängt sofort an, ebenfalls wild auf und ab zu hüpfen. Die italienischen Mamas auf ihren Liegen rufen etwas, das ich nicht verstehe, und lachen mir zu. Ich zucke grinsend die Achseln, eine streckt den Daumen nach oben und ruft: »Bambini!«

»Si!«

Die Hitze lässt alle Unterschiede verschwimmen, alles flirrt ineinander. Am Strand sind alle Kinder gleich, ob sie nun Neopren tragen oder nicht, ob sie nun laufen können oder planschen oder nicht. Sie lachen und wir Mütter schauen glücklich zu.

Innerhalb von Tagen wird aus den Hotelgästen eine verschworene Gemeinschaft. Die italienischen Erwachsenen stehen nachmittags im Pool im Kreis, bis zur Brust im Wasser, und reden. Ich bin mir nicht sicher, ob sie sich erst hier kennengelernt haben oder bereits Freunde seit Kindertagen sind. Beides wäre möglich. Sie grüßen, wenn wir vorbeischwimmen, und schenken Lotta in ihrem Schwimmring und dem Neopren das herzlichste Lächeln.

»Belissima!«

»Si! Grazie!«

Unsere Konversation beschränkt sich auf Komplimente, einen schönen Tag und gute Nacht und doch weiß ich, es sind nicht die fehlenden Sprachkenntnisse, die sie daran hindern, zu fragen, was Lotta hat und ob man das nicht vorher wusste. Sie drücken und küssen Lotta im Vorübergehen, sie streichen über ihre blonden Haare, als wäre sie ein kleiner goldener Buddha, den zu berühren Glück bringt. In Deutschland bin ich froh, wenn einer mit dem Kind redet statt über es, hier habe ich Sorge, Lotta könnte weg sein, wenn ich mal kurz nicht gucke, weil eine der italienischen Mütter sie aus ihrem Rolli genommen hat, um sie mal in Ruhe zu knuddeln. Kellner, Gäste, der Bademeister, alle plaudern auf sie ein und Lotta schaut, als verstünde sie als Einzige von uns jedes Wort. Schaltet sie zu Hause öfter ab, wenn wir draußen unterwegs sind, lässt den Kopf hängen und schaut ins Leere, reckt sie hier ihren Kopf, wann immer sie eine italienische Stimme hört. Sie ist wie ausgewechselt.

Die britischen Damen finden uns unmöglich, spätestens seit dem ersten Nachmittag, als wir mit Ben im Pool einen Ball hin- und herwarfen, Lotta dazwischen in ihrem Schwimmreifen schaukelnd auf den Wellen, während die Damen ihre Bahnen zogen, die Haare festgezurrt unter Badenhauben.

»Meine Güte, was haben die denn, wir passen doch auf«, stöhnte Harry und schmiss den Ball in meine Richtung. Er hüpfte aus dem Pool und landete zu Füßen des Bademeisters, ein italienischer Beau um die 25, der lachend aufstand, um den Ball zu Harry zurückzupfeffern. Als er aufstand, sah ich das Schild, das er im Sitzen verdeckt hatte. Springen vom Rand verboten – und Ballspiele.

»Harry?«

»Was denn?«, Harry hielt inne, den Arm nach hinten gebogen, den Ball in der Hand.

»Lass mich mal schmeißen.«

Am liebsten bleiben die britischen Damen unter sich. Sie gehen nur in den Pool, wenn er leer ist, und sprechen mit niemandem außer den Strandverkäufern, wenn sie um den Preis einer Kokosnuss oder einer Ananas feilschen. Außerdem gibt es ein Schweizer Paar, so jung und makellos und so still liegend, dass ich mich manchmal frage, ob sie aus Wachs sind. Meist liegen sie neben uns und scheinen das wilde Familienchaos um sich herum komplett ausblenden zu können. Die italienischen Großfamilien, die englischen Damen und das Schweizer Paar – sie alle bilden ein Dorf, das ich vermissen werde, wenn dieser Urlaub vorbei ist.

»Wir sollten umziehen«, sage ich scherzhaft zu Harry, als wir abends nach einem endlosen Festmahl, Fisch, Risotto und Tiramisu, am verlassenen Strand sitzen. Ben läuft mit einem Fußball auf und ab, ich und Harry sitzen auf zwei Liegen und schauen auf den Mond, der über der Bucht schwebt wie eine große orangefarbene Kugel.

Lotta liegt dösend auf Harrys Brust und lauscht auf seinen Herzschlag. Sie trägt eine kleine Tunika, in der sie aussieht wie ein Paradiesvogel. Auch ich trage ein flatterndes Kleid, glitzernd und bunt, aus einer Boutique am Strand. Mit meinen gestreiften T-Shirts zum Jeansrock fühlte ich mich hier wie ein kleiner Junge – allerdings nicht wie ein italienischer, die tragen weiße Polohemden zu beigefarbenen Kakihosen. Nun streift mir der Wind über den nackten Rücken.

Eine leichte Brise ist aufgekommen, doch wirklich kühl ist es nicht. Wir glühen noch von der Sonne des Tages, selbst der Sand unter unseren nackten Füßen ist noch warm. Unsere Schuhe liegen neben Lottas Rolli an dem steinernen Fußweg, der ein paar Meter hinter uns am Strand entlangführt.

»Ins Hotel ziehen? Oh ja.«

»Nach Italien. Wusstest du, dass die Inklusionsquote hier 99 Prozent ist?«

»Ich dachte, du findest die Förderschule für Lotta richtig.«

»Ist sie ja auch – aber wenn man dieselbe Förderung in einer regulären Schule kriegen könnte?«

»Kann man das denn?«

Italien hat den Umbau seines Schulsystems schon 1978 hinter sich gebracht, als die gesamte Bildungslandschaft reformiert wurde. Alle Sonderschulen wurden geschlossen. Jede noch so kleine Dorfschule sollte die Kinder aufnehmen, die eben da sind, und seien sie schwerst mehrfachbehindert. In den fünf Jahren der Grundschule und in der anschließenden Sekundarstufe eins werden alle Kinder gemeinsam unterrichtet, erst in der neunten Klasse erfolgt die Aufteilung auf Gymnasien, Fachoberschulen oder Berufsschulen. Im Schulalltag stehen den Lehrern sogenannte »insegnanti di sostegno«, unterstützende Lehrer, zur Seite. Wie viele Stunden diese Hilfslehrer da sind, hängt davon ab, wie viele das Amt pro Kind genehmigt. Einer betreut heutzutage im Schnitt zwei Kinder, besonders schwerbehinderte Kinder bekommen noch einen eigenen Assistenten. Nach Ansicht einiger italienischer Bildungswissenschaftler hat das dazu geführt, dass der Unterricht dieser Kinder komplett von den Hilfskräften gestemmt wird und die anderen Lehrer außen vor bleiben. Sie sehen durchaus noch Verbesserungsbedarf, um die Institution Schule inklusiver zu gestalten. Auch lässt sich die Inklusionsquote von 99 Prozent kritisch hinterfragen – in Italien gibt es keine Schulbesuchspflicht, Eltern können ihre Kinder zu Hause unterrichten und Kinder können vom Arzt als zu »krank« für die Schule eingestuft werden. Doch auch wenn Italien vielleicht nicht das komplette inklusive Paradies ist, als das es oft dargestellt wird, kaum ein Italiener kann sich heute mehr vorstellen, dass Kinder mit Behinderung von den anderen getrennt werden.

»Ich finde, man merkt das dieser Gesellschaft an. Hier zuckt keiner zurück und schaut schnell weg – weil es hier jeder kennt.«

Lotta beginnt, zu jammern. Unruhig wirft sie ihren Kopf hin und her.

»Schh!«, sagt Harry und küsst sie auf den Scheitel.

»Wir sollten gehen, sie will ins Bett«, sage ich.

»Gleich«, sagt er. »Es ist doch gerade so schön.«

Vor uns das Meer und der Mond, der fast hineinfällt, über uns Sterne, die zu Hause nie so hell scheinen.

»Äääh.«

Ben steht neben Harry und streckt die Arme aus.

»Gib sie mir mal!«

»Lass mal, wir gehen jetzt gleich, willst du nicht lieber noch Fußball spielen?«

»Mama, jetzt hör mal auf, mir zu sagen, ich solle mich nicht um Lotta kümmern.«

Er hat recht. Ich sollte den Versuch lassen, Ben vor aller Verantwortung für Lotta abzuschirmen. Es kann auch schön sein, gebraucht zu werden, das weiß ich doch selbst. »Willst du denn, Lotta?«

Harry reicht die jammernde Lotta zu Ben, der setzt sich mit ihr eine Liege weiter. Er bettet ihren Kopf an seiner Schulter und lehnt sich zurück. Sanft summt er vor sich hin, wie ein frischgebackener Papa, der sein Baby in den Schlaf wiegen will.

»Jetzt kannst du schlafen«, singt er eine selbst komponierte Melodie. »Schlaf, los mach die Äuglein zu und schlaf in Ruh ....«

Lotta verstummt. Im Halbdunkel des Strandes sehe ich ihre Tunika glitzern, ihre nackten Füße hängen an einer Seite der Liege runter. Ben hört auf, zu singen, und hält ganz still.

Harry streckt seine Hand aus, er reicht über den Abgrund zwischen unseren Liegen und streicht mir über den Unterarm. Die Wellen plätschern leise, die Bar hinter uns ist verstummt. Ob es schon nach Mitternacht ist? Er fasst meine Hand und hält sie fest, der Wind pustet ein paar größere Wellen an den Strand, es platscht, von weit hinter uns dringt das Gelächter einer Frau herüber.

»Sie wird immer schwerer«, flüstert Ben. »Ich glaube, sie schläft.«

Harry und ich halten uns an den Händen. Wir schauen aufs Meer. Das Lachen der Frau ist verstummt, wir hören nur die Wellen und schweigen miteinander. So sitzen wir eine ganze Weile. Ich atme aus.

# 17

## *»Die hübscheste Klasse von allen«*

Es geht los

Der Clown gibt das Signal und wir beginnen, im Kreis zu marschieren, im Takt zur Musik. Eine Polonaise aus Kindern, einige begleitet von ihren Müttern, manche schwenken Organzatücher im Takt. Die Sonne sticht durch die großen Fenster zur Turnhalle. Ich schiebe Lottas Rollstuhl in Schlangenlinien. In der zweiten Reihe sehe ich Harry mit dem Handy filmen. Er fängt meinen Blick auf und grinst.

Ich gebe Lottas Rolli einen Schubs, sodass er sich um sich selbst dreht, ihr blonder Pferdeschwanz wippt und sie kreischt vor Freude. Sie stößt gegen einen anderen Rollstuhl, darin ein kleines Mädchen, die braunen Zöpfe um den Kopf festgesteckt.

»Oh, Entschuldigung!«

Die Mutter lacht, genau wie das Mädchen. Ich zähle noch mindestens sechs andere Rollstühle auf der Tanzfläche. Ein Junge wird liegend im Kreis mitgeschoben, seine Augen sind nach oben verdreht, er lässt keine Reaktion erkennen. Er sieht älter aus als Ben. Neben uns fuchtelt ein anderer unkontrolliert mit den Armen und stößt kleine Schreie aus, davor tanzt alleine ein kleines Mädchen im weißen Kleid, den Blick fest auf den Boden gerichtet.

Als wir zu unseren Plätzen zurückgekehrt sind, beginnt ein Chor von etwa 20 Schulkindern, vorne auf der kleinen Bühne zu singen, dirigiert von zwei Lehrerinnen gleichzeitig.

»*Ich habe es gut, denn ich hab dich …*«

Eine Reihe vor uns lässt ein Junge einen Schrei los, der noch über das Getöse der Einschulungsfeier zu hören ist, sein Vater hält eine Star-Wars-Schultüte in den Armen. Fast alle Kinder haben Tüten, die so groß sind, dass sie auch ohne Behinderung Schwierigkeiten hätten, sie selbst zu halten. Die Anzahl der Prinzessinnen-Tüten ist fast so hoch wie die der Rollstühle.

Ich blicke zu Ben, der neben Harry sitzt. Dies ist das erste Mal, dass er in einem Raum so viele Kinder auf einmal sieht, die Lotta so ähnlich sind. Er lässt nicht erkennen, was er denkt.

In einer Ecke der Turnhalle tanzen rote Ballons voller Helium unter der Decke, in der anderen blaue, auch ein paar grüne sind zu sehen. Herr Karls nimmt dem Chor das Mikro ab und tritt vor die Menge. In den Händen hält er eine Liste.

»Ich werde nun nacheinander alle Kinder nach vorne bitten.«

Als er »Lotta Roth« aufruft, johlen Ben und Harry, alle klatschen und ich trete mit ihr nach vorne. Lotta grinst mit hochgerecktem Kopf, sie bekommt einen roten Ballon, der von ihrem Handgelenk nach oben tanzt.

In Bens Schule wurden damals 100 Kinder eingeschult, hier sind es 18. Alle Kinder werden unter großem Applaus der Menge gefeiert. Der große Junge, der liegt, bekommt einen grünen Ballon und steigt quer ein, in eine höhere Klasse. Das Mädchen, dessen Rollstuhl wir beim Tanzen gerammt haben, bekommt auch einen roten, sie heißt Franka.

»Die kommt bestimmt in deine Klasse«, sage ich leise zu Lotta. »Die sieht nett aus.«

In einer Ecke der Turnhalle finden wir Frau Bach, die ihren roten Ballon weit nach oben hält, über die Köpfe der Menge hinweg. Nachdem alle Kinder ihre Ecke gefunden haben, folgen wir ihr durch die Flure. Eltern, Geschwister, Verwandtschaft drängen durcheinander, die Flure sind breit, aber nicht breit genug für die Menge an Menschen. Neben mir läuft Claudi, die Bewilligung ihrer Stelle kam vor drei Wochen.

»Na, bist du schon gespannt?«, frage ich. Sie strahlt und hält

Lottas Hand. Auch Claudi haben wir heute Morgen eine kleine Schultüte mit veganem Weingummi geschenkt, »schließlich kommst du auch in die Schule«.

Wir biegen in einen kleinen Seitenflur ab. Kurz vor der Tür zum Klassenzimmer kommt es zum Stau, zu viele Erwachsene wollen gleichzeitig herein. Während ich warte, denke ich noch einmal an die Suche, die hier für uns endet. Ich denke an Herrn Karls, der mir erst vor ein paar Tagen gesagt hat: »Dies ist keine Einbahnstraße, Lotta kann immer noch später auf eine inklusive Schule wechseln.«

Werden wir glücklich werden mit unserer Schulwahl? Wird Lotta es sein?

»Jetzt geht's los«, sage Harry zu Lotta und schiebt sie in ihr Klassenzimmer.

Jeden Morgen um 7.50 Uhr hält nun ein kleiner roter Bus vor unserer Tür, um Lotta und Claudi abzuholen. Der Fahrer begrüßt Lotta am ersten Morgen mit Namen und fordert alle Kinder auf: »Sagt mal, hallo, Lotta!«

»Hallo, Lotta!«, schallt es uns entgegen.

»Ich bin der Thomas.«

Mal dröhnt »Bibi und Tina auf Amadeus und Sabrina …« aus dem Radio des Busses, mal »I, I follow, I follow you deep sea, Baby …«. Thomas lässt jeden Tag ein anderes Kind DJ spielen. »Everybody dance now!«

Da ist Karina, die etwa neun Jahren alt ist und immer stumm, aber sehr nachdrücklich auf den Platz neben sich zeigt, damit wir Lottas Autositz dort installieren. Dann nimmt sie sofort Lottas Hand. Hinter ihr sitzt Maja, die in etwa so alt wie Ben sein müsste, sie beugt sich vor und hilft mir, Lotta anzuschnallen.

»Du kannst mich fragen, wenn du was wissen willst, Lotta!«

Da sind Jason und Lukas, pubertierende Jungs, die hinten auf der Rückbank den Blick starr auf ihre Handys gerichtet haben und Ben den Neid ins Gesicht treiben.

»Die spielen ›Clash Royal‹!«

Die blonde Leonie, die immer vorne neben dem Fahrer sitzt,

lässt jeden Morgen ein Feuerwerk von Fragen los, sobald wir die Tür zum Bus aufschieben.

»Wie heißt du? Wie heißt die? Seid ihr verheiratet? Wie alt ist die? Wo war die im Kindergarten? Welche Lehrer hat sie? Mag sie die Schule? Welchen Schulranzen hat sie? Wohnt ihr hier? Wohnt ihr hier schon lange? Was hast du für einen Beruf? Warum bist du Journalistin? Was macht man da? Ist die da eure Nachbarin? Ist die nett? Was macht die als Beruf? Ist die auch verheiratet? Wie heißt der Mann?«

Bevor man auch nur eine Antwort angefangen hat, ist Leonie schon bei der nächsten Frage.

»Klappe, Leonie!«, schreit Lukas von hinten. »Du nervst!«

»Da kann ich nichts für! «, ruft sie zurück zur Rückbank. »Das ist nur wegen meiner Behinderung.«

»Hör bloß auf mit deiner blöden Behinderung, die haben wir alle, aber wir nerven nicht so!«, brüllt Jason, die Augen starr auf sein Handy gerichtet. Lotta lässt ein schadenfrohes Lachen hören.

Die Förderschule wäre ein Schonraum, hat Ninas Schulbegleiterin Meddi damals gesagt. Ich bin mir nicht so sicher, ob das stimmt. In einer inklusiven Grundschule sagt bestimmt keiner am ersten Tag: »Hör bloß auf mit deiner blöden Behinderung.« Hier kann sich keiner hinter seiner Behinderung verstecken, hier ist eine Behinderung nichts Besonderes. Lotta ist hier nicht »unser Mädchen im Rollstuhl« oder »unser Mädchen mit schwerer Mehrfachbehinderung« – davon gibt es einfach zu viele. Lotta ist Lotta: süß, blond, schadenfroh, charmant, behindert, zu dünn, neugierig, versessen auf die Schule.

In der ersten Woche schläft Lotta kaum vor lauter Aufregung. Grinsend liegt sie morgens da und quietscht vor Freude, wenn der Bus kommt. Sie ist so wach und aufmerksam wie ein Kind, das seinen Finger die ganze Zeit in der Luft hat. Ich, Frau Lehrerin, ich! Ein Streber muss nicht laufen oder sprechen können – und noch nicht mal aufzeigen.

»Das hast du von mir«, sage ich stolz und gebe ihr morgens einen Kuss, bevor es losgeht. »Viel Spaß in der Schule!«

Nina hat mir ein Foto von Leon geschickt, mit einem stolzen Grinsen und Schultüte im Arm.

»Man beachte die Schuhe!«, hat sie daruntergeschrieben. Leon trägt neongelbe Nike-Turnschuhe. »Schulkinder tragen Schuhe, alle und immer. Wehe, du erzählst Leon was anderes.«

An Lottas erstem Elternabend lernen wir Frau Luik und Frau Klais kennen, Frau Bach habe ich ja schon beim Hospitieren getroffen. Zu dritt sitzen sie an einem langen Tisch in Lottas Klasse, an einer Wand kleben die Fotos der Kinder, daneben die Bilder, die wir in den Ferien gemalt haben. Es gibt M&Ms und Gummibärchen, dazu Sprudel. Acht Elternpaare haben sich um den Tisch verteilt.

»Als Erstes möchten wir sagen: Wir haben dieses Jahr die hübscheste Klasse von allen!«, verkündet Frau Bach lächelnd und hält ein groß ausgedrucktes Foto vom ersten Schultag hoch. »Vielleicht möchte jeder sich und sein Kind kurz vorstellen?«

Reihum zeigen die Erwachsenen auf ein Kind auf dem Bild.

»Das ist Franka, sie sitzt im Rollstuhl, sie spricht nicht oder nur sehr wenig, Epilepsie und eine leichte Sehbehinderung. Wir haben bis heute keine Diagnose, wir wissen nicht, woran es liegt …«

»Dies ist Ahmet, er hatte im Bauch einen Schlaganfall …«

»Luis hatte eine Herpesinfektion, die aufs Gehirn übergegriffen hat …«

Auch das kleine Mädchen im weißen Kleid, das so schüchtern auf den Boden guckt, ist dabei.

»Unsere Tochter ist Joy, sie hat während der Geburt nicht genug Sauerstoff bekommen …«

Harry sinkt neben mir auf dem Stuhl immer tiefer. Er atmet langsam aus.

»Das sind ganz schön heftige Geschichten«, sagt er nach dem Elternabend auf dem Weg zum Auto. »Ein Schlaganfall als Embryo. Oder die Familie ohne Diagnose – kannst du dir das vorstellen?«

»Heftig sind immer nur die Geschichten der anderen«, sage

ich. »Für die klingt Lottas Gefäßfehlbildung im Gehirn und sieben Hirn-Embolisationen in den ersten drei Lebensjahren bestimmt auch schlimm. Und für uns ist es normal.«

Nach dem Elternabend fahren Harry und ich zu unserem Lieblingsitaliener und teilen uns ein Tiramisu. Zum ersten Mal waren wir zu zweit unter Eltern, die sich kaum von uns unterscheiden. Hier hat jeder eine Geschichte von Krankenhäusern und Ärzten, von Blicken, Behindertenparkplätzen und Verboten. Ahmet hat dasselbe plötzlich aufflackernde Lachen wie Lotta, ist mir bei der Einschulung aufgefallen, er ist ähnlich charmant. Franka knickt ihre Hände wie sie. Joy geht zur selben UK-Beratung wie Lotta. Hier sind wir normal. Je länger wir Eltern uns kennen, desto weniger reden wir über die Behinderungen unserer Kinder. In der WhatsApp-Gruppe geht es schnell um dieselben Themen wie in allen Klassen: Hat einer Joys Mütze gesehen? Brauchen die Kinder Proviant für den Ausflug? Und was machen sie in Sachkunde? In dieser Schule wird keiner aufgrund seines Schicksals vom Kuchenbacken fürs Schulfest freigesprochen. Hier kann ich zum ersten Mal wieder richtig mit Lotta angeben.

»Franka sah nett aus. Sitzt die neben Lotta?«, fragt Harry.

»Es sind ganz schön viele schwer mehrfachbehindert, ist dir das aufgefallen?«

Eine Lehrerin wird mir später sagen, dass in die Sternstraße nun vor allem die kommen, »die in der Inklusion keine Chance haben«. Von Lottas sieben Mitschülern sind vier schwer mehrfachbehindert, nur drei sprechen. Eine davon Joy, die zwar sprechen könnte, es aber selten tut.

»Wenn Lotta ›nur‹ im Rollstuhl sitzen würde, dann hätten wir doch auch alles dafür getan, dass sie in eine inklusive Schule gehen kann. Ist doch eigentlich logisch, dass so viele schwer betroffen sind.«

Die Klasse der Sternstraße, in der ich hospitiert habe, war noch anders. Dort habe ich noch viele Schüler gesehen, die vergleichsweise leichte Behinderungen hatten, die lesen und schreiben konnten, sprechen und laufen. Doch die meisten solcher

Kinder gehen mittlerweile auf inklusive Schulen. In Lottas Klasse folgt, anders als in den Klassen über ihr, keiner mehr dem Regel-Lehrplan, der auch in Bens Schule gilt. Die gegenwärtige Umsetzung der Inklusion teilt die Kinder auf – in die, die mithalten können, und die, die wie Lotta sind. Es ist eine Zwei-Klassen-Inklusion: nur für die, die nicht zu behindert sind. In den Förderschulen verbleiben die schwerbehinderten und die Kinder wie Joy, deren Eltern bewusst einen Schutzraum und eine intensivere Betreuung für sie gewählt haben, auch wenn Joys Behinderungen erst auf den zweiten Blick auffallen.

Die Folgen für die Förderschulen sind immens. Mehr Rollstühle, weniger Platz, mehr Kinder mit Assistenzbedarf, mehr Erwachsene im Raum, weniger Kindergeplapper. In Lottas Klasse hört man manchmal nur die Lehrer sprechen.

»Das machst du richtig«, sagt mir Melanie, als ich sie an einem Samstag auf dem Markt treffe. »Für solche Kinder ist die normale Schule doch nichts.«

Ich bin mit dem Fahrrad da, schnell Gemüse und Obst für die nächste Woche einkaufen, außerdem Tortelloni mit Taleggio fürs Mittagessen. Lotta habe ich zu Hause bei Harry und Ben gelassen.

»Aber das klingt, als wären die Kinder schuld, wenn sie nicht reinpassen. Ich würde die Verantwortung eher bei der Schule sehen, die sich nicht auf sie einstellt.«

Melanie hat sich abgewendet, sie lächelt und winkt einer Frau zu, die ich nicht kenne. Sie eilt zu uns herüber, Melanie dreht sich wieder zu mir. »Was hast du gesagt?«

Nicht inklusionsfähig nennen viele Menschen Kinder wie Lotta. Dabei bedeutet Inklusion eigentlich genau das Gegenteil – dass nicht der Einzelne die Fähigkeiten zur Inklusion mitbringen muss, sondern die Gesellschaft die Voraussetzungen dafür. Wenn hier einer nicht inklusionsfähig ist, dann die Schulen.

»Hey, Valerie!« Melanie begrüßt die Frau, die ich nicht kenne, mit Wangenküssen. »Kennst du Sandra? Entschuldige, was hast du eben gesagt?«, wendet sie sich wieder an mich.

»Ich finde nur, das Problem liegt nicht bei den Kindern, sondern eher bei den Schulen mit gemeinsamem Unterricht ...«, beginne ich, als Valerie mich unterbricht.

»Da stimme ich dir völlig zu. Mein Frederick sollte neben einem Kind mit ...«, sie senkt die Stimme, »Down-Syndrom sitzen.«

Melanie wirft mir einen unruhigen Blick zu und legt ihrer Bekannten die Hand auf den Arm, doch die lässt sich nicht aufhalten.

»Ich meine, hallo? Ist Frederick etwa sein ... – wie heißt das? – Integrationshelfer?«

Nie klang Integrations- mehr nach Bewährungshelfer.

»Das ist ja wohl echt nicht seine Aufgabe, Frederick soll sich schön auf sich konzentrieren und lernen. Ständig wurde er abgelenkt.«

»Ja, aber ...«, wirft Melanie mit einem Seitenblick auf mich ein. »Wenn das gut umgesetzt wird, sollen die Kinder ja auch viel Sozialkompetenz erlernen.«

»Sozialkompetenz – na ja. In der Kita meinetwegen, aber in der Schule? Außerdem braucht Frederick für Sozialkompetenz jetzt kein Kind mit ›ihr wisst schon was‹ mehr, schaut mal hier ...«

Sie zieht ihr Handy aus der Tasche und zeigt das Foto eines Welpen.

»Sagt man nicht immer, das letzte Kind hat Fell und vier Pfoten?«

Sie erzählt von durchwachten Nächten und dass sie mit »Queeny« jetzt in die Hundeschule gehe.

»Das lehrt die Kinder wirklich Empathie und Fürsorge.«

Ich verabschiede mich und stelle mich am Obststand an. Habe ich mich eben verhört oder hat Valerie Lotta gerade mit einem Golden Retriever verglichen?

Valeries Einstellung findet man auch unter vielen Eltern, die sich für die Förderschule entschieden haben – nur umgekehrt.

»Meine Tochter ist nicht dafür da, um verwöhnten Kinder Sozialkompetenz beizubringen!«

»Mein Sohn ist doch kein Übungsgerät für Empathie.«

Oder: »Wir haben es viel besser ohne die – wir sind doch auf einer Luxusschule. Mit Schwimmbad und Reiten, wer hätte das nicht gerne?«

»Das Gegenteil von inklusiv ist exklusiv«, sagt ein Vater lachend. Man kann es schließlich auch umdrehen. Ihr wollt uns nicht – na und? Wir wollen euch auch nicht. Nicht ihr grenzt uns aus, sondern wir euch.

Es ist die Fortsetzung des alten Spruchs, den Nina so sehr mag: »Besondere Kinder suchen sich besondere Eltern« – und besondere Schulen könnte man ergänzen.

Ich konnte nie viel mit dem Spruch anfangen. Falls er zutrifft, wäre ich lieber nicht besonders und Lotta hätte nichts. Lottas Behinderungen sind ein Zufall der Natur und unsere Schulwahl war eine Entscheidung für die Sternstraße, für Herrn Karls, Frau Bach, für Physiotherapie, Logopädie, Ergotherapie, für ein extra warmes Schwimmbad und für Christoph, der lächelnd nach meiner Hand griff. Für eine Armada an Hilfsmitteln auf dem Flur und große, helle ebenerdige Räume. Auch wenn ich mein Kreuz auf dem Antrag bei einem System machen musste – ich habe Menschen gewählt, keine abstrakte Kategorie. Es war eine Entscheidung für 13 Therapeuten und für die Ressourcen – nicht eine gegen gemeinsamen Unterricht und Kinder wie Frederick.

Lotta ist glücklich in der Schule, das merken selbst unsere Nachbarn, wenn Lotta morgens in den Bus steigt. Ihre Freudenschreie sind nicht zu überhören. Doch was für Lotta gilt, muss nicht für alle Schüler gelten. Und was auf die Sternstraße zutrifft, gilt nicht automatisch für alle Förderschulen. Oder wird Lottas Schulzeit meinen Blick dazu verändern? Werde ich am Ende auch denken, dass Förderschulen die einzig richtige Lösung sind für »solche« Kinder?

Lotta kommt jeden Tag um 15.30 Uhr nach Hause, außer an Freitagen, an denen schon um 12.30 Uhr Schluss ist. Jeden Tag hat sie Therapie. Zweimal wöchentlich Logopädie, einmal in der

Gruppe mit anderen Kindern, hier geht es ums Schlucken, Essen und Zahnpflege, und einmal als Einzeltherapie. Bei der ersten Logopädiestunde bin ich dabei, die junge Therapeutin druckst etwas herum und rät mir dann nachdrücklich von den Spritzen ab, mit denen ich Lotta Wasser in den Mund träufele. Sie möchte Wasser andicken, mit einem Pulver, das aus Wasser schleimigen Brei macht. Schleim fließt langsamer und lässt sich leichter schlucken.

»Wir haben das schon mal versucht. Das hat nicht funktioniert.«

»Ich würde es trotzdem gern noch einmal versuchen«, sagt sie.

Nach der Stunde gehe ich noch kurz bei der Physiotherapeutin vorbei und hänge anschließend einen Beutel mit beschrifteter Wechselkleidung an Lottas Haken im Flur. Als ich Richtung Ausgang gehe, treffe ich Claudi mit Lotta. Claudi hält einen Hula-Hoop-Reifen, an den sich Lottas kleine Hände klammern. Claudi geht voran, Lotta hält sich fest und zieht sich so selbst. An ihren Arm ist ein Seil gebunden, das um den Bügel des metallenen Essenwagens geschlungen ist. So gehen sie langsam und scheppernd den Flur entlang.

»Lotta hat die Aufgabe, den Essenswagen zu holen«, sagt Claudi. »Ganz selbstständig.« Stolz grinst Lotta, die Knöchel an ihrer Hand sind weiß vor Anstrengung.

»Du schaffst das ja ganz alleine, Lotta!«

»Äh!«

Endlich hat Lotta auch Aufgaben, Ben wäre begeistert. Als ich gehe, notiere ich auf der Einkaufsliste auf meinem Handy: »Hula-Hoop-Reifen«.

Zweimal wöchentlich geht Lotta zur Physiotherapie, einmal zur Ergotherapie, zur UK-AG, zum SMB-Schwimmen und zum SMB-Sport. SMB steht für schwer mehrfachbehindert. Auch innerhalb der Förderschule werden noch mal Kategorien gebildet – und Lotta ist in ihrer Klasse in der Mehrheit. Hier benutzen viele Kinder einen Schalter als Stimme, hier haben viele einen Begleiter wie Claudi. Auch Franka und Ahmet haben Schulbegleiter dabei, an manchen Tagen sind genau gleich viele Erwachsene und Kinder im Raum.

Lottas Schule übernimmt Aufgaben, die vorher unsere waren. Wir müssen nicht in die Werkstatt, wir müssen nicht mal einen Termin vereinbaren, der Rehatechniker kommt auch ohne unser Zutun in die Schule, um Lottas Stehtrainer nachzustellen. Lottas Physiotherapeutin tauscht sich mit ihrem Arzt aus, es gibt regelmäßige Konferenzen zwischen Schule und Klinik. Lotta hat Kleidung, Pflegeutensilien, Medikamente, ihren Lieblingslöffel, ihr Lieblingsbuch, ein Kopfkissen und eine Decke im Klassenzimmer – als sei sie dort eingezogen. Förderschulen kommen aus der Tradition der Fürsorge, regelmäßig ist das Jugendamt zu Gast. Schickt Bens Schule öfter mal E-Mails, die nach Elternhilfe bei Hausaufgaben, beim Stiftespitzen, Fensterputzen, in der Schulbibliothek oder beim Fahrradtraining fragen, kommt aus Lottas Schule nichts. Wir Eltern sollen entlastet werden. Ich habe plötzlich sehr viel mehr Zeit.

Ben hat auch in der vierten Klasse wieder Herrn Backhaus in Kunst.

»Wir dachten, wir kriegen vielleicht jemand Neuen«, sagt er abends, als ich den Tisch abräume.

»War das euer Plan? Soll ich vielleicht ...?«

Ben unterbricht mich.

»Wir haben das schon im Klassenrat besprochen – Pepe hatte eine gute Idee. Jeder schreibt etwas auf, das er lobt an Herrn Backhaus, etwas, was er kritisiert, und etwas, was er sich wünscht. So wie wir das immer machen, wenn eins von den Kindern rummobbt. Und dann geben wir ihm den Brief.«

»Was steht denn da bis jetzt?«

»An Lob, dass man Deckweiß benutzen darf ...«

»Und an Kritik und Vorschlägen?«

»Niemanden ausgrenzen, niemanden zum Weinen bringen, nicht sagen, dass jemand etwas nicht kann, sondern lieber zeigen, wie man es besser macht.«

Ich schaue Ben an. »Wenn ich irgendwas tun kann ...«

»Pepe gibt ihm den Brief, Mama, und dann werden wir ja sehen, was er macht.«

Als Lottas erster Schulausflug ansteht, packe ich frühmorgens eine Skihose ein und suche mit Tom, dem Sportlehrer, im Schulkeller nach Skischuhen in Größe 39. Mit einem Schraubendreher stellt er ein Paar Kurzski für mich ein. Wir besteigen einen kleinen Bus und fahren los, an Bord noch Claudi, zwei andere Kinder und eine weitere Lehrerin. Während es schüttet wie aus Kübeln, fahren wir auf die Autobahn.

45 Minuten sind wir mit schnell wischenden Scheibenwischern unterwegs, dann taucht am Horizont ein Monster von einer Halle auf. Wir rennen durch den Regen zum Eingang, hinein zu wummernder Après-Ski-Musik, Hütten aus Holz und Bediensteten in Lederhosen und Dirndln. Mit zwei Rollstühlen und einem Kind im Rollator bleiben wir vor einer riesigen Fensterscheibe stehen, hinter der ein Sessellift und ein Schlepplift einige wenige Menschen auf Skiern einen künstlichen Berg hinaufbefördern. Die Piste ist weiß und fast leer.

»Wir holen jetzt noch die Ausrüstung«, erklärt Tom. »Die lagert in einem Container, wir teilen uns das mit anderen Förderschulen.«

Es war die Idee von Lottas Lehrerin Frau Luik, uns auf diesen Ausflug mitzuschicken. Ich hatte ihr erzählt, dass wir uns im Winterurlaub immer aufteilen – ich sause mit Ben über die Piste, Harry geht mit Lotta spazieren.

»Das muss doch nicht sein«, meinte sie.

Wenn das hier gut geht, können wir uns vielleicht später ein Gerät ausleihen oder es vor Ort in den Bergen mieten.

In der Umkleide packe ich Lotta ein in warme Unterwäsche, Skianzug, Mütze, Schal und Handschuhe. Ihr kleiner Kopf verschwindet unter einem lilafarbenem Helm, über ihre Augen stülpe ich eine gelbe Skibrille. Wir tragen sie durch das Drehkreuz und ich setze sie auf einen Sitz, unter dem zwei Ski befestigt sind. Ein sogenannter Bi-Ski – im Grunde ein Rollstuhl auf Skiern.

»Gut festhalten, das kippt leicht um«, sagt Tom und hilft mir,

Lotta festzuschnallen. Einen Gurt um ihre Brust, einen um ihre Beine. Wir wickeln noch eine Decke um sie, damit sie nicht friert, und stecken sie unter den Gurten fest, ein Handtuch verdrehe ich so lange in sich selbst, bis es eine feste Rolle bildet, schlinge es um Lottas Hals, kreuze es über ihrer Brust und stecke es rechts und links an ihrem Körper fest, sodass sie besseren Halt hat und nicht zur Seite aus dem Gefährt herauskippt. Ihre Handschuh-Hände schiebe ich unter einen Gurt.

»Du musst das Gerät gut festhalten«, erklärt mir Tom und zeigt auf den Schiebegriff. »Und pass auf, das legt sich in die Kurven und zieht ganz schön.«

Wir stellen uns beim Schlepplift an. Ein gelb leuchtendes Band wird vorne an Lottas Gefährt befestigt, jemand zeigt mir den Schalter, mit dessen Hilfe ich es lösen kann. Das Band wird um den Teller gelegt, der Lift zieht an, zieht Teller und Band mit sich, mit einem plötzlichen Ruck schießt Lottas Gefährt los, ich hintendran, mit den Händen an den Schiebegriff geklammert. Der Zug ist so stark und Lotta so leicht, dass sie schon nach wenigen Metern abhebt. Schräg nach oben Richtung Liftseil hängt ihr Schlitten, mitten in der Luft, ich darunter, meine Arme nach oben durchgestreckt und zitternd vor Anstrengung, Lottas Schlitten ja nicht loszulassen und ihn möglichst wieder näher zur Piste zu ziehen. Als wir oben ankommen, wartet Tom schon auf uns. Er ruft: »Jetzt!«

Ich reiße an dem Schalter, das Band löst sich mit einem lauten Knacken und der Schlitten mit Lotta prallt auf die Piste.

»Uii!«, sagt Lotta. Wir fahren ein paar Meter und bleiben neben Tom stehen.

»Alles gut?«, frage ich und versuche, Lottas Augen unter der Skibrille zu erkennen. »Jetzt lernst du Ski fahren!«

Einen Bi-Ski, wie Lotta ihn fährt, kann der Fahrer mit leichten Gewichtsverlagerungen steuern. Lehn dich etwas nach rechts oder links und der Bi-Ski saust um die Kurve. Bi-Ski-Fahrer, die ihre Arme nutzen, können sich Stöcke unter die Ellenbogen schnallen, die auf kleinen Skiern dahingleiten, so haben sie mehr Stabilität und können sich tiefer in die Kurve legen. Bei Lottas erster Fahrstunde beschränken wir uns darauf, sicher den Berg hinunterzukommen. Während Claudi zum ersten Mal auf Skiern steht und versucht, nicht zu fallen, versuche ich, Tom nicht zu rammen, der langsam rückwärts vor uns den Berg runtergleitet, die Arme ausgebreitet, um Lotta aufzufangen, falls etwas schiefgeht.

Bald sausen wir halbwegs elegant den Hügel hinunter und Tom geht aus der Bahn. Lotta legt sich mächtig in die Kurve, ob absichtlich oder nicht, kann ich nicht erkennen. Unter Skibrille, Helm und Schal schaut nur Lottas Nase hervor, ihre Mimik zu lesen, ist unmöglich, und sie macht keinen Laut.

Einmal kann ich einem kleinen Hubbel nicht rechtzeitig ausweichen und wir machen einen kleinen Satz.

»Uiih!«

Lottas freudiger Schrei hallt über die Piste.

»Ach, so ist das, du willst auf eine Hubbelpiste.«

Claudi kommt neben uns zum Stehen und fällt fast hin.

»Ich glaube, ich muss noch etwas üben, bis wir mit der Schule auf Skifahrt gehen können, Lotta.«

Ab der fünften Klasse geht es nach Südtirol. Auf der Rückfahrt hört Lotta nicht mehr auf, zu lachen und zu erzählen.

# 18

## *»Sie nehme ich!«*

Von Paris, professioneller Distanz
und Barrierefreiheit

Als Ben nachmittags von der Schule kommt, schmeißt er den Ranzen in den Flur.

»Er hat über den Brief gelacht«, erzählt er von Herrn Backhaus. »Aber wir haben den Brief auch der Rektorin gegeben und die hat uns zusammen mit ihm in ihr Büro geholt.«

»Hat sie euch geglaubt?«

»Marina hat gesagt, dass Herr Backhaus gesagt hat, dass er sich übergeben muss, wenn er sie sieht. Aber der hat einfach behauptet, so was würde er nie sagen. Er würde höchstens so machen …«, Ben steckt sich den Finger in den Mund. »Da hat die Rektorin uns rausgeschickt. Meinst du, der kriegt jetzt Ärger?«

»Ja, Ben, da bin ich mir sehr sicher.«

Ben geht nach oben, einen Comic malen, und ich denke an meine Französisch-Lehrerin. Dank ihr und ihren glühenden Reden über Europa wollte ich als 16-Jährige als Beamtin zur Europäischen Union. Wie wichtig Lehrer sind. Dank seines Kunstlehrers hat Ben gelernt, dass man sich auch gegen Autoritätspersonen wehren kann und dass auch die sich an Regeln halten müssen. Trotz ihm hat er die Lust am Malen nicht verloren. Lottas Lehrer haben ihr schon beigebracht, dass sie alleine den Essenswagen holen und auf Ski einen Berg hinuntersausen kann. Was werden sie ihr noch beibringen?

Eines Nachmittags im Frühling setzt sich Claudi nach der Schule mit uns an den Tisch und sagt: »Ich muss euch was sagen.«

Sie erzählt davon, dass ihr die Schule nicht genügend Gestaltungsraum biete, das sei einfach ein anderes System als die Kita.

»Da rattert mein Kopf nicht mehr, da habe ich zu wenig Herausforderung.«

Auch wir haben längst gemerkt, dass Claudi immer leiser wurde in den letzten Monaten, stiller, dass Lotta und sie kein Yoga mehr machen, weil Lottas Stundenplan keine Lücke dafür lässt, und dass Claudi nicht mehr schwärmt von ihrem Tag, wenn sie mit Lotta nachmittags zur Tür reinkommt. Lottas alte Kita hat Claudi eine Stelle angeboten, als Erzieherin. Sie hat zugesagt, in zehn Wochen wird sie bei uns aufhören und dort anfangen. Sie wird das erste Schuljahr nicht mit Lotta beenden.

Wird Lotta nun nicht mehr zur Schule können? Wann werden wir eine Nachfolgerin für Claudi finden – und wer kann ihre Fußstapfen ausfüllen? Wird die Lebenshilfe schnell jemanden finden oder müssen wir nun auch Kontaktanzeigen schreiben, mit einem hübschen Foto von Lotta? Zum ersten Mal verstehe ich, warum man professionelle Distanz einhalten sollte. Dann fühlt sich ein Jobwechsel wahrscheinlich nicht wie Schlussmachen an.

»Was habt ihr gemacht?«, fragt Ben. »Warum mag Claudi uns nicht mehr?«

»Nichts«, sage ich. »Da hat keiner Schuld und Claudi mag uns natürlich immer noch. Hier geht es um einen Job, nicht um Freundschaft.«

Es stimmt, es ist wahr, was ich da sage. Aber es dauert ein paar Tage, bis ich das nicht nur weiß, sondern auch fühle. Claudi lässt uns nicht im Stich. Sie hat recht – sie ist an der Kita besser aufgehoben, sie wird besser bezahlt, sie kann mehr entscheiden. Und Lotta sollte jemanden an ihrer Seite haben, der genauso gern zur Schule geht wie sie. Wenn wir nur wüssten, wen. Als ich die Lehrer frage, höre ich, dass Lotta nur mit Begleitung in die Schule kommen sollte. Es sind zu viele in ihrer Klasse, die Assistenz und Hilfe benötigen.

»Wir finden bestimmt niemanden«, sage ich zu Harry.

Doch ich irre mich. Einen Tag bevor Claudi aufhört, schickt die Lebenshilfe Jenni zum Vorstellen vorbei. Ende 20, schulterlange dunkle Haare, herzliches Lachen, abgeschlossenes Sonderpädagogik-Studium, eine Katze, die regelmäßig die Pflanzen in ihrer Wohnung zerpflückt. Eigentlich will sie die Zeit bis zum Referendariat überbrücken und nur wenige Monate bleiben, doch dann bleibt sie länger. Sie hat schon mit Unterstützter Kommunikation gearbeitet, hat einige Fortbildungen zu diesem Thema gemacht und brennt darauf, Lotta zum Sprechen zu bringen. Jenni sieht nett aus, aber dieses Mal will ich professionelle Distanz wahren. Eines Tages wird sie gehen, ich sollte mich jetzt schon dafür wappnen. Auch ihr zuliebe.

Schon als Lotta noch ein Baby auf der Intensivstation war, habe ich mein Herz der Krankenschwester geschenkt, die zweimal öfter nach Lotta sah als die anderen Schwestern. »Sie machen das so großartig. Wann haben Sie denn wieder Schicht?« Ich habe geplaudert und erzählt. Vielleicht war das nicht ganz uneigennützig: Ich umgarne die, von denen wir abhängig sind. Claudi hat keine professionelle Distanz gewahrt, aber ich auch nicht. Hilfe gegen Freundschaft – das ist nicht der Deal. Es geht hier um einen Job. Wie eine Rollstuhlfahrerin auf Facebook über ihre persönliche Assistenz schreibt: »Ich suche eine Assistenz, die mir meine Beine ersetzt und meine Arme – keine neue beste Freundin.«

Als Jenni an ihrem zweiten Montag mit Lotta morgens an der Tür klingelt und ich rufe: »Jenni ist da!«, antwortet Lotta mit einem fröhlichen: »Hi!«

Sie strahlt und Jenni strahlt zurück, als sie sich neben sie an den Tisch setzt.

»Äh!«, sagt Lotta, Grübchen auf ihren Wangen.

»Ich habe mich auch auf dich gefreut, Lotta.«

Als die zwei abfahren, winken Harry und ich dem Bus hinterher.

»Jenni ist großartig, oder?«

Schon nach wenigen Wochen lege ich nicht mehr ganz so viel Wert auf professionelle Distanz. Wer Lotta so zum Strahlen bringt, den mag ich. Vielleicht geht das nicht anders. Vielleicht liegt es daran, dass Lotta erst sieben Jahre alt ist, vielleicht wird das anders sein, wenn sie 20 ist. Auf jeden Fall ist es angenehmer, wenn ich die Menschen mag, die morgens um halb acht an unserem Frühstückstisch sitzen, bevor ich geduscht habe.

Und doch ist etwas anders, seit Claudi gegangen ist.

Wir werden in unserem Leben mit Lotta noch viele Menschen wie Claudi und Jenny treffen, Menschen, die unser Scharnier sind in Lottas Leben ohne uns, die meinen kompletten Tagesablauf durcheinanderwirbeln, wenn sie sich morgens krankmelden müssen, Menschen, die Lotta zum Lachen bringen, zum Krabbeln und vielleicht sogar zum Sprechen. Hoffentlich werden wir sie alle mögen, doch ich weiß nun: Sie werden eine Weile bleiben und dann werden sie weiterziehen. Und das ist okay, denn es wird andere geben. Andere, die neue Ideen mitbringen, andere Ausbildungen – und doch dasselbe Herzblut bei der Arbeit. Jenni hat uns gezeigt, dass Lotta ein Neustart guttut. Sie ist kein Kindergartenkind mehr, sondern eine Schülerin, die gut in ihrer Schule angekommen ist. Sie ist neugierig auf jemand Neuen an ihrer Seite, und wenn es so weit ist, wird sie wieder jemand anderen freudig begrüßen.

Claudi schenken wir ein Fotoalbum mit Bildern aus den vier Jahren, die sie und Lotta gemeinsam hatten. Einige Monate später wird Lotta Blumenmädchen auf ihrer Hochzeit sein.

Lotta nutzt ihren BigMack inzwischen so zuverlässig, dass wir den nächsten Schritt wagen. Lotta soll einen Sprachcomputer bekommen, einen sogenannten Zingui. So ähnlich wie der, den Stephen Hawking hatte – nur dass Lotta ihn nicht mit den Augen steuern kann und auch nicht über Blinzeln. Wir setzen auf den Sinn, der am besten funktioniert: Lottas Gehör.

Lotta trägt nun in einem Ohr einen Kopfhörer, wie die eifrige Mitarbeiterin eines Callcenters. Die Stimme in ihrem Ohr sagt zum Beispiel abwechselnd: »Ich möchte etwas essen« und »Ich möchte etwas trinken«. Wenn sie den Satz hört, den sie sagen will, muss sie mit ihrem Ellenbogen den Schalter drücken, den sie schon kennt, und sofort erklingt laut eine etwas monotone Computer-Kinderstimme, die verkündet: »Ich möchte etwas essen!«

Der Zingui sieht aus wie ein etwas dickeres Tablet, doch er kostet mit über 7000 Euro sehr viel mehr. Die Krankenkasse übernimmt zwei Drittel der Kosten. Wieder einmal bin ich froh, dass wir Lotta dies ermöglichen können. Wie viele Kinder bleiben sprachlos, weil ein Computer zu teuer wäre?

Drei Stunden sitzen Lottas Lehrerin Frau Luik, Jenni, Frau Schreiber von der UK-Beratungsstelle und ich zusammen und lassen uns den Zingui erklären. So richtet man neue Seiten ein, so können wir mehr als zwei Alternativen zur Auswahl anbieten, so erstellt man Verknüpfungen zu anderen Seiten, so integriert man eigene Sprachaufnahmen, zum Beispiel ein gesungenes Geburtstagsständchen.

Für Lotta habe ich mir schon medizinisches Fachwissen aneignen müssen, mich in Physiotherapie eingearbeitet und in die juristischen Feinheiten des Sozialrechts. Nun also Informatik.

»Schade, dass das nicht an der Uni anerkannt wird«, sage ich zu Harry. »Sonst könnte ich vielleicht bald noch einen Abschluss machen.«

Wir beginnen ganz einfach. Zuerst kommt das Anzählen für das Begrüßungslied, das damals bei meiner Hospitation Christoph übernommen hat: »Eins, zwei, drei, vier.« Später nimmt Lotta Wochentage, Daten und Jahreszeiten durch. Wir erstellen eine Seite mit dem Datum von morgen und so kann Lotta im Unterricht sagen: »Heute ist der 20. Juni 2017, im Sommer.«

»Welches Kind redet denn so?«, frage ich Jenni und sie lacht. Später erstellt sie eine neue Seite, mit Sätzen, die Kinder wirklich sagen: »Mir ist langweilig«, »Was machen wir jetzt?«, »Wann gibt es Essen?«, »Ich will raus«.

Noch müssen wir die Seite anklicken, auf der Lotta auswählen soll, was sie sagen will, noch geben wir ihr zwei bis maximal vier Alternativen vor, zwischen denen sie sich entscheiden kann. Doch irgendwann, so hoffen wir, wird sie sich mithilfe des Kopfhörers und des Schalters hinter ihrem Ellenbogen selbst durch die Navigation klicken können.

»Heute hat sich Lotta entschieden, keine Ruhepause zu machen«, erzählt Jenni eines Tages nach der Schule. »Sie hat gedrückt ›Ich will raus‹, nicht nur einmal, sondern auf Nachfrage immer wieder. Als sie dran war, im Unterricht das Datum zu sagen, hat sie allerdings nichts gesagt. Alle haben gewartet, doch sie hat nur gegrinst. Erst als schon längst der Nächste dran war, hat sie gedrückt.«

Lotta kann also schon mal, was alle Schulkinder können: ihren Willen durchsetzen und reinquatschen, wenn man nicht dran ist.

Eine alte Dame klammert sich an das Baugerüst vor der Apotheke. Ich sehe sie schon, als ich noch an der Ampel gegenüber stehe und darauf warte, dass es grün wird. Sie muss über 80 sein. Die Apotheke bekommt eine Rampe, bemerke ich. Endlich kein Anheben des Rollis mehr. Noch ist Lotta so leicht, dass ich für ein, zwei Stufen keine Hilfe brauche, und doch ist sie schon so schwer, dass ich mich über Rampen freue.

Die Bäckerei zwei Häuser weiter wurde aufwendig renoviert und hat nun eine schicke neue Stufe aus Granit. Eine Rampe wäre wahrscheinlich nicht teurer gewesen. Auch die Kirche, in der das Krippenspiel stattfand, bei dem Ben mitgemacht hat, wurde aufwendig renoviert. Nun hat sie eine zehn bis fünfzehn Meter breite schöne Treppe, die zum Sitzen einlädt – und leider keine Rampe für ältere Menschen mit Rollator oder Rollstuhlfahrer wie Lotta. Warum nicht? Es wäre nicht nur rücksichtsvoller, es wäre ein Wirtschaftsfaktor. Kirchen und Bäcker ohne Rampen werden es immer schwerer haben, wenn immer mehr Menschen immer älter werden und immer mehr Schwierigkeiten mit Treppen haben. Barrierefreiheit ist kein Thema, das nur Minderheiten angeht – es wird uns alle treffen, wenn wir älter sind. Doch in Deutschland müssen nur öffentliche Gebäude barrierefrei sein – und auch die sind es nicht alle. Nur ein Drittel der Arztpraxen in Deutschland ist barrierefrei. Dabei fordert die UN-Behindertenrechtskonvention »umfassende Barrierefreiheit«.

Es wird grün und ich gehe rüber. Als ich mich der älteren Dame nähere, strahlt sie mich an.

»Sie nehme ich!«

»Wie bitte?«

»Sie nehme ich. Würden Sie mich bitte nach Hause bringen?«

»Wo wohnen Sie denn?«

Sie klammert sich an meinen Arm und so ziehen wir langsam den Bürgersteig entlang.

»Wissen Sie, mein Schwiegervater hatte einen Rollator, erst mochte er ihn nicht, aber …«

»Ich habe schon einen«, sagt sie fröhlich. »Aber der Arzt hat gesagt, ich soll ihn weglassen, sonst werde ich nie wieder ohne ihn laufen können. Bis zur Apotheke schaffe ich es schon, aber auf dem Rückweg mache ich immer schlapp.«

Wir biegen in eine Seitenstraße ab und kommen an ihrer Haustür an.

»Aber haben Sie keine Sorge, dass Sie mal alleine dastehen?«

»Da kommen immer Menschen vorbei und ich suche mir die nettesten aus. Ist doch auch mal eine schöne Gelegenheit für ein Schwätzchen. Ich danke Ihnen, meine Liebe.« Strahlend lehnt sie ab, dass ich ihr noch die Treppe raufhelfe.

»Ab hier schaffe ich das alleine.«

Warum legen wir so viel Wert auf Unabhängigkeit? Niemand wird selbstständig geboren, niemand ist es bis an sein Lebensende. Keiner von uns kann ohne die anderen. Irgendwann werden wir alle alt sein, hoffentlich, und Hilfe brauchen, wahrscheinlich. »Lieber tot als Pflegefall«, sagen viele Menschen, »ich möchte so nicht leben.« Sie schrecken davor zurück, in den alltäglichsten Dingen von anderen abhängig zu sein. Vielleicht hätte ich früher selbst so etwas gesagt. Früher, als ich noch nicht mit Lotta zusammengelebt habe, die mir jeden Tag zeigt, dass Lebensqualität nicht davon abhängen muss, ob man Hilfe benötigt. »Ich könnte das nicht«, sagen andere, wenn sie Lotta sehen – und meinen die lebenslange Verantwortung für einen anderen Menschen. Doch wer keine Verantwortung für andere übernehmen möchte, der darf keine Eltern haben, die alt werden, keine Kinder bekommen, die eventuell einen Unfall haben, der darf sich nicht verlieben und keine Freundschaften schließen. Wir alle sind aufeinander angewiesen, wir alle tragen Verantwortung und wir alle brauchen Hilfe. Lotta sieht man das nur auf den ersten Blick an. Vielleicht sollte ich es machen wie die ältere Dame – Hilfe zu brauchen, entwürdigt mich nicht, ich könnte es genießen. Ich brauche Hilfe, wenn ich Lotta eine Treppe hochtragen will, ein anderer, der sonst einsam ist, braucht ein Lächeln und ein Gespräch. Wir haben alle etwas davon, mehr zusammenzuhalten.

Die Paralympics-Siegerin Anna Schaffelhuber beklagt in mehreren Interviews die mangelnde Barrierefreiheit in Deutschland: »Du kannst die olympischen Pisten hinunterfahren, aber wenn du mit dem Rollstuhl vor dem Bäcker stehst, vor dem Theater oder vor dem Rathaus und da gibt es drei Stufen, dann bremst das einen aus. Da muss mehr getan werden.« Darunter kommentiert jemand, dass man doch nicht ganz Deutschland einebnen müsse: »Früher hat man sich noch mehr geholfen.« Man solle die Hilfsbereitschaft der Menschen fördern, nicht den Bau von Rampen.

Als ich mit Lotta einmal mit einer Straßenbahn fahren wollte, die Treppen hatte, standen neben uns an der Haltestelle nur zwei angetrunkene junge Männer und eine Oma um die 80. Wir sind dann zu Fuß gegangen.

Auch wenn es überall Rampen gibt, wird es noch Hilfsbereitschaft geben, auch durch eine automatisch aufgehende Tür kann man jemanden den Vortritt lassen. Es wird noch genug Gelegenheit für gegenseitige Hilfe geben. Wir können die Verantwortung, die wir als Gesellschaft dafür tragen, dass alle dabei sein können, nicht auf Einzelne abwälzen.

Im Frühjahr muss Harry ein paar Wochen nach Paris zum Arbeiten.

»Kommt mich doch besuchen!«

»Mit den Kindern – und dem Rollstuhl? Paris ist bestimmt nicht besonders barrierefrei.«

Und doch sitze ich an einem Samstagmorgen mit zwei Kindern im Thalys, der uns in drei Stunden nach Paris bringt. Der Rollstuhlplatz ist im Thalys immer in der ersten Klasse und so sitzen wir auf roten Plüschsesseln, während uns eine Schaffnerin Erdbeerkuchen anbietet. In den Reihen vor uns stoßen Pärchen mit Champagner an. Hinter Brüssel beginnt ganz vorne im Wagen, ein etwa Zweijähriger zu trotzen.

»Ich will aber!«, schallt es durch den Wagen. Er schmeißt sich auf den Boden und lässt markerschütternde Schreie los. Die Köpfe unserer Mitreisenden drehen sich, Augenbrauen werden hochgezogen. Jemand schnalzt genervt mit der Zunge.

Lotta grinst über das Geschrei und fängt schließlich an, lauthals zu lachen. Ben, der eben noch auf meinem Handy Fotos angeschaut hat, beginnt, zu filmen und Lotta anzufeuern. Sie steigert sich immer mehr hinein.

»Schhh, Lotta!«

In den Reihen vor uns blicken sich Leute nach uns um. Ich nehme Lotta aus ihrem Rolli und hebe sie auf die Schulter, doch sie lacht immer weiter, dass ihr ganzer Körper wackelt.

»Schhhhhh!«

Ich gehe mit ihr aus dem Wagen, in den kleinen Vorraum, wo die Toiletten sind, Ben folgt mir, das Handy im Anschlag.

»Könntest du bitte aufhören, zu filmen, und bei unseren Sachen bleiben?«

Als wir wieder sitzen, nehme ich ihm das Handy ab und mein Blick fällt auf das Startbild des Videos. Ich sehe genervt aus, die Augenbrauen zusammengezogen, das Gesicht rot. Ich schaue mir den Film an, Lotta im Lachflash, Ben, der mitlacht, ich, schimpfend. Ich schäme mich. Warum ist es mir so wichtig, die anderen nicht zu stören? Sollte ich mich nicht lieber freuen, dass meine Kinder lachen? Klar, kann ich sie ermahnen, leiser zu lachen, aber raustragen und genervt zusammenstauchen muss ich sie nicht. Die Paare, die vor uns mit Champagner anstoßen und sich auf ein romantisches Wochenende freuen, müssen mit dem klarkommen, was sie vorfinden. Dieser Zug nach Paris ist für alle, die ein Ticket gekauft haben. Es gibt kein Recht auf eine Reise ganz ohne Kinder oder ganz ohne Behinderte. Es gibt kein Recht darauf, nie gestört zu werden.

In Paris ziehen wir das komplette Touri-Programm durch. Wir fahren mit einem der bunten Busse ohne Dach quer durch die ganze Stadt und Ben fotografiert meinen Handyspeicher voll. Wir besichtigen Notre-Dame und spazieren an der Seine entlang. Lotta lacht sich schlapp über das viele Kopfsteinpflaster. Sie ernährt sich zwei Tage von Mousse au chocolat und Kartoffelpüree, weil die französischen Kellner es ablehnen, etwas von der Karte für sie zu pürieren. Taxi fahren geht nicht, da wir Lottas Autositz nicht dabeihaben, in der Metro ist alles voller Treppen und so fahren wir Bus.

Abends nach dem Essen laufen wir noch einmal los, bis wir unter dem glitzernden Eiffelturm stehen und über die Auslagen der Straßenhändler staunen. Ben investiert sein Taschengeld in einen kleinen Eiffelturm aus Metall.

»Ich will zurück mit der Metro fahren«, sagt er. »In meinem Kinder-Reiseführer stand, dass sie schon uralt ist.«

Harry blickt mich an und ich zucke mit den Schultern.

»Ich bin nächste Woche sowieso wieder bei der Physio.«

Lotta in ihrem Rollstuhl tragend, schreiten wir endlose Treppen hinunter in den Untergrund. Wir sausen unter der Erde durch Paris und staunen über die wunderschönen alten Stationen. Als wir in der Nähe unseres Hotels aussteigen, laufen wir einen schmalen Tunnel entlang Richtung Ausgang. Ben rennt durch zwei schmale Metalltüren, die sich zischend öffnen und hinter ihm wieder schließen, Harry hinterher. Ich will Lotta hindurchschieben, doch der Rolli ist zu breit für die Öffnung.

»Harry, warte! Wir kommen hier nicht durch!«

»Ben, stopp!«

Von der anderen Seite aus kommt man nicht wieder zurück, nirgendwo sehen wir Bahnmitarbeiter, die uns helfen könnten.

»Wollt ihr euch einen anderen Ausgang suchen? Wir treffen uns dann oben.«

»Ich habe mein Handy nicht mit, wir finden uns doch nie.«

Schließlich nehme ich Lotta aus dem Rolli, setze mich mit ihr auf den Boden und lasse mit einer Hand die Klickverschlüsse der

Räder aufgehen. Im Sitzen montiere ich die Räder ab und warte. Als der nächste Zug einfährt, kommen wieder Passagiere.

»Excusez-moi?«

Ich schenke dem ersten Mann, der den Tunnel langkommt, dasselbe strahlende Lächeln wie die ältere Dame vor ein paar Tagen mir. Stück für Stück nehmen die vorbeieilenden Menschen Teile des Rollis mit auf die andere Seite, wo Harry sie wieder zusammensetzt, bis ich endlich mit Lotta auf dem Arm durch den Ausgang trete.

Am Montag danach spreche ich auf Lottas Step by Step: »Ich war in Paris – das Beste waren das Kopfsteinpflaster und die Mousse au Chocolat. Und am aufregendsten war meine Fahrt mit der Metro.«

In Lottas erstem Schuljahr wird die rot-grüne Regierung in NRW abgewählt – sie hat auch wegen ihrer Bildungspolitik verloren. Nicht nur meine Freundin Merle, die seit Kurzem eine inklusive Klasse unterrichtet, ist unzufrieden mit den Bedingungen, unter denen der gemeinsame Unterricht von Kindern mit und ohne Behinderung realisiert wird. Zu wenige Sonderpädagogen, zu kleine und zu volle Klassen, darin Chaos – auch Eltern von Kindern ohne Behinderung wie Valerie wollten das nicht mehr hinnehmen. Mir hat das, was ich in unserer Gegend für Lotta vorgefunden habe, nicht gereicht und anscheinend sehen die meisten Wähler das ähnlich. Wie wäre das Votum ausgefallen, wenn die Bedingungen besser wären? CDU und FDP haben unter anderem mit der Zusicherung gewonnen, die Förderschulen zu erhalten. Ich sollte mich freuen, ich bin die Mutter eines glücklichen Förderschulkindes. Doch es gibt eine Kehrseite der Medaille – statt Förderschulen zu schließen, werden nicht nur in NRW die Stimmen lauter, die ein Bremsen oder sogar ein Ende der schulischen Inklusion fordern.

»Was meinst du denn dazu?«, frage ich Merle, als wir uns endlich mal wieder sehen. Wir stehen im Buchladen, wo wir uns damals zum ersten Mal seit Jahren getroffen haben. Sie zuckt die Schultern.

»Jetzt haben wir schon angefangen, die Kinder sind da – jetzt müssen wir es endlich besser machen und nicht noch mehr Unsicherheit ins System bringen.«

»Wie läuft es denn?«

»Leah kann jetzt lesen! Und zwar richtig flüssig.«

Sie grinst so stolz, als wäre sie diejenige, die lesen gelernt hat.

»Leah war deine Schülerin …«

»… mit Down-Syndrom, ja. Die Eltern sind so stolz.«

An Merles Schule hat sich im ersten Jahr Inklusion einiges geändert. Merle hat nun ein paar Stunden mehr Unterstützung durch eine Sonderpädagogin, Leah hat eine Integrationshelferin an ihrer Seite. Merle hat sich aufgerafft und mit ihrem Rektor gesprochen. Ein Abstellraum wurde zum Differenzierungsraum. »Nicht ideal, aber immerhin haben wir nun einen Raum mit Kuschelsack zum Runterkommen.«

Sie haben einen Bufdi zugeteilt bekommen, einen älteren Herrn, der den Bundesfreiwilligendienst absolviert.

»Das klingt, als würde es gehen.«

»Es kann natürlich noch viel besser werden, wir sind längst nicht da, wo ich hinwill. Aber … Weißt du, nicht nur wir bringen den Kindern was bei«, sagt Merle. »Leah hat mir auch etwas gezeigt. Die Kinder, die Quinoa-Salat in den Brotboxen haben und schon lesen können, wenn sie das erste Mal zur Tür reinkommen, die mögen ja toll sein und ich mag sie alle. Aber Kinder wie Leah, die brauchen mich. Ich hatte fast vergessen, wie das sein kann.«

»Und dieser Junge, der …?«

»Mirco? Er ist schon ruhiger geworden, seit unser Bufdi neben ihm sitzt. Er hat nun immer jemand, der ihm Aufmerksamkeit schenkt, und wenn es nicht geht, dann kann er in den Differenzierungsraum. Die Eltern allerdings weigern sich immer noch, ihn diagnostizieren zu lassen, und gegen ihren Willen will ich keinen Antrag stellen. Aber wenn er sich doch noch mal auszieht – nun gut, wenigstens ist es gerade Sommer.«

# 19

## *»Auf die Klassenbeste in der Schluckgruppe«*

Von einer Lotta, die unterfordert ist

Lottas erstes Schuljahr fliegt vorbei, zum Abschluss gibt es einen Sponsorenlauf durch den Wald. Seit Jahren machen unsere Nachbarskinder bei solchen Läufen mit, immer mal wieder klingeln sie an unserer Tür, Zettel in den Händen. Sie wollen uns als Sponsoren gewinnen, pro Runde sollen wir ein paar Cent oder einen Euro zahlen. Anschließend rennen sie mit der ganzen Schule so viele Runden, wie sie schaffen, und sammeln so Geld für einen guten Zweck. Zum ersten Mal steht Lotta vor der Tür unserer Nachbarn und drückt auf ihren Step by Step: »Wollt ihr mein Sponsor sein?« Ihre Liste ist schnell voll. Sie sammeln für eine Schule in Afrika, für Kinder mit Körperbehinderung.

Beim Sponsorenlauf kann auch mitmachen, wer nicht laufen kann. Rollend, geschoben, stolpernd, gezogen jagen die Kinder durch den Wald, über sonnige Wege, manche schneller, manche langsam, jeder in seinem Tempo. Wir Eltern stehen am Rand der Strecke und feuern sie an.

»Lotta, Lotta, Lotta!«, rufe ich und klatsche. Jenni rennt mit ihr vorbei. Dahinter kommen Joy und Ahmet in seinem Rollstuhl. »Joy, Joy, Joy!«, rufe ich und sie grinst. »Ahmet!« Er reckt die Arme in die Luft, als er mich sieht, und grinst. Hören kann er mich nicht.

Auch die Jungs aus dem Bus rennen mit, die sonst nicht von ihren Handys hochschauen. Es ist egal, wer am schnellsten ist, es zählt nicht, wer als Erster da ist. Die Schnelleren ziehen die

Langsamen mit, die ganze Schule ist unterwegs. Es ist chaotisch, laut und lustig. Als würde der Wald plötzlich komplett bevölkert von Kindern mit Behinderung. Ein Spaziergänger, der mit einem Hund unterwegs ist, bleibt stehen und schaut sich um. Es muss ein seltsamer Anblick sein, wenn man keine Kinder wie Lotta und Ahmet kennt.

Bens Grundschulzeit endet mit einem Picknick und einer Olympiade. Die Kinder seiner Klasse treten gegen die Eltern an, unter anderem beim Staffellauf. Ich stelle mich mit Lotta an die Seite, um zuzusehen.

»Lotta macht auch mit, oder?«, fragt Frau Lehmann und winkt uns zur Kindergruppe.

»Klar, warum eigentlich nicht?«

Wir stellen uns in die Reihe und feuern gemeinsam mit den anderen unsere Mitstreiter an. Als Pepe auf uns zurast und in meine Hand einschlägt, renne ich mit Lotta los.

»Lotta, Lotta, Lotta«, schreien die Kinder hinter mir. »Lotta, schneller!«

Ihre Arme in der Luft, rast sie mit mir um die Pylonen, ihr Rollstuhl legt sich in die Kurve, ich habe Schwierigkeiten, ihn nicht kippen zu lassen, und sie kreischt vor Vergnügen. Als wir über die Ziellinie rennen, jubeln die Kinder: »Lotta, super gemacht!« Sie klatschen bei mir und ihr ab. Lotta reckt strahlend den Kopf. Es sind so viele Kinder da, die sie anfeuern. Bei Lottas Sponsorenlauf haben hauptsächlich die Erwachsenen applaudiert. Ich mochte beide Rennen, doch es ist so schade, dass Lottas und Bens Klassenkameraden nicht zusammen antreten, sondern getrennt. Kinder kreischen einfach lauter.

Nach den Ferien fängt Ben auf dem Gymnasium an und Lotta bekommt neue Klassenkameraden. Es sind nun elf Kinder in ihrer Klasse, davon über die Hälfte schwer mehrfachbehindert. Eines Tages hat sie eine Notiz im Mitteilungsheft:

*Liebe Frau Roth,*
*wir haben heute Musik gehört, die Lotta sehr gefallen hat. Vielleicht möchten Sie die CD für zu Hause kaufen? Sie heißt »Disco Hits 93«. Lotta gefiel besonders der »Macarena«.*
*Liebe Grüße, das Klassenteam*

»Wieder eine Bildungslücke geschlossen«, sage ich zu Harry, als wir abends ausgehen. Wir sitzen mal wieder bei unserem Lieblingsitaliener und reden über die Kinder. Ich hebe mein Glas.

»Auf die Klassenbeste in der Schluckgruppe!«

Harry stößt lachend mit mir an, das Paar neben uns schaut etwas irritiert herüber. Die Schluckgruppe ist die Gruppenlogopädie, Lotta kann nach einem Schuljahr damit aufhören. Sie ist unterfordert. Sie kann jetzt aus einem Becher trinken und übergibt sich fast gar nicht mehr. Die Mahlzeiten sind schneller geworden. Lotta futtert wie eine kleine Raupe Nimmersatt und fast genauso schnell. Die Sorgen unserer Kita-Zeit, die ewig langen Mahlzeiten, das Wasser, das ich ihr mit Spritzen in den Mund träufelte – alles zum größten Teil Vergangenheit dank der Logopädie und Jenni, die jeden Tag mit ihr daran arbeitet. Und dank Harry, der den Ehrgeiz hat, ihr das Trinken mit einem richtigen Glas beizubringen statt mit einem kleinen Übungsbecher, und jeden Abend mit ihr übt, bis sie beide ziemlich nass sind. Lotta nimmt zu, die Sonde ist endgültig vom Tisch.

Wir stoßen auf Lotta an und auf alles, auf das wir verdammt stolz sind. Es ist so viel. Lotta benutzt ihren Sprachcomputer immer souveräner und regelmäßiger. Sie sitzt wie eine Eins, fast ganz alleine. Wenn ich ihr jetzt einen Pulli anziehe, muss ich nur mit meiner Hand ihre halten, dann kann sie sich alleine halten. »Wir üben schunkeln«, hat Jenni erzählt. »Das hilft.«

Ich zeige Harry ein Video vom letzten Donnerstag. Lotta hoch zu Ross, hinter ihr die Reitlehrerin, sie hält sich ganz gerade und lacht lauthals. Wir fahren einmal die Woche zum Reitstall.

»Ben hat seinen Fußball, jetzt hat Lotta endlich auch ein Hobby«, sagt Harry. »Hätte sie nicht so viel Therapie in der Schule, wäre dafür keine Zeit gewesen.«

»Streng genommen ist das auch Therapie«, sage ich.

»Aber sie macht es so gerne. Ich finde, das ist ein Hobby.«

»Stimmt.«

Im ersten Jahr hat Lotta so viel gelernt: Trinken, Skifahren, fast alleine Sitzen, viel Selbstständigkeit und ganz viel Stolz. Seit Neuestem übt Lotta Buchstabieren, auch wenn sie die Anlaut-Tabelle nicht sehen kann. Endlich hat sie auch Hausaufgaben, Ben ist entzückt, dass er nicht mehr der Einzige ist.

»Fängt Mama mit M an?«, habe ich heute Nachmittag erst gefragt.

Lotta bewegte grinsend den Kopf nach links, unser Signal für Ja.

»Und Ben?«, rief Ben von hinten. »Fängt Ben mit M an?«

Wieder bewegte sie den Kopf nach links.

»Überleg noch mal, Lotta«, sagte ich. »Fängt Ben mit M an?«

Diesmal blieb der Kopf in der Mitte.

»Hast du gehört, dass Franka jetzt sprechen kann?«, sage ich zu Harry, als unser Essen kommt.

»Richtig sprechen?«

Ich nicke. Vier von Lottas Klassenkameraden können sprechen. Unter ihnen seit Neuestem auch Franka, sie hat es im ersten Schuljahr gelernt. In der Kita gab es keine Kinder, die in derselben Liga wie Lotta spielten. Förderschule heißt auch Vergleichbarkeit – und aushalten, dass andere etwas lernen, das Lotta nicht lernt und vielleicht nie lernen wird.

»Toll für sie, aber …«, sagt Harry und ich weiß, was er meint. Andere mögen schneller sein, aber das ist uns egal. Es ist sogar egal, ob Lotta Klassenbeste in der Schluckgruppe ist. Lotta ist unser kleiner Streber und wir könnten nicht stolzer auf sie sein.

Franka und Lotta scheinen richtige Freundinnen zu werden. Auch Joy und Ahmet sind gerne mit ihr zusammen, hat Jenni erzählt, Lotta hat eine nette Klasse erwischt.

»Jenni hat heute erzählt, dass Ahmet Lotta verteidigt hat.«

»Wie das?«

Ahmet kann Lotta nicht hören, sie ihn nicht sehen. Beide sind körperlich ungefähr gleich stark eingeschränkt, das heißt, sie können auch nicht aufeinander zugehen oder gezielt nacheinander greifen. Dennoch sind sie Freunde. Lotta hört Ahmets Laute, er sieht sie – und ab und zu berühren sie sich, wenn sie nebeneinander Ruhepause machen.

»Jenni hat erzählt, dass jemand anders Lotta aus dem Stuhl nehmen wollte, als sie gerade woanders beschäftigt war. Und da hat er ganz unruhig den Kopf hin- und hergeschmissen und abwehrende Laute gemacht.«

»Könnten sich die Kinder nicht noch mal nach der Schule treffen?«

»Fände ich auch schön, ich werde mal in der Eltern-WhatsApp-Gruppe fragen, wer Lust hat, wieder auf den Spielplatz zu gehen.«

Lottas Mitschüler wohnen über ganz Köln verteilt, es ist nicht leicht, sich zu treffen.

»Was ist eigentlich mit Lottas Kita-Liebe Jakob?«, fragt Harry. »Wollt ihr euch nicht auch noch mal treffen?«

»Ich werde Susanne mal schreiben, aber ... Beim letzten Mal waren sie beide nicht so begeistert, ich fürchte, die Liebe ist erkaltet.«

»Schade«, findet Harry und ich stimme ihm zu. Es war vielleicht zu erwarten, dass das passiert. Nicht viele Kindergartenfreundschaften überleben, wenn man sich nur noch alle paar Wochen sieht.

»Nelly und Ida allerdings sehen wir gleich nächste Woche.«

Ich hoffe, Lottas Kita-Freundinnen werden ihr noch lange erhalten bleiben.

Als Ben ein paar Tage später von der Schule nach Hause kommt, begrüßt er mich nicht mit Worten, sondern mit Gesten. Er streckt einen Arm aus, er zieht an einem imaginären Bart.

»Was machst du da?«

»Das heißt ›Guten Morgen, Herr Hart‹ auf Gebärdensprache.«

»Toll! Wo hast du denn das gelernt?«

»Na, in Mathe natürlich.«

Ben geht auf die nächstgelegene städtische Schule, er kann morgens mit dem Rad hinfahren, gemeinsam mit seinen Freunden. Es ist eins »von den guten städtischen Gymnasien«, wie Melanie sagen würde. Ihm gefiel, dass es in der Schulbibliothek auch Comics gibt, uns gefielen das sanierte Gebäude und die vielen jungen Lehrer. Außerdem arbeitet das Gymnasium seit einiger Zeit inklusiv – auch einige Kinder mit Hörschädigungen besuchen es.

»Aber in deiner Klasse ist kein Kind mit Hörschädigung, oder?«

»Nein, aber wenn wir uns auf dem Schulhof begegnen, will ich ja trotzdem Hallo sagen. Und mit Moritz' Bruder kann ich dann auch reden. Der hört ja kaum etwas.«

»Ach, das wusste ich nicht. Moritz, mit dem du dich morgen verabredet hast?«

»Warum sollst du das auch wissen, ist doch nicht wichtig.«

Ich drehe mich um und nehme den Flyer für den Geschwistertreff von der Tafel, der dort seit Jahren in der Sonne vor sich hin bleicht. Ich werfe ihn weg. Wenn zehn bis 20 Prozent der Geschwister von Kindern mit Behinderung Schwierigkeiten haben, heißt das umgekehrt auch, dass 80 bis 90 Prozent klarkommen.

»Möchtest du eigentlich mit in die Philharmonie? Wir wollen Lotta Karten zum Geburtstag schenken, fürs Familienkonzert.«

Ben zuckt die Schultern und ich werte das als Ja. Als ich bei der Kartenhotline anrufe und einen Rollstuhlplatz buchen will, höre ich: »Es tut mir leid, aber das geht leider nicht. Fürs Familienkonzert gibt es keine Rollstuhlplätze.«

»Aber ich kenne doch die Philharmonie, Sie haben doch barrierefreie Plätze.«

»Ja, aber nicht beim Familienkonzert.«

»Haben Rollstuhlfahrer etwa keine Familie? Und gibt es keine Kinder im Rollstuhl?«

»Die Kinder sollen ganz vorne sitzen, um alles mitzukriegen. Aber ich kann Ihnen gerne Karten fürs Abendkonzert verkaufen.«

»Mein Kind singt aber mit. Wollen Sie das wirklich?«

Ich bin kurz davor, aufzulegen und einfach »undercover« noch mal anzurufen und ganz normale Karten zu kaufen. Sie werden uns schon nicht rausschmeißen, wenn wir kommen. Aber was würde sich dann ändern?

»Wissen Sie was, das akzeptiere ich nicht. Das kann nicht sein. Es gibt auch Kinder im Rollstuhl und die sollten ins Familienkonzert gehen können.«

»Sie haben selbstverständlich recht, lassen Sie mich das klären, bitte. Es könnte allerdings eine Weile dauern.«

Es dauert eine Woche und mehrere Telefonate, dann haben wir die Karten. Sie machen eine Ausnahme.

»Mann, es ist 2018!«, sagt Nina am Telefon. »Wahnsinn, dass man immer noch überall kämpfen muss. Wenn es nicht geklappt hätte, wäre ich auch gekommen, obwohl ich bei klassischen Konzerten ehrlich gesagt einschlafe. Ich hätte meine Freundinnen angerufen und wir hätten einen Flashmob gemacht – behinderte Kinder stürmen die Philharmonie.«

»Man denkt doch, wir wären längst weiter, oder?«

Ich erzähle Nina von einem Fall in der Nähe von Koblenz: Anwohner sind vor Gericht gezogen, weil sie drei betreute Wohnungen für Menschen mit Behinderung in ihrer Nachbarschaft verhindern wollten. Unter anderem mit der Begründung, die Lautäußerungen der Menschen »beeinträchtigten sie auch psychisch«. Das Gericht wies die Klage ab, doch die Anwohner protestieren weiter.

In einem Kommentar zu der Klage schreibt jemand mal wieder, dass Menschen mit Behinderung ja auch eine Bereicherung wären.

»Aber darum geht es doch nicht«, sagt Nina und ich stimme ihr zu. Frauen haben das Wahlrecht auch nicht gekriegt, weil sie eine Bereicherung für die Gesellschaft sind. Sondern weil es ihr Recht ist.

Wie wird es in der Philharmonie werden? Hoffentlich werden Lottas »Lautäußerungen« niemanden »psychisch beeinträchtigen«.

Am nächsten Nachmittag öffne ich die Tür und es ist mal wieder Pepe.

»Ben ist noch beim Fußball, aber er müsste gleich kommen.«

Statt direkt nach oben zu rennen, kommt er hinter mir her in die Küche, Lotta schläft auf ihrem Sitzsack.

»Habt ihr noch die Schokokekse?«

Pepe steht vor dem Bücherregal und zieht einen von Bens Spiderman-Comics raus. Er setzt sich an den Tisch und schlägt ihn auf. Ich stelle die kleine Schüssel Kekse vor ihn.

»Heute hattet ihr Kunst, oder? Was macht ihr denn da gerade? Ben erzählt nie was.«

Pepe blickt stirnrunzelnd auf, sein Blick verharrt bei der schlafenden Lotta. Ich setze mich ihm gegenüber und nehme mir auch einen Keks.

»Darf ich dich was fragen?«

»Klar, Pepe, alles, was du willst.«

»Hast du geraucht?«

»Was? Wie kommst du darauf?«

»Na, ich meine …« Pepe zeigt auf Lotta. Jetzt verstehe ich. Pepes Mutter ist wieder schwanger.

»Du meinst, als ich mit Lotta schwanger war? Weil schwangere Frauen nicht rauchen sollen?«

Er nickt.

»Nein, das war ein Zufall«, sage ich. »Eine Ader in Lottas Kopf hat sich nicht richtig ausgebildet, das ist eine Laune der Natur. So was kommt vor – und dafür kann keiner was. Und die aller-, allermeisten Behinderungen sind auch nicht angeboren wie Lottas, sondern entstehen später bei Unfällen oder Krankheiten. Oder wenn wir alt werden.«

Er nimmt sich noch einen Keks und nickt.

»Da hast du aber Glück gehabt, dass du nicht schuld warst.«

Draußen hupt Christina, die Ben vom Fußballtraining mit zurück genommen hat, Lotta wacht auf und schmeißt erstaunt den Kopf hin und her, Pepe rennt in den Flur und die zwei Jungs stürmen nach oben.

»Ben, zieh die Schuhe aus!«

Die staunende Lotta nehme ich hoch und erzähle ihr, dass sie nur kurz eingeschlafen war. Ich nehme sie auf den Schoß, ihr Kopf fällt zurück und ich schiebe meine linke Schulter vor. Sanft streichele ich ihre nackten Arme.

Pepe ist noch ein Kind, doch auch erstaunlich viele Erwachsene wissen nicht viel mehr als er. Es gibt so viele Missverständnisse. Wer hat Schuld? Habt ihr das so gewollt? Wusste man das nicht vorher? Manche Irrtümer und Vorurteile werden zusätzlich noch geschürt, so abstrus sie auch sein mögen.

2018 sagt der Vorsitzende der saarländischen AfD-Landtagsfraktion, dass man im Krankenhaus auch die ansteckenden Patienten isoliert von den anderen betreue, doch in der Schule säßen Kinder mit Down-Syndrom neben »gesunden Kindern«. Als wäre das Down-Syndrom ansteckend. Als wären Kinder wie Leon nicht behindert, sondern krank und als wäre gemeinsamer Unterricht eine Gefahr für die Gesundheit. Gleichzeitig stellt die AfD eine Kleine Anfrage an den Bundestag, in der sie nach der Entwicklung der Anzahl von Menschen mit Behinderung seit 2012 fragt und danach, wie viele dieser Behinderungen durch Inzest in der Familie entstanden sind. Angeschlossen ist die Frage, wie viele der behinderten Kinder von »Migranten und Migrantinnen« stammten.

Die Sozialverbände schalten als Reaktion eine Zeitungsanzeige, in der sie schreiben, die Anfrage erinnere »an die dunkelsten Zeiten der deutschen Geschichte, in denen Menschen mit Behinderung das Lebensrecht aberkannt wurde und die zu Hunderttausenden Opfer des Nationalsozialismus wurden«. Vielleicht wird mich demnächst noch ein Kind fragen, ob Harry und ich Cousin und Cousine sind. Gruseliger ist nur die Vorstellung, dass sie nicht fragen, sondern es nur glauben.

Solche Anfragen sind das, was mir an der gegenwärtigen Debatte über Inklusion Angst macht. Die berechtigte Kritik an der praktischen Umsetzung der Inklusion könnte umschlagen in totale Ablehnung. Eine schlecht umgesetzte schulische Inklusion könnte das Gegenteil von dem erreichen, was sie eigentlich will. Keine inklusive Gesellschaft, sondern eine, in der noch mehr als zuvor jeder in seiner Nische lebt. In der wir nicht fragen, sondern glauben, in der wir nicht aufeinander zugehen, sondern aussperren.

Gleichzeitig machen solche Anfragen deutlich, wie wichtig eine wahrhaft inklusive Gesellschaft wäre. Nur wenn wir einander kennen und verstehen, ist unmöglich, dass sich wiederholt, was schon einmal passiert ist.

»Iiih«, sagt ein Mädchen auf Nellys Geburtstagsparty, als sie Lotta sieht. »Was hat die denn?«

Lotta hustet, das Mädchen presst sich die Hände auf die Ohren und beugt sich vor, um sie nicht ansehen zu müssen. Die meisten anderen Kinder lachen.

»Das ist echt nicht schlimm, Pia«, erklärt Nelly. »Du kennst das bloß noch nicht. Ich kenne die Lotta schon, seit ich ein Baby war.«

Sie streichelt Lottas Wangen.

»Du hast ganz weiche Haut gekriegt, Lotta.«

»Die hatte sie immer schon«, wirft Ida ein, »du hast das bloß vergessen.«

»Hab ich nicht.«

Nelly feiert ihren siebten Geburtstag. Mit insgesamt sieben Kindern gehen wir ins Römisch-Germanische Museum, lernen bei einer Führung etwas über die Spielsachen römischer Kinder und basteln anschließend ein Mühlespiel aus Leder und Steinen. Immer an Lottas Seite Nelly und Ida, von der Seite beobachtet von Pia. Nelly küsst Lotta, Ida spielt mit ihr Mühle und bewegt ihre Spielsteine für sie. »Hierhin, ja, Lotta?« Am Ende des Museumsprogramms fragt Pia, ob sie auch mal den Rollstuhl schieben dürfe. Als wir bei Nelly zu Hause ankommen, streichelt sie Lottas Hand.

»Du musst erst fragen, ob sie auch will«, sagt Nelly. »Du kannst an ihrem Gesicht sehen, ob sie Ja oder Nein sagt.«

Innerhalb von fünf Stunden Kindergeburtstag hat Pia ihre Berührungsängste verloren. So schnell kann Verständnis entstehen. Wenn Lotta morgens abgeholt wird, stehen manchmal die Nachbarskinder am Fenster.

»Was gibt's denn da zu glotzen?«, fragt einmal Jason von der Rückbank und zeigt den Jungs den Mittelfinger. Bevor ich »Die sind nur neugierig« sagen kann, haben die Kinder am Fenster die Geste schon erwidert.

So schnell entstehen Gräben.

Inklusion ist kein statischer Zustand, den man erreicht und abhaken kann. Er muss jeden Tag aufs Neue angestrebt werden. Doch es gibt so viele Arten, Inklusion gut zu organisieren, wie es Kinder gibt, Behinderungen, Lehrer und Eltern. In Niedersachsen etwa an einer kleinen Dorfschule mit einer Klasse, deren Förderkinder formell zur nächstgelegenen Förderschule gehören. 15 Kinder, davon drei mit Förderbedarf, eine Lehrerin, die gemeinsam mit einer Förderlehrerin unterrichtet, dazu eine Integrationshelferin. In den ersten zwei Klassen haben alle gemeinsamen Unterricht in allen Fächern, solange und sooft es geht. Wann immer es nicht läuft, werden die Kinder mit Behinderung in den »Zauberwald« geholt und dort einzeln unterrichtet. Je älter sie werden und je anspruchsvoller der Unterricht, desto öfter werden sie einzeln gefördert – bis zur neunten Klasse werden sie zusammenbleiben, danach geht es für die Kinder mit Behinderung auf die Förderschule.

In Bremen klagt zwar eine Rektorin gegen die Einrichtung einer inklusiven Klasse an ihrem Gymnasium, doch an zwei anderen Gymnasien in derselben Stadt läuft der gemeinsame Unterricht schon – mit Kindern mit zum Teil schwerer geistiger Behinderung. Auch hier gibt es Förderlehrer und die Möglichkeit, die Kinder zu trennen. Es gibt Differenzierungsräume und ein behindertengerechtes Bad. »Es ist ein Missverständnis, dass diese Kinder ständig mit den Regelkindern in einem Klassenzimmer sitzen und für sie zum Hemmnis werden«, sagt der Schulleiter in der *Süddeutschen Zeitung*. Auch ich kann mir eine Inklusion von Kindern mit so vielen Behinderungen wie Lotta nur dann erfolgreich vorstellen, wenn sie ab und zu in kleineren Gruppen unterrichtet werden.

Aber es gibt auch Schulen, die Jahrgänge und Kinder mit und

ohne Behinderung mischen, die Kinder nie trennen und damit gute Erfahrungen machen. Wieder andere Schulen spezialisieren sich auf eine Behinderungsart wie etwa Autismus oder Sehbehinderung, bilden ihre Lehrer auf diesem Gebiet fort und haben so Erfolg. Es gibt Montessori-, Waldorf-, freie Schulen, Gymnasien, Hauptschulen, Grundschulen, die mit Inklusion gute Erfahrungen machen. Es gibt viele Modelle und ich denke nicht, dass wir uns für ein einziges entscheiden müssen. Gemeinsamer Unterricht und gezielte Förderung müssen keine Gegensätze sein.

Und doch fordern gerade viele ein Ende der Inklusionsbemühungen. Seit wann wird etwas besser, indem man einfach damit aufhört? Kann man das überhaupt – einfach aufhören, ein Menschenrecht umzusetzen? Bloß weil etwa die Gleichberechtigung von Mann und Frau kompliziert ist, hören wir doch auch nicht auf, danach zu streben. Wir können darüber streiten, ob Frauenquoten der richtige Weg sind, und doch stellt kaum jemand das Ziel infrage. Bei der Teilhabe behinderter Kinder geht es jetzt wieder sehr viel öfter um das *Ob* – und nicht mehr um das *Wie*.

Wer wissen will, was eine erfolgreiche Inklusion erleichtert, kann den Lehrern zuhören, die sie machen: konsequente Doppelbesetzung, verpflichtende Weiterbildung, kleinere Klassen und mehr Räume. Noch leichter wäre die schulische Inklusion, wenn wir die Kinder nicht nach der vierten Klasse trennen würden, sondern wie etwa in Italien erst nach der neunten.

Wenn Lehrer weiter unter Bedingungen arbeiten müssen, die sie als unzureichend empfinden, werden immer mehr der Überzeugung sein, dass Kinder mit Förderbedarf nicht in die Regelschule gehören. Schon jetzt denkt das ein Fünftel der Lehrer, die vom Meinungsforschungsinstitut Forsa befragt wurden.

Wird Inklusion weiter so umgesetzt wie bislang, ist sie nur für die da, die mithalten können. So wird die Spaltung unserer Gesellschaft nicht überwunden, sondern verschärft. Dann haben wir in den Förderschulen bald Klassen, in denen keiner mehr sprechen oder laufen kann – und in den inklusiven Schulen unzufriedene Lehrer, Kinder und Eltern.

Lottas Schule führt zum nächsten Schuljahr jahrgangsübergreifende Klassen ein. »Wir wollen heterogenere Klassen und nicht wie in den jüngeren Jahrgängen Klassen mit starkem Schwerpunkt auf schwerer Mehrfachbehinderung«, hat der Rektor dies begründet. »Wir wollen die Kinder mehr durchmischen.«

Wir haben unter den Schulen, die wir 2016 in unserer unmittelbaren Umgebung für Lotta gefunden haben, die Förderschule gewählt und ich bin froh, dass wir sie noch wählen konnten. Ich bin froh, dass ich sie kennenlernen konnte. Es ist keine Falle, kein dunkler Ort der Isolation, es ist ein Ort mit Menschen, denen Lottas Wohl am Herzen liegt. Lotta ist glücklich hier.

Doch andere Eltern hätten anders entschieden. Sie hätten vielleicht versucht, die Schule in der Südstadt durchzusetzen, die ja immerhin schon ein schwer mehrfachbehindertes Kind besuchte. Vielleicht hätten einige geklagt gegen die Schule, die nicht wickeln wollte, wieder andere hätten die freie Schule gewählt und Ben gleich mit umgemeldet. Genau wie einige Eltern sich direkt mit dem Kunstlehrer Herrn Backhaus angelegt hätten und wieder andere »Clash Royal« schon in der dritten Klasse erlauben. Und jede dieser Entscheidungen kann richtig sein für dieses Kind und diese Familie zu diesem Zeitpunkt ihres Lebens.

Es gibt nicht die eine richtige Schule für alle und jeden zu jeder Zeit. Es gibt kein Schwarz und kein Weiß. Wir sollten aufhören, Förder- und Regelschulen gegeneinander auszuspielen, als könnte nur das Ende des einen zum Erfolg des anderen führen. Können sich die Systeme nicht ergänzen oder zusammenarbeiten? Es sei nur eins finanzierbar, heißt es, doch die Verteilung von finanziellen Mitteln und Ressourcen ist eine politische Entscheidung – man könnte auch anders entscheiden. Wir sollten weniger gegeneinander kämpfen und mehr darum, dass alle Kinder die Bedingungen bekommen, unter denen sie gerne und gut lernen, ob sie nun eine Behinderung haben oder nicht.

In Köln fehlen über 40 Schulen, warum sollten wir noch zusätzlich welche schließen? Inklusion kann auch umgekehrt funktionieren. Das Gymnasium für Schüler mit Körperbehinderung hat sich bereits für die ohne Behinderung geöffnet. Wer weiß, ob Lottas Schule irgendwann denselben Weg geht oder vielleicht mit einer Regelschule kooperiert. Lotta ist glücklich an ihrer Schule, doch ich finde schade, dass sie nicht auch Nelly, Ida und Jakob besuchen dürfen. Es ist nicht leicht, den Kontakt zu halten. Der zu Jakob ist schon abgerissen. Lotta und ihre Freundinnen könnten einander auch verlieren, wie so viele Kindergartenfreunde, die auf unterschiedliche Schulen gehen. Vielleicht wird Nelly irgendwann mehr vergessen als nur, wie weich Lottas Haut ist. Vielleicht wird sie aufhören, Kindern wie Pia ihre Berührungsängste zu nehmen, vielleicht wird sie aufhören, Lotta als normal zu empfinden. Ich hoffe, es wird nicht so weit kommen. Unsere Kinder lernen so viel voneinander, das auf keinem Lehrplan steht – sie müssen sich dafür nur begegnen.

Schlussendlich ist Inklusion aber sehr viel mehr als nur Schule. Am Ende sitzen wir in der Philharmonie beim Familienkonzert, mit einer strahlenden Lotta. Es sind viele Kinder da, sie sollen sogar Fragen des Moderators beantworten. Lottas Freude stört niemanden, sie ist nicht die Einzige, die mitsummt.

Ich habe mich gefreut, dass wir doch noch Karten bekommen haben, und dennoch: Ich will keine Ausnahme für mein Kind. Ich will einfach Tickets fürs Familienkonzert kaufen können wie jeder andere auch. Warum ist das so schwer?

Wenn ich mit Ben rausgehe, sei es in die Bücherei oder ins Schwimmbad, wenn ich mit ihm mit der U-Bahn oder in den Urlaub fahre, zum Arzt oder zum Bäcker will, ziehen wir los, ohne dass ich darüber nachdenke, ob wir unser Ziel wohl erreichen. So wie es sein sollte. So wie es mit Lotta nicht ist. Ich weiß vorher nie, wo wir enden. Ob wir an Treppen scheitern, an fehlenden Wickelplätzen oder an Versicherungsvorschriften. Oft geht alles glatt, aber die Unsicherheit bleibt. Nicht nur für uns, nicht nur für andere Menschen mit Behinderungen, sondern für alle, die alt werden und nicht mehr so leichtfüßig unterwegs sind. Es ist eine Unsicherheit, die jeden von uns einmal betreffen kann. Zum Arzt gehen sollte kein Privileg sein nur für Menschen, die Treppen steigen können. In die Oper sollten alle können, die wollen. Wir sollten uns informieren können, auch wenn uns lange Sätze verwirren, wir sollten selbstbestimmt leben können, auch wenn wir in vielen Dingen irgendwann Assistenz brauchen. Es geht hier nicht nur um Lotta, es geht um uns alle.

Ich freue mich über jeden, der mir hilft, Lotta eine Treppe hochzutragen, und fände es doch besser, wenn wir einfach nur ein Schwätzchen halten könnten, während ich Lotta die Rampe hochschiebe. Warum können immer noch neue Gebäude gebaut werden ohne barrierefreie Zugänge? Rampen sind nicht teurer als Treppen, wenn sie direkt von Anfang an mit eingeplant werden. Es geht hier nicht um Bequemlichkeit, es geht um Normalität. Darum, dass Lotta ein Teil dieser Gesellschaft ist, so wie ich und Harry und Ben und Nelly und Joy und alle anderen auch.

Genau wie die Menschen im Thalys nach Paris kein Recht haben, sich auszusuchen, wer neben ihnen sitzt, genauso wenig haben wir als Gesellschaft das Recht, uns auszusuchen, wer dazugehört. Wer neben uns wohnen darf oder wer neben uns im Konzert sitzt, das ist Zufall und Zumutung – und das müssen wir aushalten können. Vielleicht können wir es sogar als Bereicherung, als Chance empfinden, zu sehen, wie anders die Welt durch die Augen der anderen aussieht.

Kleine Kinder, die schreien, kann man im Zweifel auch mal aus dem Abteil tragen, weil sie irgendwann groß sein und nicht mehr schreien werden. Ich werde Lotta erklären, dass wir nur zuhören und nicht mitsingen, und doch werde ich sie nicht raustragen, wenn sie sich mal wieder lautstark freut. Denn dann müsste ich das ihr Leben lang tun und es gäbe keine Konzerte, keine Kinobesuche, kein Planetarium, keinen Urlaub für Lotta. Doch Lotta hat ein Recht auf alle Abenteuer, die die Welt zu bieten hat, ein Recht auf Teilhabe, ein Recht auf Gänsehaut und Freude. Ich werde sie auch weiter überall mit hinnehmen und ich hoffe, dass sie viele lächelnde Gesichter begrüßen werden.

Es kann sein, dass es ab und zu ungemütlich wird, dass uns Leute anstarren oder Fragen stellen, es kann sein, dass vielleicht nicht jeder weiß, was er machen soll, wenn er neben Lotta im

Zug oder im Konzert sitzt. Soll ich weggucken? Starren soll man nicht. Darf ich die ansprechen? Vielleicht lächele ich erst mal.

Keine Angst, ich werde zurücklächeln. Ich kenne diese Gedanken, denn ich hatte sie selbst einmal – in meinem Leben vor Lotta. Ich werde nicht sauer werden und nicht beleidigt sein. Fragen Sie ruhig: »Was hat sie denn?«

Die Frage ist der erste Schritt auf einem Weg zu einer Welt, in der solche Fragen nicht mehr notwendig sind. Zu einer Welt, in der es interessantere Fragen gibt als die nach Lottas Behinderung.

»Wie alt bist du?«

»Was ist dein Lieblingsbuch?«

»Freust du dich aufs Konzert?«

Hoffentlich wird Lotta irgendwann selbst auf diese Fragen antworten können, so, dass es alle verstehen. Bis dahin werde ich es übersetzen, so gut ich kann. Ich nehme mir Ben zum Vorbild. Als sich ein Klassenkamerad wunderte, wie er Lotta verstehen kann, sagte er: »Es ist eine Geheimsprache. Ich kann sie dir beibringen, wenn du willst. Keine Angst – Französisch ist schwerer.«

# Epilog

Das Flugzeug wackelt so sehr, dass es fast hüpft. Neben uns klammert sich ein älterer Mann an seine Armlehne und Lotta lacht laut auf. Sie kichert so lange, dass die Menschen in den Reihen vor uns sich umdrehen.

»Dir gefällt das, nicht wahr?«, sagt die Stewardess, die schräg gegenüber auf ihrem Notsitz hockt. »Endlich mag das mal jemand.«

Lotta mag den Start, wenn das Flugzeug langsam höhersteigt und der Druck in den Ohren zunimmt, die Landung, wenn der Pilot hart auf der Landebahn aufkommt und scharf bremst, doch vor allem liebt sie Turbulenzen.

»Meine Schwester lacht so ähnlich«, sagt die Stewardess. Sie hat Lotta schon beim Einsteigen begrüßt, jede Menge Kissen und Decken angeschleppt und Lottas Sitz rechts, links, oben hinter dem Kopf und unten unter den Beinen ausgestopft, damit sie es bequemer hat. Lottas Autositz darf nicht mit an Bord, er ist eine Sonderanfertigung für Kinder mit Behinderung, die von den Fluggesellschaften nicht zugelassen ist. Stattdessen habe ich sie mit Gurten festgeschnallt, die eigentlich für Kleinkinder gedacht sind, deren Eltern sich sorgen, sie könnten bei Luftlöchern aus dem Beckengurt rutschen. Einen roten Gurt habe ich um ihre Rückenlehne festgezogen, daran hängen blaue Schultergurte, durch deren Schlaufen ich den ganz normalen Beckengurt gefädelt habe. Um den Hals ein Nackenhörnchen und schon kann Lotta auch im Flieger sitzen. Nicht sonderlich bequem, ich muss sie immer wieder gerade rücken, aber es geht.

»Wie alt ist Ihre Schwester denn?«

»23.«

Gleich als wir eingestiegen sind, hat die Stewardess mir erzählt, dass ihre Schwester eine schwere Mehrfachbehinderung hat. Das tun viele Menschen mit Verwandten wie Lotta, oft erkenne ich sie schon, bevor sie sagen: »Ich habe auch …« Ich erkenne sie an dem Lächeln, das sie Lotta schenken, an der Wärme in ihren Augen, an dem aufblitzenden Wiedererkennen. Wir kennen voneinander weder den Namen noch den Beruf, manchmal sprechen wir nicht mal dieselbe Sprache und doch wissen wir sehr viel voneinander. Manche unterhalten sich direkt mit Lotta, mit anderen tausche ich Tipps aus – »Woher haben Sie diese Gurte?«, »Welche Flechtfrisuren funktionieren am besten mit einer Kopfstütze?«, »Wie kommt man hier in Paris mit dem Rollstuhl herum?«. Doch die meisten lächele ich nur an und wir genießen die Gemeinsamkeit über all das hinweg, was uns trennt. Es ist, als würden wir einem geheimen Klub angehören. In den acht Jahren mit Lotta habe ich Menschen vor dem Eiffelturm, in Skigondeln, Zügen, in der Schlange bei Starbucks sagen hören: »Mein Sohn«, »meine Schwiegermutter«, »meine Nichte«. Ab und zu sagt auch jemand »meine Patienten« – eine Krankenschwester – oder »meine Schüler« – ein Sonderpädagoge. Auch einige Menschen mit Behinderung lächeln Lotta an, wenn sie uns sehen, und unterhalten sich mit ihr. Bislang hat niemand von seinem Kollegen oder seiner Klassenkameradin erzählt. Und nun »meine Schwester« in einem Flugzeug nach New York.

Vor sieben Jahren habe ich diese Reise schon einmal gemacht: Ben war drei, Lotta wurde in New York ein Jahr alt. Nun sind sie schon acht und elf Jahre alt – und Harry ist mal wieder dort, um zu arbeiten. Einen knappen Monat ist er weg, und da die Kinder zum ersten Mal überhaupt Pfingstferien haben, die es in NRW eigentlich nicht gibt, haben wir beschlossen, diese Chance nicht ungenutzt zu lassen. Ein Erholungsurlaub wird das nicht werden, das ist mir klar, aber ein Abenteuer.

»Wenn Sie mal auf Toilette müssen«, sagt die Stewardess, »sagen Sie einfach Bescheid. Dann kann ich Sie ablösen.«

»Ich kann doch aufpassen«, sagt Ben entrüstet, doch sein Blick ist so fest auf den Bildschirm vor ihm gerichtet, dass ich eine Ablösung gar keine schlechte Idee finde. Vieles ist leichter als vor sieben Jahren. Ben ist jetzt so groß, dass er nicht nur beim Aufpassen mit anpacken kann. Er ist inzwischen so stark, dass er und ich Lotta in ihrem Rollstuhl gemeinsam eine Treppe runter- oder rauftragen können, wenn Harry nicht dabei sein kann. Ben ist jedes Mal stolz, ich mache mir Sorgen um seinen Rücken, wenn wir das zu oft machen. Anderes wird schwerer, nun, da die Kinder älter sind: Damals war Lotta einfach ein Baby, heute ist sie ein »Charly«, wie mir die Dame am Check-in erklärt hat. Das ist Flughafenjargon für jemanden, der so stark behindert ist, dass er keine Treppenstufen steigen kann. Die Leihrollstühle des Flughafens würden Lotta nichts nützen und so durften wir unseren eigenen bis zum Eingang des Flugzeugs behalten. Ich habe dem Mann in der Warnweste, der uns begleitete, Lotta in die Arme gedrückt und alles vom Rolli abgeschraubt, was sich abschrauben ließ, um es mit ins Handgepäck zu nehmen: die Seitenstützen, den Keil zwischen den Beinen, die komplette Kopfstütze. Sie lässt sich leicht verbiegen, kostet über 1000 Euro und würde sie im Laderaum beschädigt, bekämen wir im Urlaub garantiert keinen Ersatz, der gut genug ist, damit Lotta sitzen kann.

Eine kleine schwarze Kühltasche zu meinen Füßen ist gefüllt mit Medikamenten. Lottas Arzt hat ihr extra neue Notfalltropfen verschrieben, falls Lotta einen epileptischen Anfall haben sollte, der nicht von alleine wieder aufhört. Es sind äußerst starke Beruhigungsmittel, fast K.-o.-Tropfen, es wundert mich, dass wir sie problemlos mit in den Flieger nehmen konnten. Wir mussten sie seit fast fünf Jahren nicht mehr geben, seit über sechs haben wir keinen Notarzt mehr gerufen. Damals, als Lotta zwischen eineinhalb und zwei Jahren alt war, hatte sie Anfälle, die nur eine Vollnarkose brechen konnte. Das »lebensbedrohlich« in »potenziell lebensbedrohlich«, wie der Arzt Lottas Anfälle nannte, war noch nie realer. »Aber das wird nach all den Jahren nicht gerade dann wieder passieren«, hat er vor einigen Wochen gesagt, »wenn Sie in einem Flugzeug Tausende Meter über dem Atlantik sitzen. Das ist extrem unwahrscheinlich. Darüber würde ich mir an Ihrer

Stelle keine Sorgen machen.« Auf den bisherigen Flugreisen, die wir nach Lottas erstem epileptischen Anfall gemacht haben, sind wir fast nur über Land geflogen, wir hätten im schlimmsten Fall zwischenlanden können. Immer wieder berühre ich mit den Füßen die Kühltasche, um mich zu vergewissern, dass sie noch da ist.

Ich habe absichtlich eine Abendmaschine gewählt, damit Lotta den Flug verschläft und ich nur eine Mahlzeit im wackelnden Flieger füttern muss, die Menschen an der Sicherheitsschleuse haben uns die Tupperdose mit püriertem Brot mit Brie durchgehen lassen. Doch mein Kalkül geht nicht auf. Lotta ist so begeistert, dass sie erst einschläft, als wir nach acht Stunden in den Sinkflug gehen. Als wir mit einem Ruck auf der Landebahn aufkommen, schnarcht sie einmal laut auf und träumt weiter.

Die Schiebetüren hinter dem Zoll gehen auf und Ben ruft: »Ich sehe Papa!« Er rennt vor. Harry steht da mit ausgebreiteten Armen. Ich lasse mich hinter Ben hineinfallen und sage: »Kein Anfall.«

Wir besichtigen zu viert den Times Square bei Nacht, Lotta reißt die Augen auf und ich frage mich, ob sie die bunten Lichter wahrnimmt. Wir laufen über die Brooklyn Bridge und reiten auf der anderen Seite des Hudson auf den Holzpferden eines alten Karussells. Tagsüber, wenn Harry arbeitet, flüchten wir drei vor der für Mai ungewöhnlich großen Hitze in den Schatten der Bäume im Central Park und essen Hotdogs von den kleinen Verkaufsständen, die überall herumstehen, während Lotta Chocolate-Chip-Muffins bekommt, die ich morgens nach dem Aufstehen püriert habe. Ben verprasst sein angespartes Taschengeld im Lego-Laden am Rockefeller Center, danach rasen wir mit dem Aufzug 70 Stockwerke hoch, bewundern die Aussicht über Manhattan und machen viel zu viele Fotos. Wir kaufen ein überteuertes Bild, auf dem Ben, Lotta, ich und Harry dank Photoshop auf dem berühmten Stahlträger sitzen, auf dem damals die Bauarbeiter des Rockefeller Centers hoch oben in der Luft Mittagspause machten. Eine köstliche Stunde verbringen wir in einem klimatisierten Laden mit drei Geschossen voller Süßigkeiten, den wir bepackt mit einer Tüte voller Lutscher für Lotta, saurer Drops für Ben und rosa-blau gestreifter Zuckerwatte für alle wieder verlassen. Auch Gummibärchen gibt's für alle – Lotta hat in der Schule gelernt, sie zu essen. Sie könnte immer noch daran ersticken, daher fülle ich sie in einen riesigen Schnuller, den Lottas Logopädin besorgt hat. Er hat Löcher, durch die Gummibärchen-Püree dringt, wenn man lange genug darauf herumkaut. Schnell hat Lotta gelernt, fester zuzubeißen. So kann Lotta mittlerweile auch Erdbeeren, Schokolade oder eben Gummibärchen essen.

Ben möchte das Museum am Ground Zero besichtigen, das ihm seine Lehrerin empfohlen hat. Lotta, Ben und ich setzen uns die Kopfhörer mit einem Audioguide auf. Als wir in den Teil der Ausstellung kommen, in dem gezeigt wird, wie die Flugzeuge in die Türme rasen, ziehe ich Lotta die Kopfhörer herunter. Dieser Part wird ab zehn Jahre empfohlen, Lotta wird noch etwas warten müssen, bis sie hört, wie Menschen von ihrer Flucht aus dem Turm oder von ihren verstorbenen Angehörigen erzählen. Wir betreten einen Kinosaal, in dem ein Film über den Wiederaufbau gezeigt werden soll. Als die Lichter ausgehen, bleibt der Bildschirm schwarz und wir hören das Donnern der zusammenstürzenden Türme. Lotta hebt erstaunt ihre Arme, ihre Mundwinkel ziehen sich nach oben. Sie liebt Krach. Anschließend sieht man Feuerwehrleute durch die Trümmer laufen, begleitet von traurigen Streichern. Lotta grinst im Dunkeln des Kinosaals. Ich nehme ihre Hand und schwenke sie rauf und runter, um sie abzulenken. Die Musik schwillt an, Lotta hebt wieder ihre Arme und kreischt erfreut auf. Sie kichert. Um uns herum drehen sich Köpfe. Sollte ich erklären, dass Lotta die staubbedeckten Gestalten, die weinenden Menschen auf dem Bildschirm nicht sehen kann, sondern nur die Musik genießt?

»Vielleicht solltest du rausgehen mit ihr«, flüstert Ben mir zu. Ich hebe Lotta aus ihrem Rolli und durch die Reihen voller Menschen gehen wir nach hinten. Freudig lacht sie auf, als wir auch vor der Tür noch die schmelzenden Geiger hören, während im Zeitraffer der Freedom Tower entsteht.

»Ich habe dich rausgetragen, weil die Menschen in dem Saal traurig sind. Der Film zeigt, wie damals die zwei Türme zusammenstürzten. In so einem Film sollte man nicht lachen.«

Als später die Leute herauskommen, einige mit feuchten Augen, nimmt ein Mann im Vorbeigehen Lottas Hand: »God bless you.« Er lächelt.

»Was hat er gesagt?«, fragt Ben neben uns.

»Dass Gott sie segnen soll.«

»Du wolltest ihn nur aufmuntern, oder, Lotta?«, sagt Ben. »Deshalb hast du gelacht.«

Lotta hat ein gutes Gespür für Stimmungen, sie ist die Trösterin in unserer Familie, diejenige, die hilft, nach Stürzen oder Mathearbeiten. Bens Theorie glaube ich trotzdem nicht. Aber vielleicht ist Lachen nie falsch, vielleicht nicht mal, wenn es um so großes Leid geht.

Ich setze Lotta wieder in ihren Rollstuhl und wir gehen weiter. Das Museum am Ground Zero ist komplett barrierefrei. Es gibt Rampen für alle, und wenn es doch eine Treppe gibt, ist direkt daneben ein Aufzug. Es bleibt nicht das einzige Museum, das wir besuchen. Sie sind so schön kühl.

Im Museum of Natural History will ich Ben das Skelett des riesigen Tyrannosaurus Rex zeigen. Bereits vor unserer Abreise habe ich auf der Website nachgesehen, wo der Eingang für Rollstuhlfahrer ist. Das Museum umspannt einen ganzen Straßenblock und ich erinnere mich von früheren Besuchen an die imposante Eingangstreppe. Es gibt nicht nur barrierefreie Eingänge, sondern zu meiner Überraschung eine endlose Liste an Angeboten: Zweimal im Monat beispielsweise öffnet das Museum am Samstag eine Stunde früher, exklusiv für Menschen mit Autismus-Spektrum-Störung. Das Licht wird gedimmt, die Lautsprecher leiser gestellt, alle Reize, die Menschen mit Autismus schnell überfordern, werden reduziert. Ohne die störenden Massen können sie das Museum erkunden. So wird die Ausstellung zum Genuss und nicht zum unberechenbaren Stress, der eventuell zu einer Krise führt. Es gibt Museumsführer, die Gebärdensprache beherrschen, es gibt Leihrollstühle für diejenigen, die zwar gehen können, aber nicht so weit. Für blinde Besucher gibt es »Science-Sense-Tours«, bei denen alle anderen Sinne angesprochen werden sollen. Leider finden sie genau am Tag unserer Ankunft und am Tag unserer Abreise statt. Auf der Website wird man ermutigt, sich per E-Mail zu melden, falls man Wünsche hat, die über das umfangreiche Programm hinausgehen. Schon eine halbe Stunde nach meiner Anfrage hatte ich eine Antwort, die mir eine kostenlose Privatführung zusagte, auf Lottas Bedürfnisse zugeschnitten und mit einem Abstecher zu den Dinosauriern für Ben.

Wir treffen Carol am Eingang, eine Dame um die 60 Jahre, die erst Lotta und dann Ben die Hand schüttelt. Über ihrer Schulter hat sie eine Tasche, aus der sie während unseres Rundgangs immer wieder Dinge zum Fühlen, Tasten, Riechen herausholt. Das Fell eines Grizzlybären, das Fell eines Bibers, den echten Zahn eines Tyrannosaurus und einen kleinen versteinerten Schädel. Carol erzählt und ich übersetze. Zu viert streifen wir eine Stunde durch die Ausstellung, während Regen gegen die Fenster des Museums prasselt.

»Vielleicht wollen Sie noch das Planetarium besuchen?«, schlägt Carol am Ende vor. »Das Wetter draußen ist gruselig.«

»Wissen Sie, im Münchner Naturkundemuseum hatten wir Probleme ...«

Carol kann es gar nicht glauben. Ich fühle mich fast genötigt, die mangelnde Barrierefreiheit in Deutschland zu verteidigen, so entsetzt ist sie. Überschwänglich danke ich ihr für die Führung, doch sie winkt ab: »Man könnte das alles noch viel besser machen.«

Ich denke an die Werbemail, die ich gestern gekriegt habe. Am Tag der Sehbehinderung werden 60 deutsche Museen spezielle Führungen anbieten, in denen blinde Menschen Exponate ertasten dürfen. 60 Museen, einen Tag lang. Hier finde ich fast in jedem Museum derartige Programme, mehrmals die Woche. Im Museum of Modern Art etwa könnte Lotta sich bei einer speziellen Führung die Bilder mit Worten ausmalen lassen, sie dürfte die Skulpturen anfassen.

New York ist nicht die barrierefreiste Stadt Amerikas, überall klaffen Schlaglöcher und blockieren Baustellen den Fußgängerüberweg. Und doch finde ich es in vielem einfacher, in Manhattan unterwegs zu sein als in Köln. Nicht umsonst nennt *Die Zeit* die USA eines der »barrierefreisten Länder der Welt«. Das fängt bei den Bürgersteigen an, die standardmäßig abgesenkt sind, sodass ich Lottas Rolli keinen Bordstein hinunter- oder hinaufbugsieren muss. In Deutschland sind Bürgersteige für Ausfahrten und Autos abgesenkt, hier für Menschen.

Der »Americans with Disabilities Act« (ADA) von 1990 sichert unter anderem allen Menschen mit Behinderung »equal opportunity« und »full participation« zu, also gleiche Möglichkeiten und komplette Teilhabe. Dank ihm müssen heute nicht nur öffentliche Gebäude, sondern auch alle allgemein zugänglichen Gebäude, die nach 1993 gebaut wurden, wie Museen, Supermärkte oder Schulen, auf Rollstuhlfahrer eingerichtet sein. Auch wenn noch genügend Hindernisse bleiben, gegen die auch hier Aktivisten ankämpfen: In jedem Geschäft, das wir in New York betreten wollen, findet sich eine Rampe oder ein Aufzug. In den kleinen Läden und Kellerbars im East Village sieht es sicherlich anders aus, aber für die großen Ketten sind sie längst Standard. Fehlender Zugang würde vor Gericht unter bestimmten Voraussetzungen als Diskriminierung gelten, eine Rampe verhindert eine Klage.

Zwischen den gelben Taxis auf den Straßen Manhattans finden sich immer auch welche, auf deren Motorhauben das blaue Piktogramm eines Rollstuhlfahrers prangt. Die Fahrer können die hinteren Sitze zur Seite klappen, eine Rampe ausfahren und so einen Rollstuhlfahrer mitnehmen. Während vergleichbare Taxidienste in Berlin ihren Kunden empfehlen, zwei Wochen vorher einen Wagen zu reservieren, kann ich hier einfach am Straßenrand die Hand ausstrecken und muss meist nur ein paar Minuten warten. Auf den Tasten eines Bankautomaten sind immer auch die Braille-Punkte, sodass auch blinde Menschen Geld abheben können, ohne einem Fremden ihren PIN-Code verraten zu müssen. Die Schilder am Times Square, die alle dazu antreiben, ja nicht stehen zu bleiben – »Keep Moving« –, zeigen neben einem Fußgängersymbol ganz selbstverständlich auch einen Rollstuhlfahrer, der sich dynamisch nach vorne lehnt. Wir haben den Atlantik überquert und sind plötzlich normal. Lotta ist nur eine Touristin unter vielen – wir müssen nicht um Ausnahmen für sie kämpfen, sie wird von Anfang an mitgedacht.

Wir laufen an einem Spielplatz im Central Park vorbei und ich kann es nicht glauben.

»Lotta, schau mal, die haben eine Schaukel extra für dich!«

Eine lange Rückenlehne, Stützen an den Seiten, sodass keiner aus der Schaukel kippen kann, und ein Anschnallbügel wie in der Achterbahn. Ich muss Lotta nur meine Sweatshirtjacke, die ich für die eiskalt klimatisierten Innenräume eingepackt habe, hinter den Hinterkopf knüllen und schon kann sie schaukeln. Mit Schwung schubse ich sie an. Neben uns hebt eine Frau ihren kleinen Sohn aus einem Buggy.

»Okay, no running«, ermahnt sie ihn. »Just walking.«

Wie alt ist der Junge? Vielleicht zwei, auf jeden Fall kann er schon allein laufen. Oder er könnte, wenn seine Mutter seine Hand losließe. Gemeinsam erklimmen sie einen Hügel, der vielleicht 30 Zentimeter hoch ist, noch langsamer laufen sie wieder hinunter.

»Be careful!«

Der Junge will zu den Schaukeln neben uns, doch sie ermahnt ihn, zu warten, bis wir fertig sind – und ich erkenne meinen Irrtum. Diese Schaukel, auf der Lotta sitzt, ist nicht für Kinder mit Behinderung gedacht. Sie ist für Kinder mit vorsichtigen Eltern.

Die U-Bahn ist günstiger als das Taxi und schneller als die barrierefreien Busse. Doch nur etwa jede vierte U-Bahn-Station hat einen Aufzug, und den zu finden, ist eine Schnitzeljagd, die nicht immer lustig ist. Als Ben und ich mal wieder Lotta die Treppen hinunter in den Untergrund tragen, verfehle ich eine Stufe und Lotta kommt gefährlich ins Schwanken. Gerade noch rechtzeitig fange ich mich. Als wir unten sind, blicke ich vom überfüllten

Bahnsteig hoch und entdecke, dass auf dem Schild über uns »downtown« steht statt »uptown«.

»Mist!«, entfährt es mir. »So eine verdammte ...«

»Entschuldigen Sie bitte«, sagt eine höfliche Stimme auf Deutsch direkt neben uns. »Kann ich Ihnen vielleicht behilflich sein?«

Der junge Mann geht mit uns zu der Treppe, die wir bezwingen müssen, und packt mich an. Ständig und überall sind wir umgeben von Menschen. Wohin wir schauen, wohin wir uns drehen, wo wir gehen, stehen oder sitzen: Gesichter und Stimmen, lachend, schimpfend, telefonierend, bettelnd, schreiend, in sich gekehrt. Es ist, als würden wir in der Masse baden. Zu Hause meide ich Fußgängerzonen. Wenn zu viele Menschen zusammenkommen, legen sie alle Hemmungen ab, nirgendwo wird Lotta mehr angeglotzt als da, wo sich der Einzelne, versteckt in der Menge, unsichtbar fühlt. Doch hier sind wir weder unsichtbar, weil alle über Lotta hinwegsehen, noch ein Auffahrunfall auf Rädern, der alle Blicke auf sich zieht. Für Touristen gibt es Interessanteres zu sehen und die New Yorker sind stolz darauf, niemanden anzustarren, nicht mal George Clooney. Wir schwimmen in der Masse mit und sind nur drei Fische unter vielen.

»Hi, Honey«, sagt ein Mann um die 20 zu Lotta, als er neben uns den breiten Bürgersteig entlangläuft. »How are you?«

In Deutschland wird Lotta von Fremden meistens ignoriert. Wenn die Leute reden, dann mit mir über sie – genauer über ihre Behinderung. In Italien wurde Lotta verehrt wie eine kleine goldene Gottheit, fast noch mehr, als Kinder es dort ohnehin schon werden. Jeder streichelte und küsste sie. Das macht hier keiner. Die Amerikaner um uns herum verhalten sich Lotta gegenüber wie bei allen Kindern. Entweder sehen sie über unsere Tochter hinweg oder sie quatschen sie an. »Wie geht es dir?«, »Wohin geht ihr?«, »Wie heißt du?«. Zu Ben sagt einer: »Hey, man!«, ein anderer hält ihm die Hand zum Einschlagen hin, Lotta machen Menschen im Vorbeigehen Komplimente für ihre Frisur, ihren Rollstuhl und ihren großen Bruder. Auch wenn sie mit Sicherheit riechen können, dass wir Touristen sind und dass Lotta kein Englisch versteht, auch wenn sie vermutlich ahnen, dass Lotta rein körperlich gar nicht sprechen kann – sie reden dennoch mit ihr, spontan, ungezwungen, ohne dass ich es ihnen vormachen müsste und ohne dass sie sich danach offensichtlich so fühlen, als hätten sie eine gute Tat begangen. Sie sind keine besseren Menschen, sie sind einfach besser in Small Talk und anscheinend haben sie auch weniger Berührungsängste.

Die schulische Inklusion gibt es in den USA schon seit den 1970er-Jahren. In öffentlichen Schulen muss ein Kind in »the least restrictive environment«, das für diesen Schüler möglich ist, lernen, also in der am wenigsten einschränkenden Umgebung. So inklusiv wie möglich also. Es gibt große regionale Unterschiede, doch laut dem Bildungsministerium besuchen rund 95 Prozent der Schüler mit Behinderung in öffentlichen Schulen den gemeinsamen Unterricht. Kritiker beklagen allerdings, es handele sich in vielen Fällen noch um Integration, in denen sich der Schüler an die Schule anpassen muss statt umgekehrt, und auch hier wird immer wieder über die Frage der Kosten gestritten.

Im Laden fragen sie Lotta, ob sie lieber Erdbeer- oder Kirschlutscher mag, ein älterer Herr erzählt ihr, dass sie zum kleinen See im Central Park gehen soll, um dort Schiffe fahren zu lassen, im Metropolitan Museum sagt ihr ein junger Mann, dass er sie um ihren bunten Rolli beneidet. Ich sehe viele Rollstühle hier, die es in Deutschland höchstens im Krankenhaus oder vielleicht im Seniorenheim geben würde. Viel zu groß für die Menschen, die darin sitzen, die Räder ohne Schiebegriffe, sodass auch kräftige, junge Rollstuhlfahrer, die ihre Arme benutzen könnten, darauf angewiesen sind, dass jemand sie schiebt. Trotz der unverkrampfteren Atmosphäre, ich möchte kein Kind mit Behinderung in diesem Land haben, in dem so viele ohne Krankenversicherung leben. Unter Donald Trump ist Medicaid, die Gesundheitsvorsorge für Menschen mit geringem Einkommen, Kinder, ältere Menschen oder Menschen mit Behinderung, von Kürzungen bedroht, auch der eben erwähnte »Amercians with Disabilities Act«, der unter anderem Barrierefreiheit vorschreibt, steht nach über 25 Jahren wieder infrage. Auf CNN kommentiert die Aktivistin Rebecca Cockley, es handele sich um einen Angriff auf die Rechte behinderter Amerikaner: »The rights of disabled Americans are under attack.« Auch wenn es sich für eine Woche Urlaub ein bisschen so anfühlt: Die USA sind nicht das Paradies der Barrierefreiheit.

»Madam«, schnauzt der Sicherheitsbeamte mich an. »You need to wait.«

Aber meine Tochter, wende ich ein und zeige zu Lotta, die eine Beamtin bereits auf die andere Seite der Sicherheitsschleuse geschoben hat. Ich dagegen muss warten vor dem Portal, in das sich jeder stellen muss, die Füße breitbeinig auf der Markierung, die Hände in der Luft, als würde man verhaftet, um gescannt zu werden. Jeder außer Lotta, sie ist bereits auf der anderen Seite der Schleuse, neben ihr eine Beamtin. Sie beugt sich zu ihr runter, Lotta dreht ihr das Gesicht zu.

Während ich nun doch aufgefordert werde, in den Scanner zu treten, meine Arme hebe und darauf warte, dass ich weitergehen darf, höre ich sie Lotta Fragen stellen, auf Englisch natürlich.

»Fliegst du wieder nach Hause?«

Sie betrachtet ihr Gesicht, auf der Suche nach Antworten.

»Wie fandest du New York?«

»Äh.«

»Ja, New York ist toll, find ich auch.«

Lotta lacht sie an. Bald wird sie zurück sein in einem Land, in dem nur wenige Fremde so mit ihr reden. Ein Land, in dem einige Menschen mit Hunden reden, aber nicht mit ihr. Zurück an ihrer Schule, in die sie gerne geht und die sie großartig fördert und die doch eine eigene kleine Welt ist, getrennt von uns anderen. Wie lange wird es dauern, bis Lotta resigniert, wie damals nach unserem Italien-Urlaub? Bis sie wieder ihren Kopf hängen lässt, wenn wir draußen unterwegs sind, und ihre Augen den Glanz verlieren? Es sind nur Kleinigkeiten: Plaudereien mit Passanten, Verkehrsschilder, Taxis, Rampen und Science-Sense-Tours – alles keine großen Sachen, doch sie machen den Unterschied aus zwischen einer selbstbewussten, neugierigen Lotta und einer, die sich viel zu schnell damit zufriedengibt, ignoriert zu werden. Sie entscheiden, ob wir normal sind – oder eine Ausnahme.

Ich trete zu den beiden, die Sicherheitsbeamtin nickt mir zu und beginnt, mit Wattepads Lottas Rolli abzuwischen, auf der Suche nach Spuren von Sprengstoff. Sie reicht die Pads weiter und quatscht weiter auf Lotta ein.

»Warst du auch am Times Square? Oh ja, ich sehe an deinem Lachen, du mochtest den Times Square, nicht wahr?«

»Ähh!«

Ein Kollege nickt ihr zu, kein Sprengstoff.

»It was a pleasure meeting you«, verabschiedet sich die Beamtin. Uns war es auch ein Vergnügen, antworte ich. Ihr Verhalten ist selbst für eine Amerikanerin ungewöhnlich freundlich, ich wette, sie gehört zum Klub. Wer ist es – ihre Schwester, ihre Nichte, ihr Sohn?

»Sie reden so freundlich mit meiner Tochter. Haben Sie einen Verwandten mit Behinderung?«

»Nein, warum?«, sagt sie. »Das ist doch normal.«

## *Nachbemerkung*

Lotta und Ben sind Namen, die ich mir für meine Kinder gewünscht habe, als ich schwanger war. Wir haben uns für andere entschieden. In diesem zweiten Buch habe ich genau wie im ersten meinen Kindern Decknamen gegeben, sie sollen später selbst entscheiden können, wem sie von unserer Familiengeschichte erzählen möchten.

Je älter sie im wirklichen Leben werden, desto dicker wird der Mantel der Fiktionalität, den ich ihnen beim Schreiben umhänge. Ben soll später einmal sagen können, dass er nie mit Lego gespielt hat und dass er seine Schwester noch nie leiden konnte. Er darf entscheiden, was erfunden ist und was nicht. Dasselbe gilt für Lotta. Beide sollen die Deutungshoheit über ihr Leben behalten. Beide haben, genau wie Harry, diese Geschichte gehört oder gelesen und viele wunderbare Ideen eingebracht.

Aus demselben Grund werden Sie in Köln keine Schule in der Sternstraße finden. Alle Lehrer in diesem Buch, sei es Bens Klassenlehrerin oder sein Kunstlehrer Herr Backhaus, sei es Lottas Rektor Herr Karls, der Rektor, der sagte »gewickelt wird hier nicht«, oder meine Freundin Merle, sind keine realen Personen, sondern stehen stellvertretend für die Lehrer, die wir alle kennen. Ich habe jeden verfremdet, der im Buch vorkommt, aber nicht wiedererkannt werden wollte.

Natürlich kann man versuchen, das nachzurecherchieren, ich bitte darum, es nicht zu tun. Ich möchte niemanden an den Pranger stellen oder jemanden in die Öffentlichkeit zerren, der nur mit uns befreundet ist oder ganz einfach seinen Job macht. Orte und Zeiten habe ich verschoben, wie ich wollte – so schön Tage der offenen Tür auch sein mögen, niemand will ein Kapitel lesen, das aus zehn davon besteht.

Was für meine Kinder gilt, gilt selbstverständlich auch für andere Kinder. Jakob, Nelly, Ida, Pepe und wie sie alle heißen gibt es so nicht – aber es gibt eine Menge Kinder, die mich zu ihnen inspiriert haben. Wenn Sie nun wie ich Ihr Herz an sie gehängt haben, an Lotta oder Ben, Nelly, Jakob oder Pepe, seien Sie bitte nicht enttäuscht. In Wirklichkeit sind sie noch viel wunderbarer.

Dominic Deville, gescheiterter Punkrocker und diplomierter Pädagoge, packt aus: Wie hält man es nur aus, jede Woche Kindergeburtstag zu feiern? Was tut man, wenn die halbe Klasse einfach verloren geht? Und warum braucht der Nikolaus eine Eieruhr? Selbstironisch und mit mehr als einer Prise schwarzem Humor erzählt Deville davon, wie es ist, in einer Horde Fünfjähriger seinen Mann zu stehen – und dabei grandios zu scheitern.

Sie haben Kinder? Oder planen, welche zu bekommen? Oder kennen Menschen, die Kinder haben oder planen, welche zu bekommen? Dann können Sie sich oder diesen Menschen einen dieser Ratgeber kaufen, »Huch, mein Kind wächst« oder so. Oder Sie kaufen dieses Buch. Was Sie garantiert nicht darin finden werden: Ratschläge (die bekommt man sowieso ständig, wenn man Kinder hat). Dafür 43 Geschichten aus der Elterncouch-Kolumne auf SPIEGEL ONLINE. Mit wunderschönen Illustrationen.

Leseproben und mehr unter www.kiwi-verlag.de KiWi